☀ **pmv** FREIZEITFÜHRER MIT KINDERN

5. Auflage 2016, Frankfurt am Main

PETER MEYER VERLAG

BODENSEE
MIT KINDERN

Die 333 schönsten Ausflüge & Freizeittipps
rund um den ganzen See
Deutschland, Österreich, Schweiz

VON KINDERN GETESTET

INHALT

IMPRESSUM

Wir freuen uns über
Korrekturen und Anregungen:
pmv Peter Meyer Verlag
Varrentrappstraße 53
60486 Frankfurt a.M.
info@PeterMeyerVerlag.de

Weitere »… mit Kindern«
Freizeit- und Reiseführer:
www.PeterMeyerVerlag.de

Unsere Inhalte werden ständig gepflegt, aktualisiert und erweitert. Für die Richtigkeit der Angaben übernimmt der Verlag jedoch keine Haftung. | © 5. aktualisierte Auflage 2016 | **Text:** Annette Sievers | **Umschlag- und Reihenkonzept,** insbesondere die Kombination von Griffmarken und Schlagwort-System auf dem Umschlag, sowie Text, Gliederung und Layout, Karten, Tabellen, Piktogramme und Illustrationen sind urheberrechtlich geschützt. Abdruck und Einspeisung in elektronische Medien, auch auszugsweise, nur mit Genehmigung des Verlags | **Druck & Bindung:** Kerschoffset Zagreb d.o.o., Kroatien, www.kerschofset.hr auf PEFC-zertifiziertem Papier aus nachhaltiger Forstwirtschaft | **Umschlaggestaltung:** Annette Sievers unter Verwendung eines Fotos von Okapia; Agentur 42, Mainz, www.agentur42.de | **Fotos:** Wenn nicht anders angegeben, alle Rechte beim Verlag, siehe Nachweis beim jeweiligen Bild. Wir danken allen Unterstützern. | **Freche Viecher:** Silke Schmidt | **Karten:** pmv | **Bezug:** über Prolit, Fernwald-Annerod, oder über den Verlag, vertrieb@PeterMeyerVerlag.de, ℂ 069/40562570, **ISBN 978-3-89859-455-4**

klimaneutral
powered by ClimatePartner°

Druck | ID 11766-1511-1002

MIT KINDERN AM BODENSEE

Hurra, wir fahren an den Bodensee! Der größte See Deutschlands und einer der größten von Österreich und der Schweiz bietet so viele Unternehmungen in allen drei Ländern, dass es viel zu schade wäre, immer nur am Strand zu liegen. Aber wo anfangen? Wie die schönsten Ausflüge, Museen und Bäder finden? Statt lange herum zu suchen, stellen wir euch hier die Touren und Abenteuer vor, die eure Ferien und Freizeit verschönern werden.

Wir, das Team vom Peter Meyer Verlag, haben diesen Reiseführer bereits zum 5. Mal für euch bearbeitet und aktualisiert. Dabei haben wir Wert darauf gelegt, immer etwas Familienfreundliches herauszusuchen, was dann auch mal ganz »natürliche« Attraktionen sein können wie zum Beispiel ein Naturlehrpfad. Neue Aktivitäten sind hinzugekommen – Klettern wird jetzt in mehreren Orten angeboten – anderes mussten wir rausnehmen: So ist die Marienschlucht derzeit wegen eines Felssturzes gesperrt und auch die Adlerwarte auf dem Pfänder ist nun dauerhaft geschlossen.

Aber es bleiben ja noch über 300 andere schöne Aktivitäten übrig! **Konstanz** lockt nicht nur mit seiner lebendigen Altstadt und dem Sea-Life-Aquarium, sondern auch mit Radtouren ins Hinterland zu Bisons oder zur Blumeninsel Mainau. Nichtschwimmern empfehlen wir das Baden im **Überlinger See,** weil es dort weniger windig ist und es recht flach ins Wasser geht. Die Pfahlbauten von **Uhldingen** sind für alle ein Erlebnis. Zwischen **Meersburg** und **Immenstaad** fällt das Bodenseeufer sehr steil ab. Ganz oben thront über den Weinbergen das mittelalterliche Meersburger Schloss. Wenn ihr dorthin kommt, solltet ihr in keinem Fall die Kinderstadtführung verpassen. Seht ihr am Himmel einen Zeppelin, bekommt ihr sicher Lust auf **Friedrichshafen** und sein interessantes Zeppelin-Museum. In **Lindau** werdet ihr den bayerischen Löwen am Hafen kennen lernen und die Marionettenoper bestaunen. Nahebei könnt ihr Ritter besuchen

Mit der Bodensee-Erlebniskarte sind sehr viele Attraktionen kostenlos. Sie ist in allen Tourist-Informationen erhältlich, ↗ *Info & Verkehr.* Die rote Sonne zeigt euch, bei welchen Anbietern sie gilt.

Danksagung

Wir danken allen, die geholfen haben, dieses Buch aktuell zu halten: all den freundlichen Mitarbeiterinnen und Mitarbeitern der Tourist-Informationen, den Anbietern und Museumsleitern, Pressestellen und Vereinsvorsitzenden. Und nicht zuletzt allen Lesern, die uns geschrieben haben!

oder euch alte Hüte aufsetzen. Bequem ist ein Ausflug in die Berge gemacht, denn mit der Kabinenseilbahn geht es auf den Pfänder bei **Bregenz,** der freundlichen Festspielstadt auf österreichischem Boden. Radeln, wandern und Dampflok fahren könnt ihr im Rheindelta. Auf **Schweizer Seite** locken alte Badeorte, mittelalterliche Städte, eine Schokoladenfabrik und natürlich der brausende Rheinfall!

Habt ihr Appetit bekommen? Dann wünschen wir euch jetzt viel Spaß beim Ausprobieren und gute Erholung!

Euer pmv-Team

Zur Gliederung dieses Buches

▶ Euer Buch *Bodensee mit Kindern* ist in **8 geografische Griffmarken** gegliedert: im Uhrzeigersinn *Konstanz, Überlinger See & Mainau, Meersburg – Immenstaad, Friedrichshafen – Langenargen, Kressbronn – Lindau, Bregenz & Ostufer, Schweizer Ufer & Kreuzlingen* und *Untersee & Gnadensee.*

Die Griffmarken sind immer nach demselben Schema aufgebaut:

 **Tipps für Wasserratten** könnte auch »Tipps von Wasserratten« heißen. Denn *Sam,* die Wasserratte, zeigt euch in diesen Kapiteln den Weg zu Frei-, Strand- und Hallenbädern sowie zu Schiffsfahrten und Wassersportaktivitäten wie Kanu- und Bootstouren oder Segeln und Surfen.

 **Frische Luft & Sport** hält Radtouren, Wanderungen, Reiterhöfe, Abenteuerspielplätze, Kletter- und Freizeitparks und alles, was im weitesten Sinn unter Erlebniswelten fällt, bereit. *Karlinchen,* unsere Igelin, ist gerne draußen unterwegs. Weitere tierische Freunde begleiten sie dabei.

Umwelt erforschen ist allerdings *Karlinchens* Lieblingsthema, denn hier kann sie nicht nur draußen sein, sondern auch viel lernen: Sie weist euch den Weg zu Tierparks, Sternwarten, Lehrpfaden und Naturerlebniszentren, in denen ihr die Umwelt kennen lernt.

Handwerk & Geschichte ist *Herrn Maus* Hobby: Der Maulwurf mit der praktischen Latzhose nimmt mit euch alles unter die Lupe, was mit Technik zu tun hat, zum Beispiel Bahnen und Betriebe, die ihr von innen besichtigen könnt wie zum Beispiel Käsereien. Auch von Geschichte kann er nie genug kriegen und führt euch daher auf Burgen und in Museen – vorausgesetzt, sie sind für Kinder interessant und haben tolle Mitmach-Programme.

Bühne, Leinwand & Aktionen ist was für die musisch Begabten unter euch, so wie *Mockes,* der Langlöffelhase. Ihr wisst nicht, was ein Langlöffelhase alles kann? Dann lasst euch überraschen und folgt ihm zu Kindertheatern und Kreativangeboten sowie auf Märkte und Feste! Denn am Ende jeder Griffmarke findet ihr einen **Festkalender,** in dem wiederkehrende Feste, Veranstaltungen und Weihnachtsmärkte aufgeführt sind. So könnt ihr euren Ausflug langfristig gut planen!

Orte, Info & Verkehr führt die Adressen aller Tourist-Informationen inklusive Anreise mit Auto und öffentlichen Verkehrsmitteln auf. Außerdem gibt es eine Kurzbeschreibung des jeweiligen Ortes. So wisst ihr, wo ihr weitere Informationen erhaltet, wie ihr hinkommt und warum der Ort interessant ist. *Specki,* der Specht, zwitschert vor Freude darüber!

 Links und rechts der Haupteinträge findet ihr weitere Tipps. Das können kleine Texte mit Hintergrundwissen sein oder zusätzliche Adressen und Tipps: noch ein Schwimmbad oder ein Radverleih, ein Minigolf- oder Spielplatz oder ein zusätzliches Museum. Die bunten Figuren sollen euch beim Schmökern Spaß machen!

Happy Birthday und Hunger & Durst
Besonders beliebt und begehrt sind immer unsere Tipps für **Kindergeburtstagsfeiern** und natürlich die familienfreundlichen **Ausflugslokale** und Cafés! Wenn ihr noch eine weitere Adresse zum Feiern oder Einkehren wisst, freuen wir uns über eure Zuschrift!

All diese Informationen zusammenzutragen, hat viel Zeit und Mühe erfordert. Trotzdem können sich die Angaben noch während des Niederschreibens ändern. Wir freuen uns, wenn ihr uns auf Fehler aufmerksam macht. Auch Lob und zusätzliche Tipps sind natürlich willkommen!

Schreibt an:
Peter Meyer Verlag
Bodensee mit Kindern
Varrentrappstraße 53
60486 Frankfurt,
www.PeterMeyerVerlag.de
info@PeterMeyerVerlag.de.

Ferienadressen locken euch zum Übernachten raus aufs Land oder rein in die Stadt! Zusammengetragen haben wir ausschließlich familienfreundliche Unterkünfte, Bauernhöfe und für größere Gruppen Jugendherbergen sowie Campingplätze, auf denen es naturnah und gelassen zugeht. *Susi*, das Schweinchen, ist ganz glücklich darüber!

Der farbige **Kartenatlas** sorgt für die nötige Orientierung. Die kleinen Logos – bei Karten Signaturen genannt – zeigen, wo es z.B. einen Spielplatz oder ein Museum zu besichtigen gibt. Die Karten und Signaturen sind von pmv eigens für dieses Buch gezeichnet worden. Zum Radeln oder Wandern nehmt ihr eine der in den Randspalten empfohlenen Karten mit.

Es ist an alles gedacht – nur losziehen müsst ihr selbst!

▶ pmv-Leser sind neugierig und mobil – nicht nur in der Fremde, sondern auch in der eigenen Umgebung. Den Wissensdurst ihres Nachwuchses wollen sie fördern, seinem Tatendrang im Einklang mit der Natur freien Lauf lassen. Daher finden Sie in diesem Ausflugsführer Tipps und Adressen zu allem, was kleine und große Kinder begeistert, und immer möglichst umweltfreundlich ist. Wenn möglich, raten wir zur Nutzung von Bahn und Bus. Alle Adressen und Aktivitäten werden von unseren Autoren persönlich begutachtet und strikt nach Kinder- und Familienfreundlichkeit ausgewählt. Ein Eintrag ins Buch kann daher nicht erkauft werden; eine Anzeigenschaltung ist unabhängig davon möglich. Übrigens: Wir verwenden den ländlichen Plural »ihr« und »euch«, damit sich die ganze Familie angesprochen fühlen kann! ◀

KONSTANZ

Konstanz war schon in keltischer Zeit besiedelt und war dann ab 300 n.Chr. Standort des römischen Kastells Constantia. Nachdem die daraus hervorgegangene Siedlung ab 590 zum Mittelpunkt des größten deutschen Bistums wurde und um 900 Marktrecht erhielt, entwickelte es sich zu einem bedeutenden Handelsplatz und wurde 1192 freie Reichsstadt.

In der Altstadt von Konstanz, der Niederburg, wird das Mittelalter wieder lebendig. An den Mauern der alten Häuser finden sich unzählige Zeichen aus alter Zeit.

Die leicht bekleidete *Imperia* auf der Spitze der Hafenmole hält in ihren Händen zwei Männlein, die aufgrund ihrer Machtsymbole als Papst und Kaiser erkennbar sind. Das ist ein moderner Hinweis auf das 16. Konzil, das vor 600 Jahren hier stattfand. Dieses Jubiläum feiert die Stadt in den Jahren 2014 – 2018 mit einem bunten Veranstaltungsprogramm. Auch für Kinder werden rund um das Thema verschiedene Aktionen angeboten. Für alle Altersstufen spannend sind der Besuch im Sea Life und das Treiben am Hafen. Von dort brecht ihr zu Schiffstouren und Fährfahrten auf. Oder ihr packt eure Badesachen in die Satteltaschen und radelt ins Hinterland zu Bisons oder ins Schweizer Romanshorn.

HIER WIRD GESCHICHTE GROSS GESCHRIEBEN

KONSTANZ

Hallen- & Strandbäder

Baden im Thermalwasser

Bodensee-Therme Konstanz, Zur Therme 2 (ehemals Wilhelm-von-Scholz-Weg 2), 78467 Konstanz. ✆ 07531/36307-0, www.therme-konstanz.de. **Bahn/Bus:** ↗ Konstanz, ab Bhf Stadtbus 5 bis Bodensee-Therme, im Sommer auch stündlich mit dem Personenschiff ↗ *Möwe* ab Hafen und Seestraße. **Auto:** Ab Stadtmitte Richtung Norden über die Rheinbrücke, dann rechts bis ans Ende der Eichhornstraße, Parkplatz vorhanden. **Zeiten:** ganzjährig 9 – 22, Sauna ab 10 Uhr.

TIPPS FÜR WASSERRATTEN

Happy Birthday!
Kinder bis 18 Jahre haben am Geburtstag freien Eintritt.

Intelligenter Meeresbewohner: Oktopus im Sea Life

Am schönsten ist das Schwimmen im Thermalbecken, wenn es im Winter eiskalt ist und dichte Nebelschwaden über dem warmen Wasser liegen.

Preise: Thermal- & Freibad 90 Min 8,50 €, 3 Std 10,50 €, Tag 12 €, ab 20 Uhr 7 €, Sauna inkl. Thermal- & Freibad ab 6 Jahre 3,5 Std 20,50 €, Tag 26,50 €, ab 19 Uhr 17,50 €; Kinder 3 – 17 Jahre Thermal- & Freibad 90 Min 6,50 €, 3 Std 8 €, Tag 9 €; Schüler, Studenten, Azubis, Schwerbehinderte ab 80 % wie Kinder.

▶ Das große **Thermalbecken** ist 33 Grad warm. Von April bis September gibt es zusätzlich ein 50-m-Schwimmerbecken mit 26 Grad, Nichtschwimmer- und Kinderbecken, zwei Wasserrutschen sowie eine Liegewiese mit Seezugang. Ab 6 Jahre dürft ihr auch die **Sauna** nutzen.

Ganz schön cool: Entspannt genießt Niko die Abkühlung
© pmv, Kirsten Wagner

Strandbad Horn

Eichhornstraße 100, 78464 Konstanz. ✆ 07531/6355-0, www.konstanzer-baeder.de. **Bahn/Bus:** Ab Bhf Konstanz Stadtbus 5 bis Freibad Horn. **Zeiten:** Mai – Mitte Sep geöffnet. **Preise:** Eintritt frei.

▶ Das *Hörnle,* wie das Strandbad auch genannt wird, liegt am Ende der Konstanzer Bucht. Es gibt eine große Liegewiese, einen Familienbereich mit Kinderbecken und -spielplatz, Beachvolleyball- und Badmintonplätze, Schachfelder und Tischtennisplatten. Im Strandcafé könnt ihr Hunger und Durst stillen. Auch eine Badeaufsicht ist vor Ort.

Im Bodensee-Rhein baden ◎

Rheinstrandbad Konstanz/Hallenbad am Seerhein, Spanierstraße 7, 78467 Konstanz. ✆ 07531/942399-0, www.konstanzer-baeder.de. **Bahn/Bus:** Vom Hbf ↗ Konstanz 10 Min Fußweg Richtung Norden über die Rheinbrücke oder mit Stadtbus 6. **Auto:** Parkhaus

Benediktinerplatz. **Zeiten:** Strandbad Mai – Juni 10 – 20, Juli – Sep 10 – 21 Uhr, Hallenbad ganzjährig Mo 7 – 9, Di 15 – 21, Mi 7 – 9 und 15 – 21, Fr 7 – 8 und 15 – 21, Sa 12 – 20 Uhr, So 9 – 20 Uhr. **Preise:** Strandbad 3,70 €, 12er-Karte 37 €, Hallenbad Preise wie Strandbad; Kinder 6 – 18 Jahre 2,60 €, 12er-Karte 26 €; mit Bodensee-Erlebniskarte gratis.

▶ Mitten in der Stadt könnt ihr hier im **Bodensee-Rhein,** der Verbindung des Bodensees zum Unter- und Gnadensee, baden und euch im Wasser treiben lassen. Es gibt eine große Liege- und Spielwiese, Spielplatz, Tischtennis, Badminton sowie ein Restaurant mit Terrasse. Im Winter könnt ihr im angrenzenden **Hallenbad** eure Bahnen ziehen. Sa und So gibt es hier 14 – 18 Uhr verschiedene Spielangebote, in dieser Zeit ist Bahnenschwimmen nicht möglich.

Achtung! Wegen der starken Wasserströmung ist das Baden im Bodensee-Rhein nur für gute Schwimmer empfohlen, für die Kleinen gibt es ein abgetrenntes Kinderbecken.

Mit Kanu & Surfbrett auf den See

Den Bodensee per Kanu erkunden

La Canoa Kanuzentrum, Robert-Bosch-Straße 4, 78467 Konstanz. ℂ 07531/959599, www.lacanoa.com. **Bahn/Bus:** ↗ Konstanz, Bus 3 bis Carl-Benz-Straße. **Auto:** B33 Richtung Radolfzell, im Industriegebiet links abbiegen. **Zeiten:** Kanuzentrum März – Okt Di – Fr 10 – 12.30, 14 – 18, Sa 10 – 16 Uhr, Nov – Feb Sa 10 – 14 Uhr. **Preise:** Tagestouren für 44,90 € pro Person; Kinder 6 – 16 Jahre halber Preis.

▶ Alle geführten Kanutouren beginnen mit einer Einweisung. Deshalb sind auch Anfänger willkommen. Anschließend wird ein vorgegebenes Tagesziel angesteuert. Die Rückkehr ist zwischen 15 und 16 Uhr. Eine Umrundung der Insel Reichenau dauert zum Beispiel 5,5 Stunden, von Stein am Rhein nach Schaffhausen dauert es 4,5, von Reichenau nach Höri 6 Stunden. Auch für Schulklassen gibt es verschiedene Tour-Angebote.

In Schnupperkursen könnt ihr den Unterschied zwischen Kajak und Kanadier lernen und welcher Bootstyp für euch am besten geeignet ist. Spielerisch erlernt ihr an einem Tag einfache Steuerschläge und Grundtechniken für beide Bootstypen. 89,90 €, Jugendliche bis 16 Jahre 50 % Rabatt (Teilnahme nur in Begleitung eurer Eltern).

Bootsvermietung Marc Fluck, Am Gondelhafen, Konstanz. ✆ 0171/6509249. www.konstanz-tourismus.de. Ostern – Okt. Direkt am Stadtgarten. Tretboot 9 € pro Std, Elektroboot 27 €.

Zum Saisonauftakt im April gibt es immer eine **Internationale Flottensternfahrt.** Insgesamt 7 Schiffe starten vormittags in Konstanz, Kreuzlingen, Friedrichshafen, Lindau, Romanshorn und Bregenz an einer vorher bestimmten Stelle auf dem See. Dort bilden sie einen Stern und an Bord erklingt die *Fischerin vom Bodensee.*

Surfen lernen

Der Surf Bauch, Surfschule, Shop, Service, Helmut F. Bauch, Wollmatinger Straße 77, 78467 Konstanz-Petershausen. ✆ 07531/53911, Handy 0172/82058-93. www.surfbauch.de. **Bahn/Bus:** Vom Bhf Bus Linien 2, 3, 12, 13 bis Friedhof. **Auto:** Vom Bhf etwa 1 km Richtung Norden über Konzilstraße und Zähringer Platz in die Wollmatinger Straße. **Zeiten:** April – Sep. **Preise:** Kinderkurs Surfen 99 €, SUP 35 € zzgl. 15 € Leihgebühr Ausrüstung.

▶ In 4 Schwierigkeitsstufen bekommt ihr hier an jeweils 2 Tagen à 3 Schulstunden die Grundelemente des **Windsurfens** gezeigt. Danach müsst ihr einfach noch eine Weile üben, bis es so richtig klappt.

Ihr könnt euch auch im **Stand Up Paddling** versuchen. Dabei steht ihr auf einem Surfbrett und bewegt euch mit Hilfe eines Paddels auf dem Wasser vorwärts. Im Übungsabschnitt könnt ihr ungestört paddeln. Dort ist das Wasser schön flach und ihr werdet nicht durch Boote oder Schwimmer behindert.

Per Schiff

Unterwegs mit der Weißen Flotte ◉

Bodensee-Schiffsbetriebe GmbH, Hafenstraße 6, 78462 Konstanz. ✆ 07531/36400, www.bsb-online.com. **Zeiten:** April – Mitte Okt täglich. **Preise:** z.B. von Immenstaad nach Konstanz 11,20 €; Kinder 6 – 15 Jahre halber Fahrpreis; mit Bodensee-Erlebniskarte gratis. Kinder bis 15 Jahre in Begleitung ihrer Eltern oder Großeltern können mit der Bodensee-Kinderkarte für 6,50 € einen ganzen Tag auf allen Kursschiffen fahren. **Infos:** Fahrrad in Entfernungsstufe 1 (bis Zone 4, z.B. Bregenz – Lindau) 4,50 €, Entfernungsstufe 2 (ab Zone 5, Friedrichshafen – Konstanz) 6,10 €, Kinderrad die Hälfte.

▶ Die *Weiße Flotte* ist das ideale Verkehrsmittel auf dem Bodensee. An Deck der großen Schiffe lässt

KAPITÄN AUF DEM BODENSEE

© Stadtwerke Konstanz

▶ Damit ein Bodensee-Schiff zentimetergenau am Steg anlegen kann, um die Leute ein- und aussteigen zu lassen und dann schnell zum nächsten Hafen weiterzufahren, sind etliche Helfer notwendig. Der **Anbinder** wartet am Landungssteg, bis das Schiff kommt, dann fängt er das Seil auf, bindet das Schiff am Poller fest und schiebt eine Brücke zu ihm rüber.

Das Seil hinübergeworfen hat ein **Matrose,** der auf dem Schiff dafür zuständig ist, dass das Seil immer ordentlich aufgerollt und griffbereit liegt. Auf den meisten Schiffen ist der Matrose auch für die Kontrolle der Fahrkarten zuständig.

Dann gibt es auf dem Schiff noch den **Kassier,** der die Fahrkarten verkauft, sofern ihr noch keine gelöst habt. Er macht am Ende der Fahrt die Abrechnung und liefert das eingenommene Geld im Hafenbüro ab.

Der **Steuermann** steht am Steuerrad und hält das Schiff auf dem richtigen Kurs. Er kennt alle Häfen und Anlegestellen.

Wenn ein Seemann all diese Tätigkeiten ausgeübt hat, kennt er sich überall auf dem Schiff aus und wird nach bestandener Prüfung zum **Kapitän** befördert. Er ist dann für alles auf dem Schiff verantwortlich und gibt auch die Befehle zum Anlegen und Abfahren. Zwischendurch bleibt ihm noch genügend Zeit, um sich um die kleinen Fahrgäste zu kümmern. Wenn er gut aufgelegt ist, nimmt er euch mit in das Steuerhaus, wo ihr dann mal kurz das Steuerrad halten dürft.

man die Landschaft gemütlich vorbeiziehen. Unterwegs werden Getränke, Kuchen oder kleine Gerichte angeboten. Für Kinder gibt es eine Spielecke. Die Mitnahme von Fahrrädern ist möglich. Die Hauptroute der Weißen Flotte führt von Konstanz über Mainau,

Meersburg, Hagnau, Immenstaad, Friedrichshafen, Langenargen, Kressbronn, Nonnenhorn, Wasserburg, Bad Schachen nach Lindau und zurück.

Eine zweite Linie fährt von Konstanz über Meersburg, Mainau, Unteruhldingen, Dingelsdorf nach Überlingen und wieder zurück. Für die Strecke von Konstanz nach Lindau muss man immerhin mit 4 Stunden Fahrzeit rechnen.

Auf zwei Kufen zwischen Konstanz und Friedrichshafen

Katamaran-Reederei Bodensee GmbH & Co. KG, Geschäftsstelle Konstanz Hafen & Friedrichshafen Hafen, Hafenstraße 6, 78462 Konstanz. ✆ 07541/971090-0, www.der-katamaran.de. **Bahn/Bus:** Nähe Hbf ↗ Konstanz, in ↗ Friedrichshafen nähe Bhf Fh-Hafen. **Zeiten:** ganzjährig 2 Min nach der vollen Std zwischen 6 ab Konstanz bzw. 7 Uhr ab Friedrichshafen und 19 Uhr, im Sommer Fr und Sa bis Mitternacht. **Preise:** Einzelfahrt 10,50 €; Kinder 6 – 14 Jahre 5,30 €; Kleingruppenkarte (2 Erw, bis zu 3 Kinder) 26 €. **Infos:** Fahrräder werden für 4,80 € ebenfalls mitgenommen; barrierefreier Zustieg auch mit Kinderwagen.

▶ *Constanze, Fridolin* und *Ferdinand* – das sind liebevolle Namen für die schnellen Schiffe in **Katamaran**-Bauweise. Sie verbinden Konstanz und Friedrichshafen im Stundentakt. In exakt 52 Minuten gelangt ihr direkt in die Innenstadt auf der jeweils gegenüber liegenden Seeseite! Ohne Stau und Parkplatzsuche. Kombitickets mit ↗ *Zeppelin Museum* oder dem ↗ *Sealife Konstanz* lohnen sich vor allem für Familien. Bei schönem Wetter lasst ihr euch auf den schnittigen Schiffen Wind und Gischt um die Nase wehen, ansonsten sitzt ihr trocken und warm in der Kabine an Tischen. Bord-TV, W-Lan und Gastronomie verkürzen die Zeit. Der Kapitän begrüßt übrigens jeden Fahrgast persönlich – vielleicht braucht er ja noch Verstärkung in seiner Crew?

🦉 *Katamaran* nennt man ein Schiff, das auf zwei kufenartigen Rümpfen schwimmt. Es ist zwar etwas aufwändiger zu bauen, aber dafür schneller unterwegs, braucht weniger Treibstoff und schaukelt nicht so stark bei Wellengang wie ein Schiff mit nur einem Rumpf.

Die schwimmende Brücke: Fährbetrieb Konstanz — Meersburg

Stadtwerke Konstanz, Schiffstraße 41, 78464 Konstanz. ✆ 07531/803-0, www.stadtwerke-konstanz.de. **Bahn/Bus:** Ab Hbf ↗ Konstanz direkte Verbindung mit Stadtbus 1, in Meersburg halbstündlich Bus nach Überlingen und Friedrichshafen. **Auto:** In Konstanz auf der B33 beschildert in den Ortsteil Staad, in Meersburg ebenfalls beschildert am westlichen Ortsrand. **Zeiten:** ganzjährig tagsüber min. 4 x pro Std, nachts stündlich. **Preise:** Einzelfahrt 3 €; Kinder 6 – 14 Jahre 1,50 €; Konstanz-Ticket mit Hin- und Rückfahrt sowie ganztägiger Nutzung der Stadtbus-Linien in Konstanz für Erw 9,90, Kinder 4,90 €, Familien 18,70 €. **Infos:** Fahrräder pro Strecke 5,30 €, Autos 8 – 13,90 €.

▶ In einer Viertelstunde bringt euch das Fährschiff auf die andere Seite des Bodensees. Neben den Passagieren finden auch Omnibusse, Lastkraftwagen und Autos Platz, die sonst für diese Strecke einen Umweg von 70 km fahren müssten. Kein Wunder, dass pro Jahr über 4 Mio Menschen, 1,4 Mio Autos und 89.000 Nutzfahrzeuge die schwimmende Brücke nutzen. Die Fähre ist ideal, um eine der zahlreichen Attraktionen auf der jeweils anderen Seite des See zu besuchen. Die Fahrscheine werden an Bord verkauft.

Vorzugsplatz: Ganz vorn an der Reling könnt ihr euch den Wind um die Nase wehen lassen
© Stadtwerke Konstanz

Hunger & Durst
Auf allen Fährschiffen werden Kuchen, Eis, Getränke und kleine Gerichte angeboten.

KONSTANZ

An Bord der Möwe

Personenschifffahrt Wilfried Giess, Ralph Giess, Heinrich-von-Tettingen-Straße 2a, 78465 Konstanz. ℡ 07533/2177, Handy 0170/8386819. www.moewe-konstanz.de. **Bahn/Bus:** Vom Hbf ↗ Konstanz nur wenige Gehminuten zur Anlegestelle. **Auto:** Parkplätze südlich des Hbf im Lago-Einkaufszentrum oder beim Sea Life. **Zeiten:** Juni – Aug täglich 10.30 – 17.30 Uhr stündlich, Mai So 10.30 – 17.30 Uhr stündlich, Mai und Sep Mo – Sa bei schönem Wetter nach Anschlag an der Anlegestelle. **Preise:** 4 € zur Bodensee-Therme, 7 € für die ganze Rundfahrt (darf jederzeit unterbrochen werden); Kinder 4 – 12 Jahre 2 € zur Bodensee-Therme, 3,50 € für die Rundfahrt.

▶ Zum Besuch der ↗ Bodensee-Therme oder für eine kleine Wanderung auf der Halbinsel *Horn* bringt euch das Motorschiff **Möwe** vom Konstanzer Hafen aus. Zwischendurch wird am Anleger in der Seestraße festgemacht. Wenn es euch auf der Möwe gefällt, könnt ihr auch eine Rundfahrt in der Konstanzer Bucht machen. Dabei gleitet ihr entlang dem Ufer an der Seestraße und der Bodenseetherme mit Blick nach Meersburg vorbei und fahrt in den Überlinger See hinüber ans Schweizer Ufer. In Bottighofen z.B. könntet ihr die Fahrt für einen Spaziergang unterbrechen und eine Stunde später weiterfahren. An Kreuzlingen vorbei geht es wieder zurück in den Konstanzer Hafen.

*Das Motorschiff **Möwe** wurde 1982 gebaut, ist 19,50 m lang und 5,10 m breit. Unter Deck gibt es 55 Sitzplätze, auf dem Sonnendeck weitere 75. Es fährt mit einem umweltfreundlichen und leisen 6-Zylinder-Turbo-Diesel-Motor.*

FRISCHE LUFT & SPORT

Radeln

Auf den Bergrücken oberhalb des Bodensees: Radtour von Konstanz nach Romanshorn

78462 Konstanz. **Strecke:** Konstanz – Kreuzlingen – Romanshorn und zurück. **Länge:** Hin und zurück rund 50 km, reine Fahrzeit circa 5 Std. Rückfahrt von Romanshorn auch mit Schiff oder Bahn, dann sind nur

etwa 2,5 Std zu radeln.
Wer bereits kurz vor
Dozwil nach Kesswil ab-
fährt, kann die Strecke
um rund 15 km verkür-
zen. **Bahn/Bus:**
↗ Konstanz. **Infos:** Für
geübte Radler ab 8 Jah-
re.

▶ Die gemütliche Tour
ins Hinterland führt
fast ausschließlich auf
gut befestigten Rad-

Radeln mit der ganzen Familie: In Konstanz ein Kinderspiel
© Tourist-Information Konstanz GmbH

wegen abseits vom Autoverkehr über die Bergrücken oberhalb des Bodensees. Zurück geht es dann auf dem Bodensee-Radweg am Seeufer entlang.

Vom Bahnhof **Konstanz** fahrt ihr zunächst über **Kreuzlingen** in südlicher Richtung vom Bodensee weg. Ihr nehmt dazu die mit einer Grünen Muschel gekennzeichnete **Pilger-Route,** die als Wanderweg von Konstanz nach Einsiedeln führt. Bereits bei den letzten Häusern von Kreuzlingen steigt der Weg kurz-zeitig etwas an, bis bei *Bäterschhusen* die Hauptstra-ße gekreuzt wird. Danach geht es wieder moderater weiter durch den Wald bis kurz vor *Alterswilen.* Hier verlasst ihr die Pilger-Route und folgt links der **See-rücken-Route,** die durch einen stilisierten Baum, der auf einem Bergrücken steht, gekennzeichnet ist.

Die *Seerücken-Route* führt nun in Sichtweite zum See parallel zum Ufer in Richtung Osten. Auf landwirt-schaftlichen Straßen und Waldwegen radelt ihr vor-bei an einzeln stehenden Höfen und durch kleine Ort-schaften. Weiden, auf denen Kühe grasen, wechseln sich ab mit Obstgärten, dazwischen kommen immer wieder schattige Strecken durch den Wald. Je nach Jahreszeit wird an zahlreichen Bauernhöfen frisch ge-erntetes Obst verkauft – eine willkommene Wegzeh-rung bei der nächsten Pause. Hinter **Dozwil** nähert sich die Route immer mehr dem See, von **Hunger-**

KONSTANZ

Hunger & Durst

In allen Orten entlang der Strecke gibt es aus-reichend Einkaufs- und Einkehrmöglichkeiten. Besonders auf der Rückfahrt von Romans-horn nach Konstanz lie-gen die Restaurants, Kioske, Cafés oder Eisdielen dicht beiein-ander.

*An der alten
Rheinbrücke in
Konstanz beginnt die
Kilometerzählung des
Rheins, der bis zu seiner
Mündung bei Hoek van
Holland noch etwa
1036 km zurücklegen
muss.*

Achtung! Die Radtour
führt auf der Schweizer
Seite des Untersees
entlang. Deshalb müsst
ihr unbedingt eure
Ausweise mitnehmen.

büel sind es nur noch wenige Minuten hinunter nach **Romanshorn.** Das Städtchen zählt zu den Verkehrs-knotenpunkten am Bodensee, von hier startet auch die Fähre zur gegenüberliegenden Seite nach Fried-richshafen. Von Romanshorn führt die **Velolandroute 2 Rhein** am Seeufer entlang wieder zurück nach **Kreuzlingen.** Unterwegs könnt ihr im Sommer noch eine Badepause einlegen.

Ans Ende des Bodensees: Radtour von Konstanz nach Stein am Rhein

78462 Konstanz. **Strecke:** Konstanz – Kreuzlingen – Stein am Rhein. **Länge:** Hin und zurück rund 60 km, rei-ne Fahrzeit 5 – 6 Std, gut ausgeschildert, das Ufer ist fast immer in Sichtweite. Bei Rückfahrt von Stein am Rhein mit Schiff oder Bahn sind nur 2 – 3 Std zu radeln. **Bahn/Bus:** ↗ Konstanz.

▶ Auf über 100 km war der **Rhein** im Bodensee ver-schwunden. Am Ende des Untersees taucht der mächtige Fluss bei Stein am Rhein urplötzlich wieder auf und setzt seinen Lauf fort. Genau diese Stelle ist euer Ziel. In Stein am Rhein findet ihr eine schöne mittelalterliche Altstadt, mehrere interessante Mu-seen sowie einen Minizug, der durch den Stadtgar-ten fährt. In Konstanz könnt ihr den Rhein schon mal ganz kurz sehen: Nördlich vom Bahnhof stellt der so-genannte *Bodensee-Rhein* die Verbindung zum Unter-see her. Eure Tour geht vom Bahnhof **Konstanz** zu-nächst über die Schweizer Grenze nach **Kreuzlingen.** Von dort folgt ihr immer der Beschilderung *Veloland-route 2 Rhein.* Am südlichen Ufer des Untersees ent-lang kommt ihr durch malerische kleine Orte wie **Gottlieben, Ermatingen** und **Berlingen.** Der Untersee wird zusehends schmaler und bald habt ihr sein En-de erreicht. In **Stein am Rhein** fließt der Rhein aus dem Bodensee heraus und nimmt als Fluss seine Reise zur Nordsee wieder auf. Von der großen Stein-brücke aus könnt ihr ihn gut beobachten.

Tiere erleben

Im Großaquarium die Fische betrachten: Sea Life Konstanz ◉

Hafenstraße 9, 78462 Konstanz. ✆ 07531/128270, www.sealife.de. **Bahn/Bus:** Vom Hbf wenige Min zu Fuß Richtung Südosten auf den Bodensee zu. **Zeiten:** Sep – Juni 10 – 17, Juli, Aug 10 – 18 Uhr. **Preise:** 17,50 €; Kinder 3 – 14 Jahre 12,95 €; Schwerbehinderte 15,95 €, in Gruppe ab 10 Pers Erw 11,50, Kinder 9,50 €, Schwerbehinderte 8,50 €, Schulklassen 4,95 € pro Schüler. **Infos:** Hunde dürfen nicht ins Sea Life.

▶ In den riesigen Aquarien des Sea Life könnt ihr über 3500 Süß- und Salzwasserfische in ihrer natürlichen Umgebung beobachten und dabei ihre gewohnten Lebensräume kennen lernen. Der Rundgang orientiert sich am Verlauf des **Rheins** von seiner Quelle in den Alpen über den Bodensee bis in die Tiefen der Meere. In einem Berührungsbecken dürft ihr sogar Krebse, Miesmuscheln, Seesterne, Seeigel und See-Anemonen anfassen. Richtig spannend wird es auch, wenn ihr bei den Fütterungen von Rochen, Hai und Co zuseht. Durch einen 8 m langen Unterwassertunnel gelangt ihr in die bunte Welt des *Roten Meeres.* Hier gleiten Schwarzspitzenriffhaie und die Meeresschildkröte *Clementine* direkt über eure Köp-

Gleiten flink durchs Wasser: Eselspinguine im Großaquarium

© Sea Life Konstanz

UMWELT ER-FORSCHEN

Happy Birthday!
Im Sea Life könnt ihr Geburtstag feiern. Meldet euch z.B. zur Piratenführung an, 13,45 € pro Kind.

🦉 *Seit den 1930er Jahren hatte sich in etlichen Lexika ein Fehler eingeschlichen, der den* **Rhein** *um gut 100 km länger gemacht hat, als er wirklich ist! Erst 2010 hat jemand auf der Landkarte nachgemessen – nun ist der Rhein wieder bloß 1233 km lang.*

KONSTANZ

So bunt geht es unter Wasser zu: Riff im Sea Life
© Sea Life Konstanz

fe hinweg durchs Wasser. Im *Regenwald* trefft ihr Piranhas, Teufelsrochen und die knallgelben Pfeilgiftfrösche. Am Ende eures Rundgangs wird es dann im Reich der Pinguine ganz schön frostig. Die Sonderausstellung widmet sich im Jahr 2016 der Welt der Kraken. Hier erfahrt ihr unter anderem, dass Oktopoden sehr schlaue Tiere und Meister im Tarnen sind.

HANDWERK UND GESCHICHTE

Hunger & Durst
Zum Pfannkuchen, Hüetlinstraße 39, Konstanz. ℂ 07531/ 27350. Ab 17.30 Uhr, Sa, So, Fei auch 11.30 – 15 Uhr. Pfannkuchen mit den verschiedensten Füllungen von süß bis scharf.

Museen & Stadtführungen

Im Rosgartenmuseum ◎
Rosgartenstraße 3 – 5, 78459 Konstanz. ℂ 07531/ 900-246, www.konstanz.de/rosgartenmuseum. **Bahn/ Bus:** In der Fußgängerzone der Altstadt, 5 Min vom Hbf ↗ Konstanz. **Auto:** Parkhäuser in Dammgasse und auf dem Augustinerplatz. **Zeiten:** Di – Fr 10 – 18, Sa, So und Fei 10 – 17 Uhr. **Preise:** 3 €; Kinder ab 6 Jahre 1,50 €, Kinderaktion 2,50 € pro Kind; mit Bodensee-Erlebniskarte frei. **Infos:** Programm ↗ Internetseite.

▶ Wenn ihr euch über Geschichte, Kunst und Kultur der Stadt Konstanz von der Steinzeit bis heute informieren wollt, seid ihr hier genau richtig. Sehr spannend ist der *Leiner-Saal,* der nach dem Museumsgründer benannt ist. In den alten Vitrinen findet ihr sogar echte Saurierknochen. Im 1. Obergeschoss müsst ihr euch unbedingt das mittelalterliche Stadtmodell anschauen. Spezielle Programme für Kinder und Jugendliche sowie für Kindergärten und Schulklassen werden jeweils angepasst an die wechselnden Sonderausstellungen angeboten.

Bodensee Naturmuseum

Hafenstraße 9, 78462 Konstanz. ✆ 07531/900915, www.konstanz.de/naturmuseum. **Lage:** Im Sea Life. **Bahn/Bus:** Vom Hbf ↗ Konstanz wenige Min zu Fuß Richtung Südosten auf den Bodensee zu. **Auto:** Parkplätze südlich des Bhf im Lago-Einkaufszentrum. **Zeiten:** ↗ Sea Life. **Preise:** 2 €; Kinder 4 – 14 Jahre 1 €. Beim Besuch des ↗ Sea Life ist der Eintritt ins Naturmuseum inbegriffen.

▶ Im Naturmuseum begebt ihr euch auf eine spannende Entdeckungsreise durch die Natur rund um den Bodensee. Gleich am Eingang werdet ihr vom Wildschwein *Willi* begrüßt. In der **Ausstellung** seht ihr verschiedene Tierpräparate und erhaltet anschauliche Informationen dazu. Es gibt viel zum Mitmachen und Ausprobieren. Ihr könnt Tierstimmen lauschen, durch den Kriechtunnel krabbeln und einige der Tierpräparate anfassen. Auf dem **Außengelände** lädt die Erlebnisausstellung *Steine im Fluss* kleine Entdecker zum Fossiliensuchen ein. Ganz nebenbei lernt ihr dort noch etwas über Geologie.

600 Jahre Konstanzer Konzil

Konzilstadt Konstanz, Marktstätte 1, 78462 Konstanz. ✆ 07531/36327-0, www.konstanzer-konzil.de. **Bahn/Bus:** ↗ Konstanz.

▶ 1414 – 1418 fand in Konstanz das 16. Konzil, der größte mittelalterliche Kongress des Abendlandes, statt. Viele wichtige Männer aus ganz Europa tagten in der Stadt. Insgesamt kamen im Verlauf des Konzils 70.000 Besucher nach Konstanz. Zeitweise hielten sich rund 20.000 Menschen gleichzeitig in der Stadt auf, die damals etwa 6000 Einwohner zählte. Im Mittelpunkt standen religiöse Fragen, kirchliche, aber auch politische Probleme. Zeitweise war *König Sigismund* anwesend und sollte mitberaten, da es mehrere Männer gab, die den Papst-Titel für sich beanspruchten. Schließlich einigten sich die Gesandten auf *Martin V.* (Papst 1418 – 1431). Dies war die

Hunger & Durst

Mayura, Am Fischmarkt 1, Konstanz. ✆ 07531/3633766. www.mayura-restaurant.de. So – Fr 11.30 – 14.30, 17.30 – 24, Sa 11.30 – 24 Uhr. Geschmackserlebnisse auf indische Art in modern gestyltem Ambiente oder auf dem Platz nahe dem Hafen. Auch vegetarische und vegane Speisen.

Im Rahmen des Konziljübiläums wurde auch die Dauerausstellung im ↗ Hus-Museum neu gestaltet. Jan Hus (um 1369 – 6. Juli 1415) war ein christlicher Theologe und Reformer. Er kam zum Konstanzer Konzil, um dort seine Lehren zu verteidigen. Diese widersprachen denen der kirchlichen Machthaber. Als Hus sich weigerte, seine Lehren zu widerrufen, wurde er auf dem Scheiterhaufen verbrannt.

Hus-Museum, Hussenstraße 64, Konstanz. ℡ 07531/29042. www.konstanz.de. April – Sep Di – So 11 – 17 Uhr, Okt – März Di – So 11 – 16 Uhr. Eintritt frei, Führungen auf Anfrage.

Kunst: Bunte Schönheit auf der Promenade
© pmv, Annette Sievers

einzige rechtmäßige Papstwahl nördlich der Alpen. Zum 600-jährigen Jubiläum erinnert Konstanz 2014 – 2018 mit verschiedenen Ausstellungen und Veranstaltungen an das große Ereignis. Jedes Jahr steht dabei unter einem anderen Motto. 2016 dreht sich alles rund um *Imperia* und das *Lebendige Mittelalter*. Auch für euch gibt es spannende Angebote. Habt ihr Lust auf einen Rundgang durchs mittelalterliche Konstanz? Dann ladet euch die kostenlose App *In Nomine Diaboli – Im Namen des Teufels* (für Kinder ab 13 Jahre) auf euer Smartphone. Zuerst installiert ihr die App *Locandy*. Über den Suchbegriff *diaboli* gelangt ihr zu der GPS-geführten Route – und los geht die spannende Suche nach dem Helden *Cunrat*.

Wollt ihr auf den Spuren eines Ritters die Stadt erkunden, nehmt an der Stadtführung *Mit dem Ritter unterwegs – durch Konzilzeit und Mittelalter* teil (April – Okt jeden 2. und 4. Di im Monat 19 Uhr, Treffpunkt am Münsterplatz, Hauptportal des Münsters, Dauer: 1,5 Std, 10 €, Kinder bis 12 Jahre frei). Regelmäßig gibt es weitere Angebote für Kinder und Familien, nähere Informationen bekommt ihr bei der Konzilstadt.

Die Künstler vom Bodensee
Wessenberg-Galerie, Wessenbergstraße 43, 78462 Konstanz. ℡ 07531/900-921, 900-376 (Anmeldung). www.konstanz.de/wessenberg. **Lage:** Im Kulturzentrum am Münster. **Bahn/Bus:** Nur wenige Min zu Fuß vom Hbf ↗ Konstanz durch die Fußgängerzone. **Auto:** Parkhäuser in der Unteren Laube und am Fischmarkt. **Zeiten:** Di – Fr 10 – 18 Uhr, Sa, So und Fei 10 – 17 Uhr, Kinderprogramm nach Anmeldung. **Preise:** 3 €; Kinder bis 12 Jahre frei, Kinderprogramm 2 – 4 € pro Kind; Familienkarte (2 Erw und eigene Kinder) 4 €.

▶ Die nach dem Freiherrn *Ignaz Heinrich von Wessen-berg* (1774 – 1860) benannte Galerie zeigt laufend wechselnde Ausstellungen früherer und zeitgenössischer Künstler aus dem Bodenseeraum. Für Kindergärten und Schulklassen gibt es ein museumspädagogisches Angebot. Unter verschiedenen Aspekten lernt ihr dabei Kunst auf anschauliche Weise kennen und verstehen. Zuerst schaut ihr euch die Kunstwerke gemeinsam an, dann werdet ihr selbst künstlerisch aktiv – pinselt, druckt, klebt und zeichnet.

Hier macht Geschichte Spaß ◉
Archäologisches Landesmuseum Baden-Württemberg, Benediktinerplatz 5, 78467 Konstanz. ✆ 07531/98040, www.konstanz.alm-bw.de. **Bahn/Bus:** ↗ Konstanz, ab Bhf alle Stadtbusse bis Sternenplatz. Zu Fuß 12 Min vom Hbf über die Konzilstraße nach Norden und nach dem Überqueren des Rheins rechts. **Auto:** Ausgeschildert, öffentlicher Parkplatz beim Museum. **Zeiten:** Di – So 10 – 18 Uhr, Weihnachten, Silvester und Neujahr geschlossen. **Preise:** 5 €; Kinder 6 – 18 Jahre 1 €; Familienkarte 10 €, am 1. Sa im Monat und mit der Bodensee-Erlebniskarte gratis.

▶ Hier ist die Vergangenheit der Bodensee-Region für Jung und Alt spannend, lebendig und verständlich aufbereitet. Ihr seht steinzeitliche Pfahlbauten, alemannische Adelsgräber und das älteste Schiff des Bodensees. Sicher gefallen euch die regelmäßigen Playmobil-Ausstellungen zu verschiedenen historischen Themen. Ganz toll sind auch die Museumsfeste, an denen ihr, je nachdem, was auf dem Programm steht, eine römische Ritterrüstung anziehen, nach mittelalterlichen Rezepten backen, duftende Salben und Körperöle mixen, auf der Modenschau Steinzeittextilien präsentieren oder mit selbst gebauten Windradlanzen an einem Ritterturnier teilnehmen könnt. Da diese Veranstaltungen nicht jede Woche stattfinden, solltet ihr zuvor die genauen Termine und das jeweilige Thema telefonisch erfragen oder auf

Happy Birthday!
Die Kinderprogramme eignen sich auch für eine Geburtstagsfeier. Max. 15 Kinder, min. 1 Elternteil muss dabei sein. 1,5 Std 105 €.

Happy Birthday!
Ihr könnt eure Geburtstagsfeier ins Museum verlegen und dort mit euren Gästen einen ganzen Nachmittag bei einer Aktion verbringen, die ihr vorher bestimmen könnt. 50 – 80 € zzgl. 0,50 € pro Kind.

Hunger & Durst
Ristorante Pinocchio, Untere Laube 47, Konstanz. ✆ 07531/15777. www.pinocchio-konstanz.de. 12 – 14.30 und 18 – 24, So 17 – 23 Uhr. Authentisch italienisch mit lauschigem Laubengarten und guter Pasta.

Konstanz: Bei der Stadtführung gibt es viel zu entdecken

© pmv, Annette Sievers

BÜHNE, LEINWAND & AKTIONEN

der Internetseite nachschauen. Es lohnt sich!

Was die alten Mauern erzählen – Kinderstadtführung durch Konstanz

Bahnhofsplatz 43, 78462 Konstanz. © 07531/ 133026, www.konstanz-tourismus.de. **Bahn/Bus:** ↗ Konstanz. **Zeiten:** Termine auf telefonische Anfrage, Dauer: 1,5 Std. **Preise:** pro Gruppe 85 € (max. 25 Pers). **Infos:** Für 6- bis 12-jährige Kinder.

▶ Die Tourist-Info bietet Kinderstadtführungen zu verschiedenen Themen an. Dabei begebt ihr euch zum Beispiel auf eine Reise in die Römerzeit oder ins Mittelalter und erfahrt, wie die Menschen in Konstanz damals lebten und arbeiteten. Wusstet ihr, dass früher die Häuser noch keine Hausnummern hatten? Stattdessen gaben die Besitzer den Häusern, in denen sie wohnten Namen. So heißen manche etwa *Safran, Waage* oder *Elefant*. Oft verraten diese Namen etwas über die früheren Hausbesitzer, zum Beispiel über Ihren Beruf. Doch lasst euch diese und andere spannende Geschichten bei einer Führung genauer erzählen. Weitere Themen sind die bunten Gemälde auf Häusern, die ihr in der Innenstadt sehen könnt und Konstanz als Bischofsstadt.

Theater & Feste

Junges Theater Konstanz

Inselgasse 2 – 6, 78462 Konstanz. © 07531/900-109, 900-150 (Theaterkasse). www.theaterkonstanz.de. **Bahn/Bus:** Bus 4, 5, 6, 13 bis Konzilstraße/Theater (für Spielstätte Stadttheater/Werkstatt) oder bis Marktstätte (für Spielstätte Spiegelhalle). **Auto:** Nächste Parkmöglichkeit Stadttheater/Werkstatt: Fischmarkt, Spiegelhalle: Sea Life Center. **Zeiten:** Kinderstücke jeden So 15 Uhr, weitere Veranstaltungstermine und Termine für Theaterclub und Theaterwerkstatt im Internet. **Preise:** je nach Stück 8 – 18 €; Kinder 5,50 – 10 €, Theaterclub einmalig pro Spielzeit 40 €; Familienkarte für Stücke ab 3 Jahre (5 Pers, max. 2 Erw) 25 €. **Infos:** Theaterkasse Konzilstraße 11, Mo – Fr 10 – 19, Sa 10 – 13 Uhr, theaterkasse@konstanz.de. Info und Anmeldung zu Workshops theaterpaedagogik@konstanz.de.

▶ Das Junge Theater will Kinder und Jugendliche mit seinen Stücken an die Vielfalt des Theaters heranführen. Neben der großen Weihnachtsproduktion im **Stadttheater** werden in der **Spiegelhalle** und der **Werkstatt** sowohl neue Stücke als auch Klassiker der Kinder- und Jugendliteratur für Kinder ab 3 Jahre gezeigt. So gab es 2015 zum Beispiel *Die kleine Hexe* von Otfried Preußler zu sehen. Doch ihr könnt hier nicht nur zuschauen, sondern euch auch selbst spielen! Unter Anleitung der Theater-Profis wird im **Spielclub** (ab 6 Jahre) 1 x pro Woche geprobt und das Stück dann im Sommer aufgeführt. Einmal im Monat könnt ihr an **Theaterwerkstätten** (ab 7 Jahre)

Hunger & Durst

Sitara, Paradiesgasse 7, Konstanz. ✆ 07531/9189941. www.sitara-restaurant.de. Mo – Fr, So 11.30 – 14.30, 17.30 – 24, Sa 11.30 – 24 Uhr. Indische Spezialitäten und auch wenig scharfe Köstlichkeiten in stilvollem Ambiente. Empfehlenswert.

Hunger & Durst

Hafenhalle, Hafenstraße 10, Konstanz. ✆ 07531/21126. www.hafenhalle.com. 10 – 1 Uhr. Gleich neben der Spiegelhalle, mit Terrasse, Spielplatz und Sandkasten im Freien. Für Kinder auch halbe Portionen.

KONSTANZ

Schaf Ahoi: Lustige Stücke könnt ihr euch im Jungen Theater ansehen
© Ilja Mess

zu verschiedenen Themen wie *Stockkampf-Puppen* oder *Tanztheater* teilnehmen.

Das Riesen-Seefeuerwerk: Seenachtfest in Konstanz und Kreuzlingen

78462 Konstanz. www.seenachtfest.de. **Lage:** Konstanzer Bodensee-Ufer. **Bahn/Bus:** ↗ Konstanz. Sonderzüge von und nach Singen und Stockach sowie Sonderbusse zur Reichenau, nach Überlingen, Friedrichshafen und Ravensburg. **Auto:** Aufgrund des enormen Andrangs ist die Benutzung öffentlicher Verkehrsmittel dringend geraten. **Zeiten:** Mitte Aug, Sa ab 15 Uhr. **Preise:** 19 €, Vorverkauf 15 €; Kinder bis 5 Jahre frei, 6 – 11 Jahre 5 €, 3 € VVK.

▶ In Konstanz und Kreuzlingen findet jedes Jahr das größte Sommerfest am Bodensee statt. Ab dem späten Nachmittag gibt es überall in beiden Städten Kleinkunst und Musik, die schönsten Attraktionen für Kinder findet ihr in der Seestraße direkt an der Konstanzer Bucht, wo beispielsweise die Clowns und Zauberer auftreten. Auf den absoluten Höhepunkt des Seenachtfests müsst ihr allerdings warten, bis es dunkel geworden ist: Gegen 22 Uhr beginnt ein riesiges **Feuerwerk** über dem See.

Den schönsten Blick auf das Seefeuerwerk hat man von einem der zahlreichen Schiffe, die alle speziell zu diesem Ereignis direkt in der Konstanzer Bucht vor Anker gehen. Infos und Abfahrt im Hafen beim Hauptbahnhof.

FESTKALENDER KONSTANZ

April:	Sa, Mitte/Ende April: Konstanz: **Flottensternfahrt** der BSB zum Saisonauftakt, www.bsb-online.com.
Mai:	Ende, 4 Tage, Konstanz: **Internationale Bodenseewoche,** Hafenfest mit Segel-Regatten, Wasserski-Show und Konzerten.
August:	2. Sa (13. Aug 2016), Konstanz: ↗ **Seenachtfest.** Sommerfest mit Kleinkunst, Musik, Attraktionen und großem Feuerwerk über dem See.
Dezember:	Ende Nov – 22. Dez, Konstanz: **Weihnachtsmarkt am See,** von der Altstadt bis zum Hafen, täglich geöffnet.

ÜBERLINGER SEE & MAINAU

Die lang gezogene Form des Überlinger Sees ist das linke, obere Bein des blauen Tauchers, der auf der Landkarte gerade abtaucht. Vor allem Familien mit kleinen Kindern fühlen sich in dieser Region wohl – vor Wind und Wellen geschützt, können sich im flachen Uferbereich auch Nichtschwimmer sorglos im Wasser tummeln, dessen Temperatur immer um einige Grad höher ist als an einem steil abfallenden Ufer. Mit der Fähre zwischen Meersburg und Konstanz bzw. Überlingen und Wallhausen kommt ihr schnell von einer Seite des Sees auf die andere. Im Südosten des Überlinger Sees liegt die Insel Mainau, eines der beliebtesten Ferienziele am Bodensee. Erholen könnt ihr euch davon bei einem Eis in einem der Strandbäder.

Für die steinigen Naturstände sind Badeschuhe und Luftmatratze praktisch.

Therme & Strandbäder

Bodensee-Therme Überlingen

Bahnhofstraße 27, 88662 Überlingen. ✆ 07551/301990, www.bodensee-therme.de. **Bahn/Bus:** ↗ Überlingen. Vom Bhf Überlingen Therme 250 m zu Fuß, am westlichen Stadtrand. **Auto:** Parkplätze bei der Therme sowie am Bhf. **Zeiten:** So – Do 10 – 22, Fr und Sa 10 – 23 Uhr. **Preise:** 2 Std 9 €, 4 Std 11,50 €, ganzer Tag 13 €; Kinder bis 14 Jahre 2 Std 4,50, 4 Std 6, Tag 8 €, Jugendliche 15 – 21 Jahre 2 Std 6,50, 4 Std 9, Tag 11 €; bei Familien (2 Erw und 1 Kind oder 1 Erw und 2 Kinder) erhalten Erw 1 €, Kinder und Jugendliche 0,50 € Rabatt auf alle Tarife.

▶ Ideal an Regentagen oder im Winter: Im warmen Thermalbecken muss beim Baden mit Sicherheit niemand frieren. Für Abwechslung sorgt die 90 m lange Wasserrutsche und im Kinderbereich könnt ihr euch mit Wasserläufen, Bächen, Schleusen und Schiebern eure eigene Wasserwelt aufbauen.

TIPPS FÜR WASSER-RATTEN

Happy Birthday! In der Geburtstagswoche erhalten Kinder freien Eintritt für 2 Std – Ausweis mitbringen. Außerdem tolle Angebote für Geburtstagsparty.

Prima zum Versteckenspielen: Bambusfeld auf der Mainau

© Mainau GmbH

Surfschule im Strandbad Bodman, In Neustückern 4, Bodman-Ludwigshafen-Bodman. 0152/56305402. www.strandbad-bodman.de. Juni – Sep nach Vereinbarung. Windsurfkurse für Erw und Kinder, Schnupperkurs 1,5 Std 30 € pro Person.

Dem Strandbad angeschlossen ist ein **Kanuverleih,** 3 – 4 Pers 10 € pro Std.

Strandbad Bodman

Magnus Mosler, Im Neustückern 4, 78351 Bodman-Ludwigshafen-Bodman. © 07773/5408, www.strandbad-bodman.de. **Bahn/Bus:** ↗ Bodman-Ludwigshafen. Direkt am Ortseingang von Bodman. **Zeiten:** Mai – Mitte Sep 9.30 – 20.30 Uhr. **Preise:** 2 €, 10er-Karte 15 €; Kinder 1 €, 10er-Karte 8 €; 50 % Feierabendermäßigung ab 18 Uhr.

▶ Im Strandbad geht das Ufer sehr flach in den Bodensee hinein, selbst nach etwa 30 m reicht den Erwachsenen das Wasser erst bis zum Bauchnabel. Kinder können deshalb sehr gut im Wasser spielen, schwimmen oder schnorcheln lernen. Zudem gibt es am Ufer einen Spielplatz, einen Wasserspielplatz und einen Beachvolleyballplatz. Die üblichen sanitären Anlagen sind vorhanden.

Strandbad Ludwigshafen

Seehalde 6, 78351 Bodman-Ludwigshafen-Ludwigshafen. © 07773/5116. www.strandbad-ludwigshafen.de. **Bahn/Bus:** ↗ Bodman-Ludwigshafen. Vom Bhf Ludwigshafen wenige Min zu Fuß Richtung Osten über Parkstraße. **Auto:** Am östl. Ende von Ludwigshafen von der B31 durch die Bahnlinie mit Fußgängerunterführung getrennt. **Rad:** Bodensee-Radweg. **Zeiten:** Mai – Mitte Sep bei Badewetter ab 9 Uhr, Küche bis 20 Uhr. **Preise:** 2 €, 10er-Karte 15 €, Saisonkarte 25 €; Kinder 6 – 15 Jahre 1 €, 10er-Karte 8 €, Saisonkarte 12 €.

▶ Das älteste Strandbad am Bodensee stammt noch von 1934 und steht heute unter Denkmalschutz. Architekturfans kommen gern hierher, um die teilweise noch im Originalzustand erhaltenen Holzbauten zu bewundern. Für Familien mit Kindern ist das Strandbad interessant, da es an dieser Stelle sehr flach in den Bodensee hineingeht und die Kleinen herrlich im Wasser spielen und schwimmen lernen können. Ein weiterer Vorteil des flachen Wassers liegt darin, dass es hier immer um ein paar Grad wärmer ist als im tiefen Wasser. Zudem gibt es einen

Kiosk mit Terrasse und Spielplatz, ein Beachvolley-ballfeld und Tischtennisplatten. Alte Bäume spenden Schatten.

Baden und Minigolf im Strandbad Wallhausen

Uferstraße 39, 78465 Konstanz-Dettingen-Wallhausen. ℗ 07533/9977164, 6114 (Strandbad). Handy 0176/22266416 (Minigolf). www.stadtwerke.konstanz.de. **Bahn/Bus:** Ab Konstanz Bhf Stadtbus 4 und 13 bis Hafen. **Auto:** Von Konstanz etwa 13 km auf der Land-straße über Wollmatingen. **Zeiten:** Mitte Mai – Sep, wit-terungsabhängig. **Preise:** Eintritt frei.

▶ Das Strandbad hat ein Planschbecken, eine schat-tige Kinderspielecke, eine Liegewiese, ein Volleyball-feld, eine 18-Loch-Minigolf-Anlage und ein Restaurant mit Kiosk und Terrasse. Ins Wasser geht es schön flach hinein.

Strandbad-Ost Überlingen

Strandweg 32, 88662 Überlingen. Handy 0176/61719405. www.ostbad-ueberlingen.de. **Bahn/Bus:** ↗ Überlingen. **Auto:** Vom Zentrum über Mühlenstraße und Strandweg. **Zeiten:** Mai – Mitte Sep 8 – 21.30 Uhr. **Preise:** 2 €; Kinder bis 16 Jahre und Schüler bis zum Abitur 0,70 €, Studenten 1,30 €.

Hunger & Durst

Ufer 39, Uferstraße 39, Konstanz-Dettingen-Wallhausen. ℗ 07533/9977134. www.ufer-39.de. im Winter Mi – Fr ab 17, Sa, So ab 11.30 Uhr, ab Karfreitag täg-lich ab 11.30 Uhr. Mo-dernes Restaurant-Café, wie ein umgedreh-tes Schiff, große Sonnenterrasse. Ku-chen, regionale, für Ba-degäste auch kleine Gerichte, Kinderteller, Spezialität: Gegrilltes.

☀ Mit der Dutzend-Karte könnt ihr Geld sparen: Ihr geht 12 x zum Baden und müsst nur für 10 x be-zahlen.

Ab ins kühle Nass: In den Strandbäder geht es über ... mütig zu
© Kur und Touristik Überlingen GmbH

▶ Das Ostbad ist ein Naturstrandbad mit großer Liegewiese und Spielplatz. Beim Tischtennis-, Kicker-, Beachvolley- oder Basketballspielen wird es auch an Land nicht langweilig. Sanitäre Anlagen sind vorhanden.

Strandbad-West Überlingen

Bahnhofstraße 27, 88662 Überlingen. ✆ 07551/30199-0, www.strandbad-west.de. **Bahn/Bus:** ↗ Bodensee-Therme. **Zeiten:** bei Badewetter Mai – Mitte Sep 9 – 20 Uhr. **Preise:** 3 €, 12er-Karte 30 €; Kinder 6 – 16 Jahre 1 €, 12er-Karte 10 €.

▶ Das Westbad hat eine Uferlänge von 250 m, teilweise sogar mit Sandstrand. Dahinter liegt eine große parkähnliche Anlage mit altem Baumbestand, welcher an heißen Tagen kühlen Schatten spendet. Wollt ihr euch an Land austoben, spielt eine Runde Beachvolleyball oder Tischtennis oder besucht den Spielplatz. Zwischendurch könnt ihr euch in der Strandbadgastronomie stärken.

Strandbad Nußdorf

Zur Forelle 14, 88662 Überlingen-Nußdorf. ✆ 07551/8328866, www.nussdorf-bodensee.de. **Bahn/Bus:** RE, RB Radolfzell – Überlingen-Nußdorf – Friedrichshafen – Lindau etwa stündlich. Am Bhf Nußdorf Bahnlinie Richtung See unterqueren und Straße Zur Forelle folgen. Anlegestelle der Bodensee-Schifffahrt ↗ Überlingen. **Auto:** Aus Richtung Stuttgart über A81 und A98, aus Richtung Ulm und München nach Friedrichshafen, weiter B31 bis Überlingen, Ausfahrt Nußdorf. **Zeiten:** Mai – Mitte Sep 9 – 20 Uhr. **Preise:** 3 €, mit Gästekarte 2,50 €; Kinder bis 16 Jahre und Schüler bis 22 Jahre 1 €, Studenten, Berufsschüler 2 €.

▶ Das kleine Naturstrandbad hat eine ansteigende Liegewiese, Sandstrand zum Buddeln, einen flachen Uferbereich und einen Spielplatz. Für die älteren Schwimmkinder ist der Sprungturm interessant. Kiosk und Restaurant vorhanden.

Wenn ihr im Urlaub das Schwimmen gelernt habt, könnt ihr in den Überlinger Strandbädern die Prüfung zum Seepferdchen oder für die Jugendschwimmabzeichen ablegen. Dazu müsst ihr euch nur beim Bademeister melden.

Hunger & Durst
Restaurant Strandbad Nußdorf, ✆ 07551/8328866. Jan – Anfang Dez Di – So 11.30 (Mittagstisch) – 22 Uhr. Regionale und mediterrane Küche.

Naturerlebnispark Schlosssee Salem

Schlossseeallee, 88682 Salem-Mimmenhausen. ☎ 07553/8230, www.salem-baden.de. **Bahn/Bus:** Bhf Salem. **Auto:** L201 auf Schlosssallee, kostenfreie Parkplätze am See. **Zeiten:** Mai – Okt 9 – 21 Uhr. **Preise:** Eintritt frei.

▶ Wo sich früher eine Kiesgrube befand, könnt ihr heute in einem Badesee in der Nähe des Schlosses planschen. An Land gibt es eine große Liegewiese, einen Wasserspielplatz und eine schön angelegte Spiellandschaft. Auf der *Robinson-Insel* liegt ein Piratenschiff vor Anker – nichts wie los zum Entern!

 Ihr könnt den See auch auf einem ufernahen Spazierweg mit Wasserstegen und Aussichtspunkten umrunden.

Naturstrand Unteruhldingen

Strandpromenade 6, 88690 Uhldingen-Mühlhofen-Unteruhldingen. ☎ 07556/9216-0 , www.seeferien. com. **Bahn/Bus:** ↗ Uhldingen-Mühlhofen, Erlebnisbus 1, zwischen Hafen und Pfahlbaumuseum gelegen. **Zeiten:** ganzjährig frei zugänglich.

▶ Während des Sommers sind am Wochenende ehrenamtliche Rettungsschwimmer der Deutschen Lebensrettungsgesellschaft im Einsatz. Auf der Liegewiese stehen Toiletten- und Umkleidehäuschen kostenlos zur Verfügung; für Kinder gibt es einen großen Spielplatz.

Hunger & Durst

Restaurant Seehof, Seefelder Straße 8, Uhldingen-Mühlhofen-Unteruhldingen. ☎ 07556/9293-0. www.hotel-seehof.com. 11 – 22 Uhr. Direkt am Jachthafen, große Seeterrasse, für Kinder gibt es Malstifte, zudem ist bei jedem Kindergericht ein kleines Spielzeugauto oder Armband dabei – und natürlich dürfen Jungs auch das Armband wählen.

Natur pur am Bodensee: Tierische Besucher sind da keine Seltenheit
© pmv, Annette Sievers

Per Schiff

Schnell über den Überlinger See

Personenschifffahrt Giess & Giess GbR, Seehang 2, 78465 Konstanz-Wallhausen. ℭ 07533/5261, Handy 0171/7795162. www.bodensee-personenschiff-fahrt.de. **Bahn/Bus:** Ab Bhf ↗ Konstanz Stadtbus 4 und 13 bis Wallhausen. **Zeiten:** Okt – April stündlich Mo – Fr, Mai – Sep täglich. **Preise:** einfache Fahrt 4 €, Rund-fahrt 7 €, Aufschlag fürs Fahrrad; Kinder 4 – 12 Jahre einfach 2 €, Rundfahrt 3,50 €; Familienticket (2 Erw, max. 4 eigene Kinder) Einzelfahrt 7,30 €, Hin- & Rückfahrt mit Fahrrad 27 €; Schiff- & Busticket (nur auf Fähre erhältlich) 10 bzw. 5 €. **Infos:** Barrierefreie Mit-nahme von Fahrrädern, Rollstühlen, Kinderwagen.
▶ Die **Seestern** transportiert Personen und Fahr-räder in 15 Minuten von der einen Seite des Überlin-ger Sees zur anderen. An den beiden Anlegestellen in Wallhausen und Überlingen besteht Anschluss an die örtlichen Buslinien.

Unterwegs auf dem Überlinger See

CMS Schifffahrt, Clemens Mauch, Alte Owinger Straße 90, 88662 Überlingen. ℭ 07551/916904, www.cms-schifffahrt.de. **Bahn/Bus:** ↗ Bodman-Ludwigshafen. **Zeiten:** Ostern – Mitte Okt, ab Bodman täglich 1. Ab-fahrt 9.30, letzte Abfahrt 15.30 Uhr, ab Überlingen 1. Abfahrt 11, letzte Abfahrt 17 Uhr. **Preise:** z.B. von Überlingen nach Bodman 9 €, Italia Fahrt 31 €; Kinder 3 – 12 Jahre ermäßigte Preise.
▶ Die *MS Großherzog Ludwig* mit ihren 200 Plätzen ist mehrmals täglich auf der Strecke *Bodman – Lud-wigshafen – Sipplingen – Marienschlucht – Überlingen* und zurück unterwegs. Die längste Fahrt geht von Bodman nach Überlingen und dauert etwas mehr als eine Stunde. Außerdem gibt es Sonderaktionen wie die beliebte *Italia Fahrt,* bei der ihr den ganzen Abend lang so viele Nudeln essen könnt, wie ihr wollt.

Oberhalb von Wallhausen fin-det ihr einen Waldpark-platz (von Dettingen kommend, links). Wenn ihr dem Weg hinter dem Grillplatz folgt, kommt ihr nach 10 Min zum Burghof.

Hunger & Durst

Burghof, Burghofweg 50, Konstanz-Dettingen-Wallhausen. ℭ 07533/934555. www.burghof-wallhausen.de. April – Sep Mi – So, Fei ab 11 Uhr, Okt – März Sa, So, Fei ab 11 Uhr. Eine be-sondere Burgschänke mit verwunschenem Hof und Rittersaal. Das Burgschlösschen ist von 1661. Selbstbedienung. Auf dem Grill dürft ihr eure mitgebrachten Würstchen grillen.

Schifffahrt zur Insel Mainau

CMS Schifffahrt, Alte Owinger Straße 90, 88662 Überlingen. ✆ 07551/916904, www.cms-schifffahrt.de. **Lage:** Abfahrt ab Landungsplatz Überlingen, Anlegestelle Platz 2c. **Bahn/Bus:** ↗ Überlingen. **Zeiten:** ab Überlingen 9.45, 11, 12.30,

Gut per Schiff zu erreichen: Blumeninsel Mainau

© DZT

15.30, 17 Uhr, ab Mainau 10.20, 11.35, 13.05, 14.35, 16.05, 17.35 Uhr, jeweils täglich Ende März – Ende Okt, Panorama-Fahrt ab Überlingen 12.45 – 15.15 und 14 – 16,40 Uhr. **Preise:** Pendelverkehr Mainau 10 € hin und zurück, Kombiticket für Überfahrt und Eintritt auf der Insel Mainau 29 €, Panorama-Fahrt 16 €; Pendelverkehr Kinder 6 – 15 Jahre 5 € hin und zurück, Kombiticket Schüler ab 13 Jahre 16,50 €, Panorama-Fahrt Kinder 6 – 15 Jahre 8 €; Familien-Kombiticket für Überfahrt und Eintritt Mainau 2 Erw mit eigenen Kindern oder Enkeln bis 15 Jahre 59,90 €, Panorama-Fahrt Familie 20 €.

▶ Das Motorschiff *Föhn* und die etwas größere *MS Bodensee* pendeln von Überlingen über Nußdorf und Unteruhldingen zur Insel Mainau und wieder zurück. Aufgrund der mehrfachen Fahrten am Tag könnt ihr die Verweildauer auf der Insel gut variieren. Oder ihr macht eine **Panorama-Rundfahrt** vorbei an der ↗ *Wallfahrtskirche Birnau,* den ↗ *Pfahlbauten* und der Mainau. Die reine Fahrzeit beträgt 75 – 80 Minuten, eine Unterbrechung mit Aufenthalt auf der Insel ist möglich, wenn laut Gesamtfahrplan eine Anschlussfahrt angeboten wird.

Radeln, wandern & spazieren

Radtour durchs Hinterland zum Affenberg und nach Salem

88690 Uhldingen-Mühlhofen-Mühlhofen. **Strecke:** Mühlhofen – Affenberg – Salem – Mühlhofen. **Länge:** Direkter Weg hin und zurück 19 km, reine Fahrzeit rund 2 Std. Wer möchte, kann den Rückweg noch um 10 km verlängern. **Auto:** ↗ Uhldingen-Mühlhofen.

▶ Von **Mühlhofen** radelt ihr zunächst auf dem Uferweg Richtung Westen bis **Maurach.** Dort nehmt ihr dann den *Prälatenweg,* das ist die historische Verbindung zwischen der ↗ *Klosterkirche Birnau* und der ehemaligen ↗ *Zisterzienserabtei Salem.* In der katholischen Kirche werden z.B. der Bischof oder ein Abt als Prälat bezeichnet. Aber früher, so vor 300 Jahren, konnte man den Titel auch kaufen! Wer in **Oberuhldingen** startet, kann auch gleich dem *Nellenfurtbach* in Richtung Fischweiher folgen, wo ihr dann ebenfalls auf den Prälatenweg kommt. Dieser bringt euch durch den Wald an einigen schönen Weihern vorbei zunächst zum ↗ **Affenberg** und schließlich nach **Salem.** Zurück nach **Mühlhofen** nehmt ihr den gleichen Weg, den ihr gekommen seid. Wenn ihr noch Kraft habt, könnt ihr einen großen **Umweg** fahren: Dieser führt von Salem über *Mimmenhausen, Bermatingen, Ahausen* und *Grasbeuren* nach **Uhldingen-Mühlhofen.** Das sind alles kleine Orte mit alten Kirchen und hübschen Fachwerkhäusern.

Hotel Knaus, Seestraße 1, ✆ 07556/8008. www.hotelknaus.de. Fahrrad-Ausleihe 12 € pro Tag. Außerdem Restaurant und Konditorei im Haus.

ACH! ACH SO ...

▶ Westlich der Uhldinger Pfahlbauten mündet die **Seefelder Aach** in den Bodensee. Das Flüsschen hat im Lauf der Jahrhunderte viel Sand und Steinchen angeschwemmt und im Uferbereich abgelegt. In dem flachen Uferstreifen können viele Wasserpflanzen gut wachsen. Sie bieten Fischen und Vögeln einen idealen Lebensraum. Früher hießen in der Gegend alle Flüsse Aach. Das bedeutet Bergbach.

Zu den sieben Churfirsten und ins historische Sipplingen

Tourist-Information Sipplingen, Seestraße 3, 78354 Sipplingen. ☎ 07551/9499370, www.sipplingen.de. **Start:** Tourist-Info am Bhf, P2. 5 km, 1,5 Std Gehzeit. **Auto:** ↗ Sipplingen, P2. **Rad:** Bodensee-Radweg.

▶ In Sipplingen startet ihr an der Uferpromenade und geht zunächst durch den historischen Ortskern mit seinen bunten Fachwerkhäusern Richtung **Rathaus.** Ihr folgt den Wegweisern *Burghalde* und kommt dabei auch an dem **Hänselebrunnen** vorbei, der von einer Fastnachtsfigur gekrönt wird. Dann biegt ihr links Richtung Sportplatz ab. Bald erklimmt ihr auf schmalen Pfaden den kleinen Berg (528 m), auf dem sich die Ruinenreste der **Burghalde,** einer frühmittelalterlichen Höhenburg, befinden. Nachdem es durch den Wald wieder abwärts geht, seid ihr schon bald bei den sieben **Churfirsten** (ausgeschildert). Diese pfeilerartigen Sandsteinfelsen sind in der Nacheiszeit durch die Wucht von Wind und Regen entstanden. Steif und mit einem flachen Hut auf dem Kopf ähneln sie gestrengen Kurfürsten – daher ihr Name. Auf eurem Rückweg werdet ihr mit einem Panoramablick über den Bodensee überrascht bevor ihr wieder das hübsche **Sipplingens** erreicht.

Achtung!
Die Uferwege zur Marienschlucht sowie die Marienschlucht selbst sind ganzjährig gesperrt. Ebenso ist der Hödinger Tobel wegen Felssturzgefahr gesperrt.

Nehmt ein Fernglas mit, damit ihr den Panoramablick noch besser genießen könnt.

Schatzsuche mit GPS

Tourist-Information Sipplingen, Seestraße 3, 78354 Sipplingen. ☎ 07551/9499370, www.sipplingen.de. **Start:** Tourist-Information, N 47°47,733`, E 009°05,758`. **Auto:** ↗ Sipplingen, P2. **Rad:** Bodensee-Radweg. **Preise:** GPS-Gerät 10 €, 5 € mit Gästekarte.

▶ Beim **Piraten-Geocaching** geht ihr mithilfe einer Schatzkarte und eines GPS-Geräts, das ihr für bei der Tourist-Info ausleihen könnt, auf eine abenteuerliche Suche nach dem Schatz von *Narben-Jo.* Ihr müsst gut kombinieren, um die 7 Rätselstationen zu schaffen und den Weg durch die Steiluferlandschaft, vorbei an

Gebt in der Tourist-Information Bescheid, bevor ihr auf Schatzsuche geht. Dann ist die Schatztruhe auch sicher aufgefüllt!

uralten Molassefelsen und durch den Ort zu finden. Für Piraten ab 8 Jahre, Dauer: 3 – 4 Std, 4 – 8 km. Denkt an festes Schuhwerk!

Beim **Ortsrallye-Geocache** kommt ihr über 15 Stationen durch das alte Sipplingen. Dabei löst ihr Rätsel zur Geschichte und Tradition Sipplingens. Am Ende der Tour wartet der Schatz! Für Schatzsucher ab 8 Jahre, Dauer: 3 Std, ca. 4 km.

Die Blumeninsel Mainau erkunden ◎

78465 Insel Mainau. ℡ 07531/303-0, www.mainau.de. **Bahn/Bus:** Bus 4 halbstündlich zwischen Hbf ↗ Konstanz und der Insel, Anlegestelle für die Bodensee-Schiffe. **Auto:** Von Konstanz etwa 5 km Richtung Norden, ausreichend gebührenpflichtige Parkplätze vor der Insel. **Rad:** Am Bodensee-Radweg. **Zeiten:** ganzjährig von Sonnenaufgang bis Sonnenuntergang. **Preise:** Mitte März – Mitte Okt 19 €, Mitte Okt – Mitte März 9,50 €; Kinder ab 13 Jahre 11 € bzw. 5,50 €; Gruppen ab 10 Pers 14,90 bzw. 7,50 € pro Person, Familienkarte für Eltern und ihre Kinder bis einschließlich 15 Jahre 39 €, Sonnenuntergangsticket täglich ab 17 Uhr zum halben Preis, mit Bodensee-Erlebniskarte (Sparfüchse) ermäßigt.

▶ Schon im März sprießen auf der Blumeninsel die ersten Narzissen, Krokusse und Schneeglöckchen und läuten die farbenreichste aller Jahreszeiten der Mainau ein. Bald darauf fangen bunte Tulpen an zu blühen. Im Mai schließen sich riesige Rhododendron-Büsche, Magnolien und Zierkirschen an. Von Ende Mai bis zum ersten Frost verzaubern unzählige Rosen mit ihrem Duft, ihren Farben und ihrer Formenvielfalt die Besucher. Im Herbst schließlich bilden Dahlien einen wunderschönen Kontrast zur Färbung des Laubs der stattlichen Bäume. Und selbst im Win-

Achtung!
Radfahren ist auf der Mainau nicht erlaubt; auch schieben dürft ihr eure Räder nicht.

Kletterspaß auf der Mainau: Wer ist zuerst oben?

© Mainau GmbH

ter wird die Insel noch gern besucht; vor allem das **Schmetterlingshaus** und das **Palmenhaus** ziehen die Besucher bei jetzt reduzierten Eintrittspreisen an. Im Schmetterlingshaus setzt sich bald einer der großen bunten Falter auf euren ausgestreckten Arm – so könnt ihr das Insekt

aus nächster Nähe anschauen. Neben all den Blumen und Pflanzen gibt es für euch im **Mainau-Kinderland** viel Platz zum Spielen, Klettern und Verstecken. In *Blumis Uferwelt* können 3- bis 6-Jährige eine Uferlandschaft mit Treibholz, Kletternetzen und Balancierbalken erkunden. Sicher entdeckt ihr auch den Biberbau. In der *Wasserwelt* gilt es, einen kleinen See mit Floß und Seilfähre zu überqueren oder sich von einem Haus zum nächsten zu hangeln. Für 1- bis 4-Jährige gibt es das *Zwergendorf* mit attraktiven Spielgelegenheiten. Im **Mainau-Bauernhof** wohnen Alpakas, Esel und viele andere Tiere. Hier könnt ihr in das dichte Fell eines Schafs greifen oder vielleicht sogar ein Kalb beim Saugen an der Mutterkuh beobachten. Im **Streichelzoo** warten die frechen Zwergziegen auf eure Streicheleinheiten und Futtergaben. Kinder bis 12 Jahre dürfen auf den Ponys reiten.

Wollt ihr auf der Insel auf eine spannende **Schatzsuche** gehen? Dann besorgt euch am Inseleingang auf dem Festland oder am Mainau-Hafen die kostenlose Schatzkarte! Wart ihr erfolgreich, bekommt ihr eine kleine Überraschung.

Auf der Insel gibt es mehrere **Restaurants,** die leicht zu finden sind. Für Kinder haben sie spezielle Gerichte und Extraportionen im Angebot. Zudem gibt es Kioske mit Getränken und Snacks.

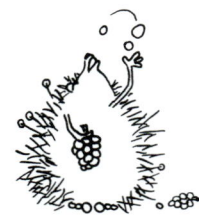

Reiten & Planwagenfahrt

Auf einem Islandpferd reiten

Islandpferdehof Hegau, Gaby Matscheko, Geigeshöf 1, 78357 Mühlingen-Zoznegg. ℘ 07771/6489770, www.islandpferdehof-hegau.de. **Auto:** Im Zentrum von Stockach von der Tuttlinger Straße Richtung Norden der Zoznegger Straße 4,7 km folgen, dann rechts nach Geigeshöf. **Zeiten:** ganzjährig. **Preise:** Anfänger-Intensivunterricht 30 Min 25 €, Einzelunterricht 30 Min 28 €, 10er-Karte 250 €, geführter Ausritt pro Std 20 € (ab 3 Teilnehmern); Preise für Kinder auf Anfrage.

▶ Auf dem Pferdehof können geübte Reiter zu einem wunderbaren Ausritt auf einem Islandpferd starten. Für diejenigen, die das Reiten noch lernen müssen, werden Kurse angeboten.

Islandpferde oder Isländer sind von der Insel Island stammende Kleinpferde. Sie werden sowohl von Kindern als auch von Erwachsenen geritten. Ihr Fell kann sehr viele Farben haben, am häufigsten ist es braun, schwarz oder schwarz-weiß. Auf dem Pferdehof könnt ihr lernen, sie zu reiten, denn Isländer beherrschen eine spezielle Gangart, den **Tölt.**

*Islandpferde beherrschen neben den Gangarten Schritt, Trab und Galopp auch den **Tölt**. Bei dieser Spezialgangart hat das Pferd abwechselnd ein oder zwei Hufe auf dem Boden. Für den Reiter ist das besonders rückenschonend. Töltende Pferde können verschiedene Geschwindigkeiten laufen ohne zu springen.*

Schön gemütlich: Mit dem Apfelzügle-Express über die Obstwiesen
© Hof Neuhaus

Mit dem Apfelzügle-Express durch die Obstwiesen

Hof Neuhaus, Familie Roth, Bamberger Straße 41, 88662 Überlingen-Lippertsreute. ℘ 07551/62426, www.hof-neuhaus.de. **Auto:** ↗ Überlingen, vom Zentrum Richtung Norden über Franziskaner- und Wiestorstraße, der L200 etwa 4 km folgen, dann links Richtung Bambergen abbiegen und nach 300 m auf die Schönbuchstraße, dieser 2,3 km folgen. **Zeiten:** April – Okt Di – So ab einer Mindestteilnehmerzahl von 20 Pers. **Preise:** 19 €; Kinder 6 – 12 Jahre 15 €, teilnehmen dürfen Kinder ab 6 Jahre. **Infos:** Anmeldung erforderlich.

▶ Ein Traktor zieht euch in holzgezimmerten Wagen über Wiesen, Felder und Obstanlagen rund um den Überlinger Ortsteil Lippertsreute. Das Gefährt mit dem lustigen Namen *Apfelzügle-Express* macht Halt auf mehreren Höfen, auf denen ihr bei der landwirtschaftlichen Produktion zuschauen könnt. Zum Abschluss gibt es für alle ein gemütliches **Vesper** mit leckeren Produkten der besuchten Höfe. Dauer: etwa 3,5 Stunden.

Erlebnishof & Kletterwald

Oldtimer-Traktoren und Tiere
Lochmühle Eigeltingen, Anton Bihler, Hinterdorfstraße 44, 78253 Eigeltingen. ✆ 07774/93930, www.lochmuehle-eigeltingen.de. **Bahn/Bus:** Ab Bhf ↗ Singen nach Anmeldung Abholservice für max. 8 Pers 40 €. **Auto:** A81 Stuttgart – Singen, Ausfahrt 39 Engen, dann weiter über Aach nach Eigeltingen, ausgeschildert, Parkplätze vorhanden. **Rad:** Vom Überlinger See bzw. Bodman-Ludwigshafen über Stockach etwa 15 km. **Zeiten:** Mo – Fr 14 – 18, Sa, So und Ferien in BaWü 10 – 18 Uhr. **Preise:** Oldtimer-Traktor 5 €, Kutschfahrt 11 €; Streichelzoo, Erlebnisbauernhof, Spielplatz frei, Ponyreiten 2 €, Bähnle fahren 1, Mini-Traktor und Mini-Quad 3 €, Kutschfahrt 5,50 €.

▶ Hier könnt ihr Mini-Quad und Mini-Traktor fahren, Ponyreiten und den Streichelzoo mit allerlei Tieren besuchen. Auch zwei große Spielplätze gibt es. Im Sommer könnt ihr beim Balancieren auf dem Baumstamm über knietiefem Wasser eure Geschicklichkeit unter Beweis stellen. Doch Vorsicht, so mancher Übermütige plumpst schneller ins Nass, als er denkt.

Vesper bedeutet im Schwäbischen eine kleine Zwischenmahlzeit. Auch das Pausenbrot, das die Kinder mit in die Schule nehmen, heißt hier Vesper.

In der Lochmühle könnt ihr auch übernachten, ↗ Ferienadressen.

Hunger & Durst
Restaurant Lochmühle, ✆ 07774/93930. 7 – 0 Uhr. Auf der Kinderkarte stehen Pommes mit Ketchup, Hühnchen-Nuggets und Currywurst.

Während die Erwachsenen gern mit den Oldtimer-Traktoren übers Gelände fahren, bevorzugen die Kleinen die Mini-Eisenbahn. Oder ihr fahrt alle gemeinsam mit der Pferdekutsche ins Naturschutzgebiet.

Klettern im Mainau Erlebniswald

Mainau Erlebniswald GmbH, 78465 Insel Mainau. ✆ 07531/3613667, www.erlebniswald-mainau.de. **Bahn/Bus:** Ab Hbf Konstanz Bus 4 bis Mainau oder Bus 9A – C, 11 bis Universität, dann jeweils 15 Min Fußweg. **Auto:** Parkplatz ↗ Insel Mainau oder Parkplatz Universität Nord (Universitätsstraße/Eggenhaldenstraße), 15 Min Fußweg. **Zeiten:** Ostern – Ende Herbstferien täglich, genaue Zeiten ↗ Internetseite, Sicherheitseinweisung alle 30 Min bis 17 Uhr. **Preise:** 32 €; Kinder (ab 10 Jahre und einer Körpergröße von 140 cm) 10 – 13 Jahre 16 €, 14 – 17 Jahre 22 €; Schulklassen ab 15 Schülern ab 7. Klasse 14 €, ab 8. Klasse 16 € pro Person, 2 Begleitpersonen frei; Fr Familientag (bei Familien ab 3 Pers zahlen Erw nur 22 €). **Infos:** Preise gelten je für 3,5 Std inkl. Material.

▶ Auf neun Parcours mit insgesamt 120 Übungselementen könnt ihr euch von Baum zu Baum schwingen. Dabei bewegt ihr euch in bis zu 30 m Höhe. Bevor es losgeht, bekommt ihr eine Sicherheitseinweisung. Bis 13 Jahre dürft ihr nur in Begleitung eines Erwachsenen klettern. Ältere Jugendliche bis 18 Jahre benötigen eine schriftliche Einverständniserklärung, um alleine zu klettern. Auf der Tour durch den Wald trefft ihr auf mehrere Baumhäuser. Hier könnt ihr eine Rast einlegen und Kraft für die nächste Übung sammeln. Für Schulklassen gibt es verschiedene erlebnispädagogische Angebote. Wer noch mehr Natur erleben will, kann außerdem den

Hunger & Durst
Biergarten St. Katharina, Insel Mainau. ✆ 07531/3613667. www.erlebniswald-mainau.de. Wechselnde Öffnungszeiten ↗ Internetseite. Kalte und warme Gerichte, Kuchen.

Gut festhalten: Im Erlebniswald geht es hoch hinaus
© Mainau Erlebniswald GmbH

800 m langen **Sinnespfad** (zwischen Mainau-Park-platz und Erlebniswald) begehen.

Tierparks

Tiere erleben und streicheln

Haustierhof Reutemühle, Familie Schuler, Reuteweg 71, 88662 Überlingen-Bambergen. ℂ 07551/970785, www.haustierhof-reutemuehle.de. **Bahn/Bus:** Mit dem Zug bis Stadtmitte und weiter mit dem Stadtbus 5 bis Reutehöfe. **Auto:** 3 km nordöstlich von ↗ Überlingen zwischen Andelshofen und Bambergen, kostenlose Parkplätze. **Zeiten:** April – Okt ab 10 – 20 Uhr, letzter Einlass 18 Uhr, Nov – März an eis- und schneefreien Tagen 10 Uhr – Einbruch der Dunkelheit, letzter Einlass 16 Uhr. **Preise:** 8 €; Kinder 3 – 14 Jahre 4 €.

▶ Auf dem riesigen Bauernhof seht ihr über 200 verschiedene Tierarten, die alle beobachtet und teilweise auch gefüttert und gestreichelt werden dürfen. Die Kaninchen, Pferde, Rinder, Schafe, Ziegen, Vögel, Fasane, Schweine, Schwäne, Enten, Hühner, Tauben und Fische weiden, gehen, flattern, hoppeln, stehen, schwimmen oder hüpfen entlang einem 750 m langen Rundweg. Zum Füttern gibt es ein Futtersäckchen, das 1,50 € kostet. Entlang dem Weg sorgen verschiedene Spielgeräte für Abwechslung. Wollt ihr euer Wissen über Haustiere erweitern, dann besucht noch den **Haustier-Lehrpfad.**

Unter Weißstörchen und Berberaffen: Affenberg Salem ◎

88682 Salem. ℂ 07553/381, www.affenberg-salem.de. **Bahn/Bus:** ↗ Erlebnisbus 1. **Auto:** Von ↗ Uhldingen auf der Landstraße circa 5 km bis Mendlishausen, ausgeschildert, großer, gebührenfreier Parkplatz. **Zeiten:** Mitte März – Okt 9 – 18, Nov 9 – 17 Uhr, letzter Einlass 30 Min vor Schluss. **Preise:** 8,50 €; Kinder 6 – 15 Jahre 5,50 €; Familie mit Kindern 6 – 15

Hunger & Durst

Kellerschänke, Überlingen-Bambergen. ℂ 07551/970785. April – Okt täglich ab 10 Uhr, Nov – März bei geeigneter Witterung Sa, So ab 10 Uhr. Eis, Getränke und einfache Gerichte. Auf Wunsch wird Babynahrung aufgewärmt.

Happy Birthday!

Kindergeburtstag unter Affen: 6 – 12 Kinder, 2 Std, 13 € pro Kind, inkl. Führung, Spiel und Spaß, Pommes etc.

Na, was meinst du, werden wir Freunde?
© Affenberg Salem

☀ **Storchenfütterung** 12. März – 22. April und 12. Sep – 6. Nov um 14 Uhr, 23. April – 11. Sep um 11 Uhr und 16.45 Uhr. Die Affen kriegen öfter Gemüse und Obst, 10.20, 11, 11.40, 12.20, 13, 13.40, 14.20, 15.10, 16 und 17 Uhr. Die Damwildfütterung findet um 16.15 Uhr statt.

Jahre 22 €, Schwerbehinderte, Schüler, Azubis und Erw ab 65 Jahre 7,50 €, Gruppen ab 20 Pers Erw 7,50 pro Person, Schulklassen 4,50 € pro Schüler, mit Bodensee-Erlebniskarte frei. **Infos:** Der Park ist rollstuhlgerecht, bei einem steilen Anstieg ist Begleitperson nötig. Rollstuhlgerechte Toilette vorhanden. Hunde nicht erlaubt.

▶ Für diesen Ausflug solltet ihr mindestens 1,5 Stunden einplanen – es gibt eine Menge zu entdecken! Im Park leben in einem Waldfreigehege 200 **Berberaffen.** Ihr könnt ihnen ganz nahe kommen, denn es trennen euch keine Zäune von den Tieren. Manche klettern in den Bäumen, andere sitzen auf den Geländerbalken. Dort dürft ihr die Tiere sogar mit Affen-Popcorn füttern! Sie fressen euch aus der ausgestreckten Hand, 1 m Sicherheitsabstand müsst ihr aber einhalten. Nehmt unbedingt auch an einer Schaufütterung teil. Dann könnt ihr beobachten, wie sich die Affen um Äpfel und Salatblätter raufen. Außerdem erfahrt ihr von den Mitarbeitern Interessantes über die Lebensweise der Tiere. Auch auf anschaulichen Tafeln mit Text und Bild könnt ihr euch über ihr Verhalten, zum Beispiel über Drohgebärden oder gegenseitiges Lausen, informieren. Ursprünglich stammen Berberaffen übrigens aus den Bergregionen in Marokko und Algerien. Dort sind sie jedoch stark gefährdet. Im Bodenseeklima fühlen sich die Affenfamilien so wohl, dass es immer wieder Nachwuchs gibt. 1986 konnten mehrere Gruppen wieder in ihrer ursprünglichen Heimat angesiedelt werden. Die andere spannende Sache, die ihr hier erleben könnt, sind frei fliegende **Weißstörche.** Ihre Horste stehen rund um den alten Gutshof. Anschließend könnt ihr noch einen Spaziergang um den Fischweiher und ins **Damwildgehege** machen.

Lebende Schlangen, Echsen und Schildkröten aus nächster Nähe ◎

Reptilienhaus Unteruhldingen, Ehbachstraße 4, 88690 Uhldingen-Mühlhofen-Unteruhldingen. ✆ 07556/929700, www.reptilienhaus.de. **Bahn/Bus:** Stündlich Bahn in Richtung Singen/Stuttgart sowie Friedrichshafen/Ulm. Anlegestelle der Bodensee-Schifffahrt in Richtung Insel Mainau und Konstanz/Lindau. ➚ Erlebnisbus 1 Salem – Uhldingen-Mühlhofen. **Auto:** Von Meersburg über alte B3, in Unteruhldingen Parkplatz ausgeschildert. Aus Überlingen kommend Richtung Meersburg, bei der Abfahrt Salem/Mühlhofen/Oberuhldingen Richtung Meersburg/Unteruhldingen auf die alte B31. Kurz nach Ortsbeginn Unteruhldingen liegt links der Parkplatz. **Rad:** Bodensee-Radweg. **Zeiten:** April – Okt 9.30 – 18 Uhr, danach nur Sa, So, Fei 11 – 17 Uhr, während der Schulferien im Winter täglich 11 – 17 Uhr, Kassenschluss Sommer 17, Winter 16 Uhr. **Preise:** 6,50 €; Kinder 4 – 14 Jahre 3 €; Erw mit Kurkarte oder Internet-Gutschein 6 €, Familienkarte (2 Erw, max. 3 Kinder) 16 €, Gruppen ab 20 Pers 5 € pro Person, mit Bodensee-Erlebniskarte frei.

▶ Hier seht ihr, wie **Reptilien** in ihrer normalen Umgebung leben. Deshalb sieht jedes Terrarium anders aus – mal wie eine Wüste, mal wie ein Regenwald. Zu sehen bekommt ihr Schlangen wie Grüne Mamba, Klapperschlange oder Kobra, aber auch Echsen und Schildkröten. Wenn ihr euch traut und mit etwas Glück, dürft ihr einige Tiere sogar anfassen.

Höhlen entdecken und Sterne schauen

Die Heidenhöhlen bei Zizenhausen erkunden

78333 Stockach. ✆ 07771/802-300, www.stockach.de **Länge:** 3,5 km langer Rundweg, etwa 1 Std Gehzeit. Für Räder und Kinderwagen nicht geeignet.

Hunger & Durst

Affenberg-Schenke, Geöffnet wie Gehege. Gemütliche Gaststube im 200 Jahre alten Hof, Biergarten mit großem Spielplatz.

🦉 *Reptilien* sind *Kriechtiere, die Schuppen, vier Beine und einen Schwanz haben. Bei den Schlangen haben sich die Beine so weit zurückgebildet, dass man sie nicht mehr erkennen kann. Trotzdem zählen sie zu den Reptilien.*

Bahn/Bus: RB, Hzl Radolfzell – Stockach etwa stündlich. **Auto:** Aus Richtung Stuttgart auf der A81 und A98 zur Ausfahrt 12 oder 13 Stockach, aus Richtung Friedrichshafen auf der B31 bis Ausfahrt Stockach. Dann über Kreisstraße 6180 Richtung Zoznegg. Bei Berlingersiedlung links zum Parkplatz.

▶ In den Zizenhausener Heidenhöhlen haben die Schmelzwasserströme der jüngsten Eiszeit eine über 100 m tiefe Rinne durch die obere **Meeresmolasse** gezogen. Dabei wurden Schichten aus verschiedenartigem Sandstein freigelegt. Ihr seht hellgelben, mittelkörnigen Glimmersandstein und lagenweise auch härteren Kalk sowie grobkörnigen, dunklen Sandstein. Das Regenwasser hat auch Haifischzähne, Muscheln und Schneckengehäuse freigelegt. Könnt ihr welche entdecken?

Auf dem schmalen und stellenweise etwas steilen Pfad solltet ihr unbedingt feste Schuhe tragen. Wenn ihr die Höhle betreten wollt, müsst ihr eine Taschenlampe mitnehmen.

Sterne aus nächster Nähe sehen

Sternwarte Überlingen, Wiestorstraße 31, 88662 Überlingen. ✆ 07551/68062 (Peter Wüst), www.sternwarte-ueberlingen.de. **Lage:** Im Hof der Wiestorschule. **Bahn/Bus:** ↗ Überlingen. Links gegenüber vom Bhf und zentralen Busbhf. **Auto:** Gebührenpflichtiges Parkhaus neben der Schule, Parkplatz Busbhf ab 19 Uhr kostenlos. **Zeiten:** April – Sep Fr außer Fei ab 21 Uhr, Okt – März ab 20 Uhr. Voranmeldung nicht erforderlich. **Preise:** Eintritt frei, Spenden sind willkommen.

▶ Beim Blick durch das Teleskop könnt ihr die Sterne ganz nah betrachten, den Ring des Saturns und die tiefen Mondkrater sehen. Außerdem dürft ihr für einen Besuch auf der Sternwarte auch mal länger aufbleiben. Denn Sterne sieht man logischerweise nur nachts. Bedenkt, dass ihr für euren Besuch einen klaren Tag aussuchen müsst, denn bei bewölktem Himmel gibt es nichts zu sehen. Die Tage um Voll-

🦉 Molasse nennen Geologen die verschiedenartigen Schichten aus abgetragenem Gestein der nördlichen Alpen. Diese könnt ihr bei den Zizenhausener Heidenhöhlen wunderbar anschauen.

mond herum sind ungünstig, da der Mond so hell ist, dass man kaum Sterne und andere Himmelsobjekte sieht. Für die Mondbeobachtung sind die Tage um den Halbmond (1. Viertel) herum gut geeignet.

Schloss, Museen & Stadtrundgang

Das Leben der Mönche: Kloster und Schloss Salem ◉

88682 Salem. ✆ 07553/91653-36, www.salem.de.
Bahn/Bus: Vom Bhf Salem in Mimmenhausen ↗ Erlebnisbus 1. **Auto:** Kostenloser Parkplatz. **Zeiten:** April – Okt Mo – Sa 9.30 – 18, So und Fei 10.30 – 18 Uhr.
Preise: 9 €; Kinder 6 – 15 Jahre 4,50 €; mit Bodensee-Erlebniskarte gratis, Familienkarte (Eltern mit Kindern 6 – 15 Jahre) 22,50 €, Familienkarte kleine Führung inkl. Eintritt 26,50 €.

▶ Das 1134 gegründete **Zisterzienserkloster** mit Münster (eine große Kirche) und Schloss ist ein sehenswertes Kulturdenkmal. Die Mönche waren einst sehr fleißig und mächtig, weshalb sie sich gotische und barocke Kunst und Architektur leisten konnten. Heute ist in einem Teil des Schlosses ein Internat untergebracht, doch den Rest sowie das **Münster** könnt ihr besichtigen.

Wenn ihr bei der kleinen Führung mitgeht, bekommt ihr die prachtvollen **Handwerksarbeiten** im Inneren des Münsters zu sehen. Sie dauert etwa eine Stunde. Auch heute noch wird auf dem Gelände Kunsthandwerk gefertigt. Es ist schön, dass man den Handwerkern beim Gestalten von Holzkunst oder beim Gold- und Kunstschmieden zuschauen kann. Die Gelegenheit, einen Glasbläser bei der Ar-

HANDWERK UND GESCHICHTE

Was die kleinen Mönche wohl bestaunen? Findet es heraus!

© Staatliche Schlösser und Gärten Baden-Württemberg

*Die **Zisterzienser** sind ein christlicher Orden, der Ende des 11. Jahrhunderts in Frankreich gegründet wurde. Der Baustil dieser Mönche galt als besonders schlicht. Im Salemer Münster ist diese Einfachheit aber mit Überfluss gepaart: Um ihre Machtfülle zu zeigen, ließen die Salemer Äbte hunderte Jahre später das Gotteshaus mit prachtvollen Arbeiten ausstatten.*

*In der ARD-Serie »Steinzeit – Leben wie vor 3000 Jahren« probierten 7 Erwachsene und 6 Kinder 8 Wochen lang, wie in der Steinzeit zu leben. Gedreht wurde im **Pfahlbaumuseum.** In den 3 Häusern und im Pfahlbaukino (während der Ferienzeiten geöffnet) erfahrt ihr von ihren Erlebnissen.*

beit sehen zu können, gibt es sonst nicht so oft. Auch das angeschlossene **Feuerwehrmuseum** gefällt euch sicher. Hier sind historische Löschgeräte und Modelle ausgestellt. Noch besser ist allerdings der **Abenteuerspielplatz,** hier könnt ihr auf riesigen Gerüsten herumklettern und am Brunnen im Wasser planschen.

Eine Reise in die Steinzeit: Pfahlbaumuseum Unteruhldingen

Strandpromenade 6, 88690 Uhldingen-Mühlhofen-Mühlhofen. ✆ 07556/92890-0, www.pfahlbauten.de. **Bahn/ Bus:** Bhf ↗ Uhldingen-Mühlhofen, dann 30 Min Fußweg oder ↗ Erlebnisbus 1. **Auto:** B31 in Uhldingen-Mühlhofen verlassen und am Ortsrand parken. Zu Fuß 10 Min oder mit dem Pendelbus. Nov – März auch Parken direkt am Museum. **Rad:** Bodensee-Radweg. **Zeiten:** April – Sep 9 – 18.30, letzte Führung 18 Uhr, Okt 9 – 17, letzte Führung 17 Uhr, März Sa, So, Fei 9 – 17 Uhr. **Preise:** 9 €; Kinder 6 – 15 Jahre 6 €; Schüler/Studenten ab 15 Personen 6 € pro Schüler, Gruppen ab 20 Pers 8 € pro Person. **Infos:** Museumsbesuch nur in geführten Gruppen, während der Ferien in BaWü Besuch meist auch ohne Führung möglich. Dann stehen in den Häusern Museumsmitarbeiter, die alles erklären.

▶ Wisst ihr, wie die Menschen vor 6000 Jahren gelebt haben und was sie gegessen haben? Und könnt ihr euch vorstellen, dass sie ihre Häuser damals auf Holzpfähle direkt am Bodensee gebaut haben? Im **Pfahlbaumuseum** könnt ihr euch solche Häuser, die ohne einen einzigen Nagel nur aus Holz, Lehm und Schilf gebaut wurden, ansehen. Eure Reise in die Steinzeit beginnt im **Archaeorama.** In einer 360-Grad-Multimediaschau seht ihr, wie Taucharchäologen Überreste der originalen Pfahlbauten und andere Funde bergen. Danach erreicht ihr über Holzstege die 23 nachgebauten **Pfahlbauhütten** aus der Jungsteinzeit und Bronzezeit. In einige der Hütten könnt ihr hineingehen und den Alltag der Menschen von damals kennen lernen. Da gibt es zum Beispiel den Töpfer bei der Arbeit und das Haus eines reichen Klanchefs. Ihr erfahrt auch, woher die Steinzeit ihren Namen hat und ob die Kinder damals schon zur Schule gegangen sind. Die originalen Funde der Archäologen sind im **Museums-**

Stehen auf Holzpfählen im Wasser: Pfahlbauten
© Pfahlbaumuseum Unteruhldingen

gebäude ausgestellt. Darunter sind Reste von Kleidern, Werkzeuge und sogar 5000 Jahre alte Brote. Wegen dieser ganz besonderen Erhaltung hat die UNESCO 2011 die *Pfahlbauten rund um die Alpen* zum Welterbe ernannt.

In den Oster-, Pfingst- und Sommerferien wird ein **Familien-Ferienprogramm** angeboten. Auf dem Steinzeitparcours könnt ihr selbst zum kleinen Archäologen werden, Feuer machen und ein steinzeitliches Essen kochen. Bei den *Archae-X-Tagen* für die ganze Familie zeigen Archäologen, wie z.B. die Herstellung von Rädern genau funktionierte.

Traktoren aus der ganzen Welt ◎

Traktormuseum Bodensee, Gebhardsweiler 1, 88690 Uhldingen-Mühlhofen-Gebhardsweiler. ✆ 07556/ 92836-0, www.traktormuseum.de. **Bahn/Bus:** Uhldingen-Mühlhofen Bhf ↗ Erlebnisbus 2 bis Museum. **Auto:** ↗ Uhldingen-Mühlhofen, an der K7783/Daisendorfer Straße zwischen Mühlhofen und Daisendorf. **Zeiten:** Mitte Feb – April, Nov – 8. Jan Di – So 10 – 17, Mai – Okt täglich 9.30 – 17.30 Uhr. **Preise:** 9,50 €, Führung (nach Anmeldung) Mo – Fr 90 Min, max. 25 Pers ab 60 €, Sa, So 70 €; Kinder 6 – 15 Jahre 5 €; Schüler, Studenten bis 28 Jahre, Schwerbehinderte 6,50 €, Familie (2 Erw, Kinder bis 15 Jahre) 20 €, Gruppe ab 10

Ganz schön alt: Urige Geräte im Traktormuseum
© Traktormuseum Bodensee

Pers 8,50 € pro Person, Schulklasse ab 15 Pers 4 € pro Person; mit Bodensee-Erlebniskarte frei.

▶ Wenn ihr euch für Traktoren und andere landwirtschaftliche Geräte interessiert, seid ihr hier genau richtig. Über 200 Traktoren aus der ganzen Welt sind im Museum ausgestellt. Anhand von Exponaten aus verschiedenen Zeitepochen seht ihr, wie sich die Geräte und damit die Landwirtschaft im Laufe der letzten 100 Jahre verändert haben. Nebenbei erfahrt ihr auch noch einiges über das Leben der Menschen auf dem Land. So zeigen originalgetreue Nachbauten einer alten Schuhmacherwerkstatt, einer Schule oder eines Spielwarenladens den früheren Alltag einer Dorfgemeinschaft. Nach Anmeldung werden Führungen durch das Museum angeboten, auf Wunsch auch speziell für Kinder. Anschließend lädt der **Jägerhof** nebenan zur Einkehr ein.

Hunger & Durst

Jägerhof, Gebhardsweiler 1, Uhldingen-Mühlhofen-Gebhardsweiler. ✆ 07556/92836-20. www.jaegerhof-restaurant.de. Mitte Feb – April, Nov – 8. Jan Di – So ab 12 Uhr, Mai – Okt täglich ab 11.30 Uhr. Fisch-, Fleisch- und Vespergerichte.

Die drei Museen von Frickingen

Tüftler-Werkstatt-, Bodenseeobst- und Gerbermuseum, Gemeinde Frickingen, 88699 Frickingen. ✆ 07554/9830-0, www.frickingen.de. Tüftler-Werkstatt-Museum, Hauptstraße 1, Altheim, Bodenseeobst-Museum, Kirchstraße 9, Gerbermuseum, Dorfstraße 14, Leutstetten. **Auto:** Von ↗ Überlingen etwa 10 km auf der Landstraße in Richtung Norden über Lippertsreute nach Frickingen. **Zeiten:** Palmsonntag – Okt So, Fei 10.30 – 12 Uhr, Gerber-Museum bis 12.30 Uhr, Gruppen nach Anmeldung jederzeit. **Preise:** in allen Museen freier Eintritt.

▶ *Karl Widmer* und seine Söhne haben ständig getüftelt. Sie hatten 1896 im Ortsteil Altheim eine abgebrannte Ölmühle gekauft und neu aufgebaut. Kaum hatten sie ein mechanisches Problem, überlegten und probierten sie so lange, bis sie dafür eine Lösung gefunden hatten. Insbesondere die schwere Arbeit in der Werkstatt gefiel ihnen nicht und so ließen sie ihre Maschinen von einem Wasserrad antreiben. Einer ihrer Lehrlinge wurde später ein bekannter Unternehmer in Frankreich, der spezielle Produktionsmaschinen für Brillengestelle erfand und auch Hubschrauber- und Flugzeugmotoren erdachte.

Im nächsten Museum lernt ihr Geschichte und Bedeutung des **Obstanbaus** am Bodensee kennen. Zum Abschluss dürft ihr in verschiedene Obstsorten hineinbeißen und den Unterschied schmecken.

Im **Gerbermuseum Lohmühle** seht ihr, wie früher Leder bearbeitet wurde. Um Leder für Schuhe oder Bekleidung haltbar zu machen, muss es gegerbt werden. Diese Gerbsäure wird aus Baumrinde gewonnen. Ein Mitarbeiter des Museums setzt für euch gern das durch Wasser angetriebene Mühlrad und die angeschlossenen Maschinen in Betrieb.

Durch das warme Klima und die guten Böden wachsen am Bodensee große und köstliche Äpfel heran; die kühlen Herbstnächte sorgen dafür, dass die Früchte bestens ausreifen können. Bereits vor 5000 Jahren wurden rund um die Pfahlbaudörfer Äpfel angebaut, die alten Sorten waren jedoch ziemlich klein und herb im Geschmack. Die Menschen, die sich wissenschaftlich mit den Äpfeln beschäftigen, nennt man übrigens Pomologen.

Stadtrundgang in Überlingen

Tourist-Information Überlingen, 88662 Überlingen. ✆ 07551/9471522, www.ueberlingen-bodensee.de. **Treffpunkt:** Vor der ↗ Tourist-Info. **Bahn/Bus:** Ab Bhf ↗ Überlingen durch Wiestorstraße und Spitalgasse in wenigen Min zu Fuß. **Auto:** Gebührenpflichtige Parkhäuser in Wiestor-, Mühlen- und Christophstraße. **Zeiten:** Fr 15 Uhr, April – Okt auch Di 10 und Juni – Sep Sa 16.30 Uhr. **Preise:** ab 16 Jahre 7 €; mit Bodensee-Erlebniskarte gratis.

▶ Das **Münster St. Nikolaus** ist die größte gotische Kirche am Bodensee. Gotik nennt man die Zeit, in der das Münster erbaut worden ist (1350 – 1586). Typische Merkmale dieses Baustils sind die hohen Fenster mit dem Spitzbogen am oberen Ende, die reich verzierten Pfeiler an der Außenwand sowie die vielen Skulpturen. Auch das daneben stehende **Rat-**

 Kinderstadtführung *Überlingen – ganz schön wehrhaft:* Lernt Überlingen als Festungsstadt kennen. Besuch des Städtischen Museums und des Stadtgrabens sowie Besteigung des St.-Johann-Turms, 90 Min, 5 €. Anmeldung unter: ✆ 07551/937185.

haus stammt aus dieser Zeit. Die vielen aufwändigen Verzierungen an der Fassade drücken den Stolz der Bürger und den Reichtum der Stadt aus. Deshalb mussten sich die Bewohner auch vor feindlichen Angriffen schützen und haben eine Stadtmauer und mehrere Wachtürme errichtet. Diese Türme könnt ihr im Rahmen einer ↗ *Kinderführung* besichtigen. Den Abschluss eures Rundgangs bildet der **Landungsplatz,** an dem die vielen Schiffe anlegen. Schaut euch den lustigen Brunnen *Der Reiter vom Bodensee* einmal ganz genau an.

FESTKALENDER ÜBERLINGER SEE & MAINAU

Mai: Mitte, Insel Mainau: **Gräfliches Inselfest** Verkaufsshow für Haus und Garten, Modenschau, Unterhaltungsprogramm für Kinder.

Ganzer Mai, rund um den See: **Bodenseefestival,** jedes Jahr unter einem anderen Motto. Klassische Konzerte, Jazz, Theater, Ballett, Literatur mit Lesungen auf dem Dampfschiff, Landpartien, Film … www.bodenseefestival.de.

Juni: Letztes Wochenende, Sa und So, Bodman-Ludwigshafen: **Hafenfest** mit Flohmarkt, Musik und Kinderattraktionen.

Juli: Letztes Wochenende vor Beginn der Sommerferien in BaWü, Uhldingen-Mühlhofen: **Hafenfest** mit Schrottregatta, Kunsthandwerkermarkt und Feuerwerk.

August: Letzter So im Juli oder 1. So im Aug, Uhldingen-Mühlhofen: **Museumsfest** im Pfahlbaumuseum mit vielen Mitmachaktionen für Kinder.

September: 30 Sep, Insel Mainau: 4 Tage **Gräfliches Schlossfest** mit Hut-Modenschau im sonst nicht zugänglichen Schloss und Schau-Schnapsbrennen im Palmenhaus.

Dezember: 14 Tage, Überlingen, Hofstatt: **Weihnachtsmarkt** mit Kunsthandwerk und Kinderprogramm.

MEERSBURG – IMMENSTAAD

Die Region um Meersburg herum ist wie geschaffen für den Familienurlaub. Jeder Ort hat sein eigenes Strandbad mit Liegewiese. Und auch auf dem Wasser werden zahlreiche Aktivitäten angeboten – vom Segelnlernen über Bootfahren bis zum Ausflug mit dem Piratenschiff. Zudem bietet sich der Besuch eines der zahlreichen Museen und anderer Attraktionen an. Wem das noch nicht reicht, der bricht einfach zu einem Ausflug ins Hinterland auf.

DER MITTLERE BODENSEE

Hallen- und Strandbäder

Strand- und Hallenbad Aquastaad ◎

Strandbadstraße 1, 88090 Immenstaad. ✆ 07545/9013-13, www.aquastaad.de. **Bahn/Bus:** ↗ Immenstaad. Halbstündlich Bus vom Bhf Friedrichshafen und Überlingen. **Auto:** Am westlichen Stadtrand, Parkplätze vorhanden. **Zeiten:** Mai – Sep täglich 8.30 – 19 Uhr, Winteröffnungszeiten täglich wechselnd, Di und Do geschlossen, ↗ Internetseite. **Preise:** 3,90 €, 12er-Karte 39 €; Kinder 6 – 17 Jahre 1,90 €, 12er-Karte 19 €; Schüler, Studenten 3,50 €, Familienkarte Eltern mit eigenen Kindern 9 €, mit der Bodensee-Erlebniskarte gratis.

▶ Das Gebäude wirkt modern, es gibt viel Glas. Das Bad ist gegliedert in einen Innen- und einen Außenbereich. Im **Innenbereich** hat das Wasser im 25 x 10 m großen Schwimmbecken eine Temperatur von 28 Grad. Ihr könnt vom Becken aus auf den Bodensee schauen. Klar gibt es auch Massagedüsen, die euch unter Wasser durchkneten. Die jüngsten Besucher sind im Kleinkinderbereich in der Felslandschaft mit Pirateninsel, beim Bachlauf, unter dem Wasserfall oder sitzen schon wieder auf der Rutsche. Auch im **Außenbereich** gibt es ein Kinderplanschbecken mit Wasserpilz. Die Schwimmer haben die Wahl zwischen Bodensee-Naturstrand und Badeinseln. Aber ihr könnt auch noch vieles andere ma-

TIPPS FÜR WASSER-RATTEN

🦉 *Wasserqualität, Sauberkeit, Sicherheit und umweltgerechtes Management sind im Aquastaad wichtig. Deshalb erhielt das Bad als einziges in Baden-Württemberg zum 11. Mal die Auszeichnung* **Blaue Europa-Flagge.**

Abhängen wie ein Äffchen: Im Abenteuerpark Immenstaad

chen. Zur sportlichen Herausforderung stehen Beachvolleyball, Boccia, Tischtennis, Basketball und ein großer Spielplatz zur Verfügung. Mal ausruhen? Die Liegewiese ist groß und hat auch Plätze im Schatten. Wenn ihr nach dem Toben hungrig seid, gibt es einen Grillplatz und wer sich nicht selbst etwas zubereiten will, geht ins SB-Restaurant mit großer Seeterrasse.

Meersburg Therme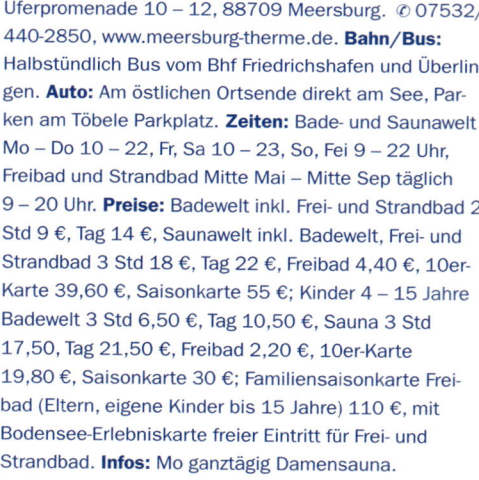

Uferpromenade 10 – 12, 88709 Meersburg. ☏ 07532/440-2850, www.meersburg-therme.de. **Bahn/Bus:** Halbstündlich Bus vom Bhf Friedrichshafen und Überlingen. **Auto:** Am östlichen Ortsende direkt am See, Parken am Töbele Parkplatz. **Zeiten:** Bade- und Saunawelt Mo – Do 10 – 22, Fr, Sa 10 – 23, So, Fei 9 – 22 Uhr, Freibad und Strandbad Mitte Mai – Mitte Sep täglich 9 – 20 Uhr. **Preise:** Badewelt inkl. Frei- und Strandbad 2 Std 9 €, Tag 14 €, Saunawelt inkl. Badewelt, Frei- und Strandbad 3 Std 18 €, Tag 22 €, Freibad 4,40 €, 10er-Karte 39,60 €, Saisonkarte 55 €; Kinder 4 – 15 Jahre Badewelt 3 Std 6,50 €, Tag 10,50 €, Sauna 3 Std 17,50, Tag 21,50 €, Freibad 2,20 €, 10er-Karte 19,80 €, Saisonkarte 30 €; Familiensaisonkarte Freibad (Eltern, eigene Kinder bis 15 Jahre) 110 €, mit Bodensee-Erlebniskarte freier Eintritt für Frei- und Strandbad. **Infos:** Mo ganztägig Damensauna.

▶ Ganz nah am Bodensee liegt das Gelände der Meersburg-Therme. Es gibt ein Freibad und ein Strandbad sowie den Thermenbereich, der sogar einen Steg am Seeufer hat.

Freibad und Strandbad, das hört sich gut an: Im Sportbecken beträgt die Wassertiefe 1,80 m, ihr könnt hier auf acht Bahnen schwimmen. Auf einer Rutsche geht es ab ins Nichtschwimmerbecken, am besten gleich auf den Bodensprudel zu. Auch die beiden unterschiedlich tiefen Kinderbecken haben Rutschen und freche Spritztiere. Die Liegewiese ist weitläufig und – ganz wichtig – auch mit vielen Schatten-

Strandkönig: In die Badetunika gehüllt, geht's zur Audienz

© Tourist-Information Hagnau

Hamambehandlungen und Massage sind nach Vereinbarung möglich. Das türkische Bad ist ein eigener kleiner Bereich. Die Wände und Böden sind mit farbigen Fliesen ausgelegt, weil die Luft hier immer feucht ist. Man liegt auf einem warmen Steintisch und bekommt eine Massage mit Seifenschaum.

plätzen. Ein Spielplatz darf nicht fehlen. Von der Terrasse des Restaurants hat man einen schönen Blick auf den Bodensee.

Im **Thermenbereich** ist das Wasser im Innenbecken 34 Grad warm. Manche Leute sind von den Massagedüsen nicht mehr weg zu kriegen. Oder sie genießen auf den Whirl-Liegen den Blick über den Bodensee. Das Becken hat eine Verbindung zum Außenbecken. Auch hier hat das Wasser 34 Grad. An schönen Tagen kann man sogar bis zu den Schweizer Alpen sehen.

Naturbadestrand Hagnau

Strandbadstraße 12, 88709 Hagnau. ℘ 07532/807046, www.hagnau.de. **Bahn/ Bus:** Seelinie FN-Überlingen 7395, Haltestelle Hagnau Mitte. **Auto:** Am östlichen Ortsende von ↗ Hagnau. **Zeiten:** ganzjährig frei zugänglich.

▶ Am Naturbadestrand gibt es eine große Liegewiese. Im Schatten der alten Bäume ist es auch im Hochsommer angenehm kühl. Für Abwechslung sorgen Spielplatz, Wasserspielplatz und Beachvolleyballfeld. Kiosk und sanitäre Anlagen sind ebenfalls vorhanden.

Pumpen, stauen, matschen: Wasserspielplatz in Hagnau
© Tourist-Information Hagnau

Segeln

Piratenfahrt auf der Lädine ◉

Lädine St. Jodok, Bachstraße 17, 88090 Immenstaad. ℘ 07545/9010929, 0151/10998856. www.laedine.de. **Lage:** Heimathafen Immenstaad, Am Landesteg. **Bahn/Bus:** ↗ Immenstaad. Bus 7395 aus Rich-

*Die wichtigsten seemännischen Fachausdrücke in der Bodenseemundart: Das Steuerruder heißt **Tür**, der Mast **Bomm**, die Vorratskiste **Trog** und das Mittelschiff **Wanne**.*

Erich Klingenstein Bootsverleih, Unterstadtstraße 14, Meersburg. ℡ 07532/6630. 12 – 19 Uhr. Bootsvermietung am Bundesbahnhafen, Tretboot 1 – 2 Pers 30 Min 6 €, 1 Std 10 €, Elektroboot 30 Min 15 €, 1 Std 28 €. Auch am Stadtgarten gibt es einen Bootsverleih.

tung Meersburg oder Friedrichshafen bis Bürgerhaus, dann zu Fuß zur Schiffsanlegestelle. **Auto:** Von Westen über Meersburger Straße bzw. von Osten über Friedrichshafener Straße, dann über Hauptstraße in Bachstraße, Parken an der Tourist-Info, Dr.-Zimmermann-Straße (gebührenpflichtig) oder an der Linzgauhalle (gebührenfrei). **Zeiten:** Piratenfahrt: Anmeldung und Kartenverkauf bei der ↗ Tourist-Info Immenstaad, Rundfahrt April – Mai, Mitte Sep – Mitte Okt 4 x am Tag, Juni – Mitte Juli 5 x am Tag, jeweils Sa, So, Fei, Ferien- und Brückentage, Mitte Juli – Mitte Sep Di – Fr 4 x, Sa, So 5 x am Tag, genaue Fahrzeiten ↗ Saisonfahrplan im Internet. **Preise:** Piratenfahrt 1,5 Std 17 €, Rundfahrt 1 Std 11, 1,5 Std 15 €; Piratenfahrt Kinder 3 – 16 Jahre 12 €, Rundfahrt Kinder 5 – 15 Jahre 6 bzw. 8 €; Piratenfahrt mit Gästekarte und für Einheimische 15, Kinder 10 €, mit Bodensee-Erlebniskarte gratis, Rundfahrt-Familienkarte mit 2 Kindern 25 bzw. 33 €, jedes weitere Kind 6 bzw. 8 €. **Infos:** Kopftuch (2,50 €), Augenklappe (2 €) und Wasserpistole (3 €) könnt ihr bei der Tourist-Info kaufen.

▶ Die Lädine *St. Jodok* ist ein originalgetreuer Nachbau eines historischen Lastenseglers. Diese bis zu 34 m langen Schiffe fuhren etwa seit 1500 in großer Zahl auf dem Bodensee. Sie transportierten Salz oder Getreide zu den Märkten und in die Lagerhäuser der Handelsherren und Klöster. Nach Aufkommen der Dampfschifffahrt verschwanden die hölzernen Lastschiffe. Letzte Exemplare fuhren bis in die 20er-Jahre des 20. Jahrhunderts.

Heute könnt ihr auf der *St. Jodok* mit der ganzen Familie auf lustige **Piratenfahrt** gehen. Kopftuch und Augenklappe aufsetzen und los geht die Fahrt. An Bord warten verschiedene Aktionen auf euch, unter anderem gilt es, ein spannendes Piratenrätsel zu lösen. Ob ihr den versteckten Piratenschatz finden werdet? Zum guten Schluss darf ein Erinnerungsfoto am Steuerrad der Lädine natürlich nicht fehlen.

Neben der Piratenfahrt werden auch einfache **Rundfahrten** angeboten. Es gibt keine festgelegte Route, ihr segelt dorthin, wohin der Wind euch treibt.

Leinen los: Segelkurs für Kinder

Yachtschule Meersburg, Rudi Thum, Torenstraße 8, 88709 Meersburg. ✆ 07532/5511, 7311 (Hafen). www.yachtcharter-bodensee.de. **Zeiten:** während der Schulferien Mo – Fr halbtags. **Preise:** Kinder 7 – 14 Jahre 140 €.

▶ Der Kurs vermittelt Segelkenntnisse in Theorie und Praxis. Die Ausbildung erfolgt im Team, als Abschluss legt ihr die Prüfung zum *Jüngstenschein* ab.

Radeln

Mit dem Rad nach Meersburg

88090 Immenstaad. ✆ 07545/201-3700, www.immenstaad-tourismus.de. **Strecke:** Immenstaad – Hagnau – Meersburg. **Länge:** Einfache Strecke etwa 8 km. **Bahn/Bus:** ↗ Immenstaad. **Auto:** Parkplatz P1 am Strandhallenbad Aquastaad, 1 € pro Tag. **Zeiten:** Fahrzeit 30 – 40 Min.

▶ Vom Strandhallenbad **Aquastaad** in Immenstaad folgt ihr einfach dem beschilderten **Bodensee-Radweg** über **Hagnau** nach Meersburg. Die Radwege ver-

Käpt'n Golf, Seestraße West 37, Immenstaad. ✆ 07545/9499690. www.kaeptngolf.de. April – Okt während der Ferien bei gutem Wetter 10 – 20 Uhr, außerhalb der Ferien eingeschränkte Zeiten (telefonisch erfragen). Erlebnisgolf neben Strandbad Aquastaad. 4 €, Kinder bis 15 Jahre 3,50 €.

FRISCHE LUFT & SPORT

laufen abseits vom Autoverkehr, deshalb können auch Kinder auf dem Kinderrad mitradeln. In **Meersburg** stellt ihr das Rad am besten in der Unterstadt ab und steigt die Treppen zur ↗ **Ritterburg** hinauf. Sollte der Rückweg zu anstrengend werden, nehmt ihr einfach das Bodensee-Schiff.

Blick von oben: Radtour zum Gehrenberg

88709 Hagnau. ✆ 07532/4300-43, www.hagnau.de.
Strecke: Hagnau – Gehrenberg – Meersburg – Hagnau.
Länge: 32 km, wegen des Anstiegs zum Gehrenberg nördlich von Markdorf knapp 4 Std Fahrzeit. **Bahn/Bus:** ↗ Hagnau. **Auto:** Parkplatz nahe der Tourist-Information im Strandweg.

▶ Der Gehrenberg – höchster Punkt dieser Radwanderung – ist 716 m hoch. Von dort oben habt ihr eine großartige Aussicht auf das gesamte Bodenseegebiet mit den Schweizer und österreichischen Alpen.

Von der **Tourist-Information** radelt ihr zunächst die Dr.-Fritz-Zimmermann-Straße hinauf, überquert die B31, folgt dann kurz der Ittendorfer Straße, biegt rechts in die Straße Am Sonnenbühl ein und kommt dann nach **Frenkenbach.** Dort fahrt ihr an der *St.-Oswald-und-St.-Otmar-Kirche* vorbei bis zu einer Weggabelung, an der ihr euch links Richtung Wald halten müsst. Am Waldrand entlang erreicht ihr **Reute.** Dort nehmt ihr rechts den Weg durch den Wald zum *Hof Leiwiesen* und weiter zum Weiler *Bürgberg.* Von dort könnt ihr schon hinter der Stadt Markdorf den mächtigen **Gehrenberg** sehen.

Hinauf kommt ihr am leichtesten, indem ihr zunächst die Fahrstraße wählt, die ins *Deggenhauser Tal* führt und dann das Rad links das kurze

Auf die Räder, fertig – los:
Für die Tour zum Gehren-
berg braucht ihr ordent-
lich Puste
© pmv, Kirsten Wagner

Stück hinauf zum *Aussichtsturm* schiebt. Nach genossener Aussicht müsst ihr zunächst wieder hinunter zur Fahrstraße und dort links abbiegen. Kurz nach der Kuppe geht es links auf einem Feldweg zu einem Wäldchen. Sobald ihr dieses erreicht habt, fahrt ihr rechts in den Wald hinein. An einer Weggabelung haltet ihr euch links und rollt ständig abwärts bis nach **Wendlingen.**

Über *Autenweiler* geht es weiter nach **Bermatingen,** ein Ort mit hübschen Fachwerkbauten, den ihr auf der Salemer Straße wieder verlasst. Unter der Bahnlinie hindurch kommt ihr dann nach **Ahausen.** Über *Baitenhausen* und *Dittenhausen* erreicht ihr in **Meersburg** wieder den Bodensee. Auf dem Bodensee-Radweg geht es schließlich ganz gemütlich nach **Hagnau** zurück.

 Macht einen Ausflug zum 833 m hohen **Höchsten** mit Ausblick auf den Bodensee und die Schweizer Alpen.

Klettern

Wie Tarzan durch den Dschungel turnen

Abenteuerpark Immenstaad, Am Klötzenen Forst, 88090 Immenstaad. ℘ 07545/949462, www.abenteuerpark.com. **Lage:** Bei den Sportanlagen. **Bahn/Bus:** ↗ Immenstaad, Bus 7395 bis Haltstelle Airbus 31, 20 Min Fußweg. **Auto:** Von B31 auf Landstraße Richtung Markdorf etwa 500 m hinter den letzten Häusern links zum Sportplatz, Parken 1 €. **Rad:** Vom Gemeindehaus auf der Happenweiler Straße Richtung Norden. Hinter den letzten Häusern auf dem Radweg Richtung Sportplatz. **Zeiten:** 24. März – 6. Nov Di – Fr 12.30 – 19 Uhr, Sa, So Fei, an Brückentagen und in den Ferien BaWü täglich 10 – 19 Uhr. **Preise:** 3 Std 22 €; Kinder 5 – 15 Jahre 3 Std 16 €, Jugendliche ab 16 Jahre, Studenten, Azubis 19 €, Kidsparcours 3 – 7 Jahre 10 € (ab Pfingsten 2016); bei 10 zahlenden Erw in Gruppe für 1 Person Eintritt frei, verschiedene Familienkarten und Ermäßigungen für Schulklassen. **Infos:** Zuschauer haben freien Eintritt.

Happy Birthday! Geburtstagskinder bis 15 Jahre klettern kostenfrei. Ausweis nicht vergessen!

Hunger & Durst
Abenteuer-Bistro, Direkt auf dem Gelände bekommt ihr Getränke, Snacks, Pizza, Eis, Kuchen.

Ganz schön wackelig: Den Kidsparcours dürfen schon die Kleinsten testen
© AbenteuerPark Immenstaad

▶ Im Abenteuerpark könnt ihr in schwindelerregender Höhe durch die Bäume klettern. Es gibt elf Parcours mit Höhen zwischen 4 und 15 m und verschiedenen Schwierigkeitsgraden. Bereits ab 7 Jahre dürft ihr den Hochseilgarten in Begleitung eines Erwachsenen nutzen (maximal 3 Kinder pro 1 Erw). Ab 12 Jahre könnt ihr die jeweils für eure Altersgruppe freigegebenen Parcours nach schriftlicher Einwilligung eurer Eltern auch allein begehen. Für kleine Klettermaxe ab 3 Jahre wird es ab Pfingsten 2016 einen eigenen Parcours geben. Dort können eure Eltern euch vom Boden aus begleiten und Hilfestellung leisten. Während der Ferien bietet der Park außerdem eine spannende Schatzsuche an (12 € pro Kind, Kombiangebot Schatzsuche und klettern 25 €).

UMWELT ER-FORSCHEN

✍ Eine Wanderkarte zum Apfelspazierweg ist in der Tourist-Info in Immenstaad erhältlich.

Lehrpfade

Der Apfelspazierweg von Immenstaad

88090 Immenstaad. ✆ 07545/201-3700, www.immenstaad-tourismus.de. **Strecke:** Immenstaad – Frenkenbach – Kippenhausen – Immenstaad. **Länge:** 6 km Rundtour, reine Gehzeit knapp 2 Std. **Bahn/Bus:** ↗ Immenstaad, Ortskern. **Auto:** Über Hardtstraße, Parkplatz P5. **Zeiten:** Gehzeit ca. 2 Std.

▶ Vom Ortskern aus wandert ihr über die Seestraße West und die Hardtstraße aus Immenstaad hinaus auf die Felder. Der markierte Wanderweg führt euch zunächst nach **Frenkenbach.** Unterwegs informieren euch Tafeln über interessante Themen rund um den Obstanbau. Neben den Anbaumethoden lernt ihr auch die verschiedenen **Apfelsorten** von Cox-Orange

REZEPT FÜR APFELKÜCHLEIN

▶ Rund um den Bodensee seht ihr viele, viele Apfelbäume. Da kriegt man doch Appetit auf das gesunde Obst! Apfelküchlein könnt ihr sogar auf dem Campingkocher selbst zubereiten, ihr braucht nur eine Schüssel, eine Pfanne und für 4 Schleckermäuler unten aufgeführte Zutaten, die ihr wie folgt verarbeitet:

• **Der Teig**

125 g Mehl in einer Schüssel mit

1 TL Backpulver und

1 Prise Salz vermischen. Nach und nach

125 ml Milch unterrühren, dann

2 Eier (Größe M) zugeben und alles zu einem glatten Teig verrühren.

• **Die Äpfel & die Zucker-Garnitur**

4 kleine, säuerliche Äpfel (Boskop) schälen und mit einem Apfelausstecher die Kerngehäuse ausstechen, in dicke Scheiben schneiden, sodass ihr Ringe bekommt. Wenn ihr keinen Apfel-Ausstecher habt, schneidet ihr erst Ringe und schneidet das Gehäuse dann vorsichtig aus. Die Scheiben mit dem Saft von

1 EL Zitronensaft einreiben, damit sie nicht braun werden.

3 EL Zucker mit

1 TL Zimtpulver vermischen und zur Seite stellen.

• **Das Ausbacken**

In einer großen Pfanne

50 g Butterschmalz erhitzen. Die Apfelscheiben in den Teig tunken, etwas abtropfen lassen und bei mittlerer Hitze in 4 – 5 Min pro Seite hellbraun braten. Auf Küchenpapier das Fett aufsaugen lassen und heiß mit dem Zimtzucker bestreuen. Gleich servieren. Lecker!

über Jonagold bis Elstar kennen. Leider wird auf der Route nicht auf den ökologischen Obstanbau eingegangen, aber ihr könnt sicher auch so einiges lernen. Von Frenkenbach kommt ihr nach **Kippenhausen,** wo ihr im ↗ **Café zum Puppenhaus** eine Pause einlegen könnt. Anschließend geht es nochmals ein Stück durch die Obstbauplantagen, ehe ihr wieder zurück nach **Immenstaad** kommt.

Äpfel eignen sich hervorragend als leicht verdauliche Zwischenmahlzeit, zudem liefern sie wichtige Vitamine, Mineralstoffe und Spurenelemente.

Hunger & Durst

Villa Puppenhaus,
Kirchberger Straße 15,
Immenstaad-Kippen-
hausen. ✆ 07545/
90109-20. www.pup-
penhaus-bodensee.de.
Mitte März – Mitte Nov
12 – 18 Uhr, Mitte Nov –
Mitte März So 12 – 18
Uhr. Kaffee, Kuchen,
Tapas, kleine Gerichte.

**Mhh, leckere Äpfel direkt
vom Baum**
© Tourist-Information Hagnau

Auf den Spuren Hansjakobs auf dem Hagnauer Obst- und Weinwanderweg

88709 Hagnau. ✆ 07532/4300-43, www.hagnau.de.
Strecke: Hagnau – Frenkenbach – Hagnau. **Länge:**
Rundweg 4 km und 1,2 km für An- und Abmarsch von
Hagnau. Gehzeit etwa 1,5 Std. **Bahn/Bus:** ↗ Hagnau.
Auto: Parken nahe Tourist-Information im Strandweg.

▶ Der Rundweg bietet euch einen Einblick in das Leben der Hagnauer Obstbauern und Winzer. Unterwegs kommt ihr an Tafeln vorbei, die euch die ange-
bauten Obst- und Rebsorten erklären, darüber hinaus erfahrt ihr einiges über die Geschichte des
Dorfes und seiner Landwirtschaft. Hinzu kommen Zi-
tate des Pfarrers *Dr. Heinrich Hansjakob,* der vor
mehr als 100 Jahren in Hagnau lebte und nach dem
der Weg benannt ist.

Von der **Tourist-Information Hagnau** geht ihr zunächst die Dr.-Fritz-Zimmermann-Straße hinauf, überquert die B31 und folgt dann der Ittendorfer Straße
bis zu einem Weiher auf der rechten Seite. Dort beginnt der **Obst- und Weinwanderweg,** der nach links
zur Wilhelmshöhe und weiter bis zum
Wald führt. Auf diesem Wegstück sind
neun verschiedene heimische Rebsorten beschrieben. Danach kommen
insgesamt 16 Tafeln zum Obstanbau.
Ihr wandert nun ein Stück am Waldrand entlang, bis ihr bei den Sport-
und Tennisplätzen die Autostraße
überquert und euren Weg über den
Haldenhof nach **Frenkenbach** fort-
setzt. Hier führt der Rundweg wieder
Richtung Hagnau und mündet auf der
Höhe des *Burgunderhof*s rechts in die
Straße Am Sonnenbühl ein. Nach etwa 50 m geht es an einer Weggabelung rechts wieder zum Weiher. Von
hier kennt ihr den Weg ja schon zurück
nach **Hagnau.**

Schlösser & Klöster

Zu Gast bei den Fürstbischöfen: Neues Schloss Meersburg ◎

Schlossplatz 12, 88709 Meersburg. ℗ 07532/8079410, www.neues-schloss-meersburg.de. **Bahn/Bus:** ↗ Altes Schloss Meersburg. **Zeiten:** März – Okt 9.30 – 18 Uhr, 2. Nov – März Sa, So, Fei 12 – 17 Uhr, Termine Kostümführungen ↗ Internetseite. **Preise:** 5 €, mit Führung 7 €; Kinder 6 – 15 Jahre 2,50 €, mit Führung 3,50 €; mit Bodensee-Erlebniskarte frei, mit Gästekarte 4,50 €, Gruppen ab 20 Pers 4,50 € pro Person.

▶ Das Barock-Schloss wurde 1712 – 1760 als Residenz der Konstanzer Fürstbischöfe erbaut. Zur Ausstattung beauftragten sie berühmte Künstler wie *Balthasar Neumann* (1687 – 1753), der den Entwurf für die Schlosskirche und das imposante Treppenhaus lieferte. Über das Treppenhaus kommt ihr in die erste Etage, wo ihr ein schönes **Deckenfresko** bestaunen könnt. In der zweiten Etage ist in den ehemaligen Privat- und Staatsapartments das Schlossmuseum untergebracht. Hier bekommt ihr einen Eindruck davon, wie die Bischöfe damals wohnten und lebten. Originalobjekte aus dieser Zeit veranschaulichen zum Beispiel die Bedeutung von Jagd, Musik und Weinbau. Ihr seht auch prächtige Wandteppiche und das Naturalienkabinett. So nennt man eine für die damalige Zeit typische Sammlung von Naturfunden, zum Beispiel von Muscheln oder Fossilien. In fast allen Räumen könnt ihr hier originale Stuckmotive bestaunen. Besucht zum Abschluss noch den Schlossgarten. Von dort habt ihr einen tollen Blick über den See.

Regelmäßig finden im Schloss auch **Kinderkostümführungen** statt. Dabei erfahrt ihr noch mehr über das frühere Leben am Hofe.

HANDWERK UND GESCHICHTE

👀 *Fresko* nennt man eine Form der Malerei, bei der die Farbe auf frischen, noch feuchten Putz aufgetragen wird.

☀ Mit dem kostenlosen **Audioguide** für Kinder bekommt ihr spannende Zusatzinformationen.

MEERSBURG – IMMENSTAAD

**Thront über der Stadt:
Die Meersburg**
© Stadt Meersburg

**Blick vom
Dagobertsturm:
Die Meersburg** ◎
**Altes Schloss Meers-
burg,** Schlossplatz 10,
88709 Meersburg.
✆ 07532/80000,
www.burg-meers-
burg.de. **Bahn/Bus:**
↗ Meersburg, in der
Innenstadt. **Zeiten:**
März – Okt 9 – 18.30
Uhr, Nov – Feb 10 – 18
Uhr. Die Turmbesteigung erfolgt gruppenweise Ende
März – Ende Oktober, in der Hauptsaison alle 15 – 20
Min, sonst alle 30 – 60 Min, Nov – März nur für ange-
meldete Gruppen. **Preise:** 9,50 €, mit Turmführung
12 €; Kinder 6 – 13 Jahre 5,50 €, mit Turmführung 8 €,
Jugendliche mit Schülerausweis 7,50 €, mit Turmfüh-
rung 10 €; Familienermäßigung für 2 Erw mit min. 1
Kind oder Schüler bis 18 Jahre oder für 1 Erw mit min.
2 Kindern oder Schülern bis 18 Jahre 15 % auf alle
Grundpreise und 50 % auf die Turmbesteigung. Mit der
Bodensee-Erlebniskarte gratis.

▶ Gemäß einer Sage wurden Teile des Alten Schlosses Meersburg wahrscheinlich im 7. Jahrhundert, in
der Zeit des Merowingerkönigs *Dagobert I.* (605 –
639) erbaut. Der Dagobertsturm gehört auf jeden
Fall zu den ältesten Teilen der Burg. Das auffällige
Gebäude mit dem treppenförmig eingefassten Turm-
dach liegt majestätisch über dem Bodensee. Die berühmte deutsche Dichterin *Annette von Droste-Hülshoff* (1792 – 1848) lebte 1843/44 und 1846 – 48
auf dem Schloss. Es gehörte dem Mann ihrer
Schwester, dem Freiherrn *Joseph von Laßberg.* In dieser alten Ritterburg seht ihr natürlich viele eiserne
Ritterrüstungen, die Waffenhalle, die Burgküche, den
Rittersaal, das Burgverlies und die Folterkammer.
Auch die Räume, in denen Annette von Droste-Hüls-

Hunger & Durst

Burg-Café, Meersburg.
✆ 07532/80000.
www.burg-meers-
burg.de. Mo – Sa 10 –
18.30, So, Fei 10 – 19
Uhr; Mo nach Toten-
sonntag bis Heiligabend
geschlossen. Das fürst-
bischöfliche Café ist mit
barocken Möbeln einge-
richtet, bei schönem
Wetter könnt ihr auf der
Terrasse oder im Burg-
hof sitzen. Es gibt Tee,
Kuchen, kleinere Gerich-
te, die Preise bleiben im
Rahmen.

hoff einst gewohnt hat, könnt ihr besichtigen. Beim selbstständigen Rundgang durch diese Räume (ohne Führung), kann man so lange bleiben wie man will. Macht ihr noch die begleitete Turmbesteigung mit, dann könnt ihr den **Dagobertsturm** erklimmen, der 40 m hoch ist. Von ganz oben habt ihr einen tollen Blick auf den Bodensee.

Zu Besuch im Alten Kloster

Bibelgalerie Meersburg gGmbH, Das Bibel-Erlebnismuseum am Bodensee, Kirchstraße 4, 88709 Meersburg. ✆ 07532/5300, www.bibelgalerie.de. **Lage:** Im Alten Kloster. **Bahn/Bus:** ↗ Meersburg, in der Oberstadt. **Zeiten:** Februar – Mitte März nur für angemeldete Gruppen, 20. März – 6. Nov Di – Fr 11 – 13 und 14 – 17, So, Fei 14 – 17 Uhr. **Preise:** 5 €; Kinder 6 – 16 Jahre 3 €; Familienkarte 10 €, mit der Bodensee-Erlebniskarte gratis.

▶ Die **Bibel** gilt als Grundlage des jüdischen und christlichen Glaubens. Sie hat über Jahrhunderte unsere Kultur, unsere Gesellschaft und unseren Alltag geprägt. Die Bibel ist das am häufigsten gedruckte und in fast 2500 Sprachen übersetzte Buch. Sie enthält 1189 Kapitel mit 31.175 Versen, 773.746 Wörtern und etwa 3,5 Mio Buchstaben. Man braucht etwa 50 Stunden, um die Bibel in einem Zug durchzulesen; 38 Stunden für das Alte Testament und 12 Stunden für das Neue Testament.

In dem ehemaligen Dominikanerkloster in der Oberstadt von Meersburg macht ihr in einem Nomadenzelt, in einem Lehmhaus, in einer mittelalterlichen Schreibstube und in der **Gutenberg Dru-**

Die nach dem Mainzer Drucker benannte **Gutenberg-Bibel** *von 1455 gilt als das erste mit beweglichen Lettern gedruckte Buch. Für ein Exemplar mussten rund 50 Gulden bezahlt werden, das war der Gegenwert von rund 50 Ochsen oder einem Wohnhaus in der Stadt. Heute ist diese erste gedruckte Bibel 20 Mio Euro wert! Viele, viele Ochsen …*

Das riecht ihr oft in Kirchen: Weihrauch
© Bibelgalerie Meersburg

Hunger & Durst

Restaurant Haltnau,
Uferpromenade 107,
Meersburg. ✆ 07532/
9732. Fr – Mi 9 – 24
Uhr. Zwischen Meers-
burg und Hagnau direkt
am See gelegen. Ruhige
Lage, große Terrasse,
Spielplatz.

ckerwerkstatt Bekanntschaft mit ihrer Entstehungsgeschichte und Inhalt. Ihr schnuppert Weihrauch, er-
tastet Texte in Blindenschrift, lauscht fremden Tönen
und Sprachen oder druckt selbst eine Bibelseite auf
der Holzpresse. Kinder können mit dem lustigen Vo-
gel *Wido* auf Entdeckertour gehen und unterwegs
spielen, lesen und gestalten. Anschließend könnt ihr
noch im Innenhof des Klosters einen schönen **Kräu-
tergarten** besuchen.

Museen & Stadtführungen

Die Geschichte von Immenstaad

Heimatmuseum Immenstaad, Haus Montfort, Mont-
fortstraße 13, 88090 Immenstaad-Kippenhausen.
Handy 0171/2125842. www.immenstaad-touris-
mus.de. **Bahn/Bus:** ↗ Immenstaad. Stündlicher Ortsbus bis Kippenhausen Rathaus. **Auto:** Auf der Landstraße 2 km Richtung Norden bis Kippenhausen. **Zeiten:**
Sa, So und Fei 12 – 14 und 18 – 20 Uhr. **Preise:** Eintritt
frei.

▶ Das Haus Montfort ist ein historisches Fachwerk-
haus von 1796. Im Dachgeschoss findet ihr eine
Wohnstube, eine Küche, zahlreiche Küfer-, Sattler-
und Schusterwerkzeuge, eine Eisenwarenhandlung,
eine Kathetersammlung, reizende Wäsche aus dem
19. Jahrhundert, Fasnetsfiguren und vieles mehr. Die
Werkzeuge sind anschaulich in Werkstätten präsentiert.

Spielzeug aus zwei Jahrhunderten

Das kleine Museum Hagnau, Familie Rößler-Hoffmann,
Neugartenstraße 20, 88709 Hagnau. ✆ 07532/9991,
www.puppen-und-spielzeugmuseum.de. **Bahn/Bus:**
↗ Hagnau. Von der Schiffsanlegestelle wenige Gehminuten über Kapellen- und Neugartenstraße zur
evangelischen Kirche. **Auto:** Öffentliche Parkplätze in
der Nähe. **Zeiten:** Mi, Sa, So 14 – 17 Uhr und auf An-

Hunger & Durst

Seeblick, Seestraße
11, Hagnau. ✆ 07532/
6282. www.seeblick-
hagnau.de. Do – Di 8 –
23 Uhr. Verschiedene
Kindergerichte mit klei-
nen Überraschungen,
Kuchen, Eis, große Ter-
rasse direkt am See.

frage. **Preise:** 4 €; Kinder 4 – 14 Jahre 1,50 €.

▶ Im Privathaus der Familie *Rößler* sind über 60 Puppenstuben, Kaufläden und Puppenküchen, allerlei Spielzeug sowie Kinderbücher aus der Zeit zwischen 1830 und 1960 ausgestellt. Die beiden Sammler führen ihre Besucher individuell durch die Räume und erzählen euch anhand der ausgestellten Gegenstände, wie die Familien der früheren Generationen gelebt haben und wie damals Spielzeug hergestellt wurde. Bei den Besuchern im Großeltern-Alter werden bei der einen oder anderen ausgestellten Puppe bestimmt Kindheitserinnerungen wach.

Heute noch genauso beliebt wie früher: Teddybär
© pmv, Karolin Küntzel

Zu Besuch bei der Dichterin

Droste-Museum Meersburg, Fürstenhäusle, Stettener Straße 9, 88709 Meersburg. ✆ 07532/6088, www.meersburg.de. **Bahn/Bus:** ↗ Meersburg, in der Innenstadt. **Zeiten:** Ende März – Okt 11 – 17 Uhr. **Preise:** 5 €; Kinder ab 6 Jahre und Schüler, Studenten bis 28 Jahre 2,50 €; Familienkarte (Eltern, eigene Kinder) 12,50 €.

▶ Meersburg war die zweite Heimat für die aus Westfalen stammende Dichterin **Annette von Droste-Hülshoff.** Nach einer unglücklichen Liebe, die durch Intrigen ihrer Familie scheiterte, wohnte die kränkliche Dichterin im Haus ihrer Mutter in Nienberge bei Münster. 1841 holte ihr Schwager *Freiherr Josef von Laßberg* die mittellose Dichterin auf das Alte Schloss Meersburg. Dort schrieb sie einige ihrer bedeutendsten Werke wie z.B. die Novelle *Die Judenbuche.* 1843 erwarb sie das Fürstenhäusle und wohnte dort und

🦉 *Geboren wurde* **Anna Elisabeth Franzisca Adolphina Wilhelmina Ludovica Freiin von Droste zu Hülshoff** *1797 in Havixbeck auf Burg Hülshoff im Münsterland. Gestorben ist sie 1848 auf Burg Meersburg,* ↗ *Altes Schloss.*

auf dem Alten Schloss 1843/44 und von 1846 bis zu ihrem Tod 1848. Ihr könnt die Originalmöbel der Dichterin sowie ihre kostbaren persönlichen Dinge wie Schmuck, Porzellan, Grafiken und Gemälde noch im Originalzustand sehen.

Die Spielsachen der Großeltern ◎

Omas Kaufhaus, Kirchstraße 1, 88709 Meersburg. ✆ 07532/4339611, **Lage:** Am Marktplatz. **Bahn/Bus:** ↗ Meersburg. **Zeiten:** 10 – 18.30 Uhr. **Preise:** Erw und Kinder 2 €; Kinder bis 1 m Körpergröße in Begleitung eines Erw frei; mit der Bodensee-Erlebniskarte gratis.

▶ Im Obergeschoss von Omas Kaufhaus seht ihr die Spielsachen, die es vor Nintendo und Computerspiel gab. Auf einem Wasserkanal schwimmen aus Blech gefertigte Schiffsmodelle wie von allein, während die Eisenbahn darüber hinweg rattert. Außerdem seht ihr schön eingerichtete Puppenstuben, kuschelige Teddybären sowie aus Karton gefaltete Modelle. Neu zu bestaunen ist ein Schienenzeppelin-Modell des Spielzeugherstellers *Märklin.* Ein Schienenzeppelin war ein 1929 konstruierter Eisenbahnwagen, der von einem hölzernen Flugzeugpropeller am Heck angetrieben wurde.

Im Erdgeschoss könnt ihr Spielzeug wie aus Omas Zeiten kaufen: zum Beispiel Spieluhren, Blechspielzeug, Modellautos und schöne Bilder- und Kinderbücher.

Die Geschichte der Luftschifffahrt

Zeppelin-Museum Meersburg, Heinz Urban, Schlossplatz 8, 88709 Meersburg. ✆ 07532/7909, www.zeppelin-museum.com. **Bahn/Bus:** ↗ Meersburg, in der Oberstadt. **Zeiten:** April – Mitte Nov 10 – 18 Uhr. **Preise:** 4 €; Kinder bis 6 Jahre 2 €; mit Gästekarte 3,50 €, Gruppen ab 10 Pers 3 € pro Person.

▶ Das kleine Privatmuseum in der Oberstadt zeigt Originalbauteile von alten Luftschiffen. Wer sich etwas auskennt, kann sich unter den Gasdruckmes-

Wenn ihr zuvor das Alte Schloss in Meersburg besucht habt, könnt ihr in Omas Kaufhaus die Eintrittskarte von dort vorlegen und bekommt dafür 1 € Ermäßigung.

Hunger & Durst
Gasthof zum Bären, Marktplatz 11, Meersburg. ✆ 07532/43220. www.baeren-meersburg.de. März – Nov Di – So. Terrasse, Malstifte und Portionen für Kinder ab 4,95.

Zeppelin-Fans dürfen auch das ↗ *Zeppelin Museum* in Friedrichshafen nicht versäumen.

sern, Höhenmessern sowie Funk- und Navigations-
geräten schon etwas vorstellen. Ansonsten könnt ihr
euch die Geräte vom Museumspersonal erklären lassen.

Kinderstadtführung durch Meersburg

Meersburg Tourismus Gästeinformation, Kirchstraße
4, 88709 Meersburg. ✆ 07532/44040-0, www.meers-
burg.de. Treffpunkt: Gästeinformation. **Bahn/Bus:**
↗ Meersburg. **Zeiten:** in
den Ferien von BaWü
und im Juli Mi 10.30
Uhr, Dauer: etwa 1 Std.
Preise: kostenlos.
▶ Die Teilnahme an
der Stadterkundung
bleibt Kindern ab 6
Jahre vorbehalten. Ihr
hört unterwegs span-
nende Geschichten
rund um Meersburg
und dürft zum Beispiel
die Treppenstufen zwi-
schen der Unter- und der Oberstadt zählen. Als Belohnung bekommt der tüchtigste Treppenzähler am
Schluss eine kleine Überraschung.

Eure Eltern kön-
nen zeitgleich an
einer Stadtführung für
Erw teilnehmen. 5 €,
mit Gästekarte 3,50 €.

Hier wohnten einst die
Fürstbischöfe: Neues
Schloss Meersburg
© Meersburg Neues Scloss

Ferienprogramme & Feste

Mitmachen und Spaß haben

Immos Kindertreff, Dr.-Zimmermann-Straße 1, 88090
Immenstaad. ✆ 07545/201-3700, www.immenstaad-
tourismus.de. **Bahn/Bus:** ↗ Immenstaad. **Zeiten:** Juli –
Mitte Sep Mo – Fr. **Preise:** 5 € pro Veranstaltung, zusätzliche Kosten für Ausflüge oder aufwändiges Material; mit Gästekarte 4 €.
▶ Das Programm ist sehr abwechslungsreich, angeboten werden unter anderem Geocaching (Schatz-

BÜHNE, LEINWAND & AKTIONEN

suchen), Basteln und Wasserspiele. Einmal in der Woche gibt es einen schönen Ausflug in die nähere Umgebung z.B. ins ↗ *Maislabyrinth* nach Kressbronn oder ins ↗ *Zeppelin Museum* nach Friedrichshafen.

Kinder-Ferienprogramm in Hagnau

Im Hof 5, 88709 Hagnau. ✆ 07532/4300-43, www.hagnau.de. **Bahn/Bus:** ↗ Hagnau. **Preise:** teilweise kostenlos, sonst 3 – 6 €. **Infos:** Voranmeldung erforderlich.

▶ Während der Sommerferien findet viele spannende Aktionen für große und kleine Kinder statt, angefangen von Arbeiten mit Perlen über einen Besuch beim Bäcker bis hin zur Minigolfmeisterschaft.

Hunger & Durst
Eisdiele Kibele, Seestraße 38, Hagnau. ✆ 07532/1621. www.kibeleeis.de. Eis satt für alle!

FESTKALENDER MEERSBURG – IMMENSTAAD

Juli:	Anfang, Sa, So, Immenstaad: **Töpfermarkt,** Rathausplatz.
	Ende, Mi und Do, Meersburg: **Kunsthandwerkermarkt** auf dem Schlossplatz, 11 – 20 Uhr.
September:	Mitte Sep – Ende Okt, **Bodensee-Apfelwochen,** verschiedene Veranstaltungen rund um den Apfel, in Immenstaad z.B. Fahrt mit dem Pferdeleiterwagen oder geführte Radwanderung zur Apfelernte.
Oktober:	Mitte Okt, Meersburg: **Mittelaltermarkt** in der Innenstadt rund um das Alte Schloss bis zur Schiffslände. Gaukler, Markttreiben, bunte Kostüme und ein Theaterstück aus Meersburgs Geschichte, www.meersburg.de.

FRIEDRICHSHAFEN –
LANGENARGEN

Anfangs ist die Orientierung in Friedrichshafen gar nicht so einfach. Wer die lebendige Stadt jedoch ab dem seenahen Bahnhof und von der langen, einladenden Uferpromenade aus zu Fuß erkundet, wird schnell mit ihr vertraut. Hier am Wasser lassen sich nach Schulschluss und Feierabend Klein und Groß in der Menge treiben, sei es auf Inlinern oder zu Fuß. Zahlreiche Straßencafés laden zum Verweilen, und wer aktiv sein will, legt eine Surf-, Segel- oder Schwimmeinheit ein.

Ailingen, ein Ortsteil von Friedrichshafen 4 km vom Seeufer entfernt, bietet Urlaub auf dem Bauernhof, alte Höfe seht ihr im Bauernhausmuseum Wolfegg. Abseits der Bodenseemetropole sind auch das südlich von Friedrichshafen gelegene Naturschutzgebiet Eriskircher Ried hervorzuheben, wo seltene Wildpflanzen wachsen und Vögel leben, und das beschauliche Langenargen, das sich mit Wassersportangeboten gern aktiv gibt. Absoluter Hit ist das Ravensburger Spieleland, das sich zwischen Friedrichshafen und Ravensburg auf riesigem Areal ausbreitet. Dass die Hopfenbauern rund um Tettnang ein würziges und schmackhaftes Bier zu brauen verstehen, dürfte vor allem eure Väter interessieren.

Hallen- & Freibäder

Hallenbad Friedrichshafen

Ehlersstraße 10, 88045 Friedrichshafen. ✆ 07541/ 33973, 22511. www.friedrichshafen.de. **Bahn/Bus:** ↗ Friedrichshafen. **Auto:** Vom Zentrum über Eckener und Ailinger Straße. **Zeiten:** Hallenbad Di 12 – 19, Mi (Warmbadetag) und Fr (Warmbadetag Nov – April) 9 – 21, Do 9 – 19, Sa 10 – 19, So, Fei 9 – 17 Uhr, Sauna Mo (Frauen) 13 – 21, Di und Do (Männer), Mi und Fr (Frauen) 8 – 21, Sa 9 – 13 Männer, 13 – 19 gemischt, So, Fei gemischt 9 – 17 Uhr. **Preise:** Hallenbad 3,80 €, Sauna 9,50 €; Kinder 4 – 18 Jahre Bad 1,90 €, Sauna

TIPPS FÜR WASSER-RATTEN

Optimismus ist … Wenn Kinder im Optimisten segeln

© Tourist-Information Friedrichshafen

@ Informationen zu allen Schwimmbädern Friedrichshafens gibt es unter www.friedrichshafen.de – tourismus-freizeit.

4,70 €; Familienkarte Bad (Eltern/Großeltern mit eigenen Kindern/Enkeln) 9,50 €, Jahreskarten (gültig für alle städtischen Bäder) Erw 125, Kinder 63 €. **Infos:** In den Sommermonaten teilweise geschlossen, genaue Zeiten im Internet.

▶ Das Bad bietet eine 68-m-Wasserrutsche, Wasserpilz, Sprunganlage mit 1-, 3- und 5-m-Brett, Massagedüsen sowie Dampfbad, Sauna und Solarien. Das Wasser im Sportbecken ist 28 Grad, im Lehrbecken für Nichtschwimmer 30 Grad warm. Am Warmbadetag genießen alle 30 Grad warmes Wasser.

Wellenfreibad Ailingen ◉

Leonie-Fürst-Straße 4, 88048 Friedrichshafen-Ailingen. ℅ 07541/55415 (während der Badesaison), 507222 (außerhalb der Saison). www.ailingen.de. **Bahn/Bus:** ↗ Friedrichshafen. Vom Bhf Bus 13, 14 und 15 bis Ailingen Rathaus, von dort 10 Gehminuten Richtung Ittenhausen oder Bus 16 bis Rotachhalle. **Auto:** Vom Zentrum über Ailinger Straße, Meisterhofener und Teuringer Straße nach Ittenhausen, dort rechts in Rotachstraße. **Zeiten:** Mitte Mai – Ende Aug bei schöner Witterung 9 – 20 Uhr. **Preise:** 3,20 €; Kinder bis 18 Jahre 1,60 €; Familienkarte mit min. 2 Kindern 8 €; mit Badescheckkarte, Einsparungen beim Eintritt bis zu 25 %. Sie gilt für die ganze Familie; mit Bodensee-Erlebniskarte gratis.

Juchhu! Rasante Abfahrten gibt's im Wellenbad Ailingen

© Tourist-Information Friedrichshafen

▶ Solche Wogen wie das Wellenbad Ailingen hat der Bodensee kaum zu bieten, und wenn, dann ist es zum Baden zu stürmisch und zu kalt. Hier kommen jede halbe Stunde auch bei windstillem Wetter garantiert Wellen auf. Zwischendurch vertreiben euch die Wasserrutsche, Wasserkanonen, der Strömungskanal, Massagedüsen und das Sprudelbecken die Zeit. Außerdem gibt es Tischtennis, Gartenschach und Beachvolleyball. Für die kleinen Gäste gibt es einen Kleinkindbereich mit Kinderbecken, Sanitärgebäude und einem Matsch- und Buddelbereich.

Strandbäder & Badeseen

Strandbad Friedrichshafen ◎
Königsweg 11, 88045 Friedrichshafen. ✆ 07541/ 28078, www.friedrichshafen.de. **Bahn/Bus:** ↗ Friedrichshafen. Vom Bhf Bus 7395 Richtung Meersburg/ Überlingen. **Auto:** Ab Bhf über Friedrichstraße Richtung Fischbach, vor dem Bahngleis links in Schmidstraße. **Rad:** Unterhalb des Bodensee-Radwegs, Abzweigung Hofoschweg. **Zeiten:** Mitte Mai – Mitte Sep bei guter Witterung 9 – 20 Uhr. **Preise:** 1,60 €, ab 17 Uhr 1,10 €, Tischtennis 30 Min 0,50 €; Kinder 4 – 18 Jahre 0,80 €, ab 17 Uhr 0,60 €; mit Bodensee-Erlebniskarte frei; Familie (Eltern/Großeltern, eigene Kinder/Enkel) 4,20 €. Badescheckkarten für 24 und 45 €, die 30 und 60 € wert sind.

▶ Am Naturstrand westlich der imposanten Schlosskirche gibt es eine große Liegewiese mit einem Kinderbecken, großzügige Spiel- und Sportflächen und eine Cafeteria. Auch Tret- und Ruderboote könnt ihr ausleihen (12 € pro Std).

Strandbad Langenargen ◎
Untere Seestraße 107, 88085 Langenargen. ✆ 07543/2207, www.langenargen-tourismus.de. **Bahn/Bus:** ↗ Langenargen. **Zeiten:** Mitte – Ende Mai und Mitte Aug – Mitte Sep täglich 10 – 19 Uhr, Juni – Aug 9 – 20 (Juli – Mitte Aug Fr, Sa bis 21 Uhr). **Preise:** 2,50 €, 10er-Karte 22 €, Jahreskarte 35 €; Kinder 4 – 15 Jahre 1,50 €, 10er-Karte 12 €, Jahreskarte 17 €; Familienkarte (Eltern mit eigenen Kindern bis 16 Jahre)

☀ Wenn ihr oft ins Schwimmbad geht, erkundigt euch nach der preisgünstigeren **Badescheckkarte.** Sie ist in allen Bädern der Stadt gültig und wird wie eine Scheckkarte in den Automat gesteckt. So müsst ihr auch an der Kasse nicht mehr Schlange stehen.

Surfbretter eignen sich auch bestens für ein Wettschwimmen. Legt euch bäuchlings auf das Brett und paddelt mit den Armen so schnell ihr könnt. Wer als erstes die vereinbarte Schwimmstrecke geschafft hat, ist der Gewinner.

6 €, Familienjahreskarte 65 €, mit der Bodensee-Erlebniskarte gratis.

▶ Neben dem Bodenseestrand gibt es ein beheiztes Schwimmbecken und ein Kinderspaßbecken mit Wasserpilz und Rutschbahn. Wer schon auf den See heraus schwimmen kann, findet dort Badefloß und Wasserkarussell. An Land könnt ihr euch im Wasserspielbereich mit Spielbrunnen und Sandmulde austoben. Sehr beliebt ist auch die Kinderschaukel. Am Kiosk gibt es Snacks und Getränke.

Naturstrand Malerecke

Tourist-Information Langenargen, 88085 Langenargen. ✆ 07543/933092, www.langenargen.de. **Bahn/Bus:** ↗ Langenargen, direkt am Segelhafen. **Zeiten:** frei zugänglich.

▶ Nahe dem Segelhafen könnt ihr es euch auf den gepflegten Wiesen bequem machen und an beliebiger Stelle im Bodensee baden gehen. Umkleidekabinen und WC sind vorhanden.

Badesee im Hinterland

Naturfreibad Flappach, Strietach 4, 88212 Ravensburg. ✆ 0751/61842, www.ravensburg.de. **Bahn/Bus:** ↗ Ravensburg. Sa, So halbstündlicher Badebus, wochentags stündlicher Bus ab Marienplatz. **Auto:** Vom

Paddeln ist echte Handarbeit, oder doch nicht?

Zentrum Richtung Wangen, bei der Abzweigung Itten-
beuren direkt zum Bad. **Zeiten:** Ende Mai – Anfang Sep
9 – 20, Mi ab 7 Uhr, Sep 12 – 19 Uhr, bei großer Hitze
(25 Grad um 18 Uhr) bis 21 Uhr, bei Regen geschlossen, im Zweifel anrufen. **Preise:** 3,30 €, ab 16.30 Uhr
2,20 €, 12er-Karte 33 €; Kinder 6 – 17 Jahre 1,90 €,
12er-Karte 19 €; Schüler, Azubis, Studenten, BfD und
Schwerbehinderte ab 50 % 1,90 €.

▶ Das idyllisch gelegene Naturfreibad mit riesiger
Spiel- und Liegewiese bietet Kinderplanschbecken
und Wasserrutsche. Der Sandstrand und drei Liege-
flöße auf dem Natursee sind die Attraktionen für kleine Wasserratten. Außerdem Beachvolleyball, Slack-
lines, Tischtennis und Spielschiff im Sandkasten.

DLRG-Sommer-
fest Ende Juni,
Sommer-Open-Air-Kon-
zert, Triathlon, Slackline-
Training und Sandbur-
genwettbewerb! Schaut
auf der Webseite nach!

Schiffstouren

Die Qual der Wahl
Bodensee-Schiffsbetriebe GmbH, Seestraße 23,
88045 Friedrichshafen. ✆ 07541/9238389,
www.bsb.de. **Bahn/Bus:** Vom Stadtbhf ↗ Friedrichshafen 800 m zu Fuß oder mit Zug zum Hafenbhf. **Rad:**
Am Bodensee-Radweg. **Zeiten:** Verbindung nach Romanshorn ganzjährig etwa stündlich, andere Ziele ab
Ostern oder Anfang Mai 4- bis 8 x täglich. Fahrplan im
Internet. **Preise:** einfache Fahrt Lindau 12,30 €, Fahr-
rad-Tageskarte 8,70 €; Tageskarte Kinder 6 – 15 Jahre
in Begleitung eines Familienangehörigen 6,20 €.

▶ Neben Konstanz und Lindau ist Friedrichshafen
der wichtigste Hafen für die Bodenseeschifffahrt: Ob
zur Insel Mainau und nach Stein am Rhein, in die Bregenzer und Rorschacher Bucht oder nach Romanshorn am gegenüberliegenden Schweizer Ufer – die
Möglichkeiten sind schier unbegrenzt. An schönen
Tagen schwirren die Passagiere wie Mückenschwär-
me auf die Fähr- und Ausflugsschiffe. Vor jeder Fahrt
heißt der Kapitän seine Gäste willkommen und informiert über alles Wissenswerte.

FRISCHE LUFT & SPORT

Skaten & spazieren

Mit Inlinern nach Friedrichshafen

88085 Langenargen. **Strecke:** Langenargen – Friedrichshafen. **Länge:** 11 km, Fahrzeit 2 Std. **Bahn/Bus:** Vom Bhf ↗ Langenargen über Bahnhof-, Gartenstraße und Hirschweg zur Promenade. **Auto:** B31 Friedrichshafen – Lindau, Anfahrt auf L334 oder K7706 bis zur Oberen Seestraße, Parkplatz am Uhlandplatz. **Rad:** Am Bodensee-Radweg.

▶ An der gemütlichen **Strandpromenade von Langenargen** brechen Inlineskater gern am Schiffslandesteg zu einer ausgedehnten Tour auf. Bis Friedrichshafen rollt ihr von Autos weitgehend ungestört. Am **Schloss Montfort** vorbei skatet ihr auf der Unteren Seestraße aus dem Ort heraus. Nach Überqueren der *Schussen* ist das Naturschutzgebiet *Eriskircher Ried* euch allerdings verwehrt, da die Wege dort nicht asphaltiert sind. Also fahrt ihr außen herum in das Ortszentrum von **Eriskirch** und zwischen Bahngleis und B31 an den Stadtrand von **Friedrichshafen.** Nach Überqueren der Bahnlinie stoßt ihr wieder auf den Bodensee-Radweg und steuert auf ihm am **Zeppelin Museum** vorbei und die autofreie Uferpromenade entlang bis zum **Stadtpark.** Zurück könnt ihr dann ganz bequem mit dem Schiff oder Zug fahren.

Per pedes auf der Seepromenade

88045 Friedrichshafen. **Länge:** Etwa 3 km, Gehzeit 90 Min. **Bahn/Bus:** ↗ Friedrichshafen. Start am Stadt- oder Hafenbhf. **Rad:** Am Bodensee-Radweg.

▶ Die **Friedrichshafener Uferpromenade** ist eine der schönsten und längsten am Bodensee. Besonders viel los ist am Hafenbahnhof, weil dort die Fähren und die Schiffe der ↗ *Weißen Flotte* in alle Richtungen ablegen, zum Beispiel nach Meersburg, Lindau und in die Schweiz. Auch das ↗ *Zeppelin Museum* befindet sich dort, doch das besucht ihr besser ein anderes Mal. Also lieber gleich zum **Aussichtsturm** an

Gondelhafen, Seestraße 1, Friedrichshafen. ✆ 07541/289632. www.bootundspass.de. Im **Gondelhafen** könnt ihr Tretboote ausleihen. 1 Std 3 Pers 11 €, 4 Pers 12 €.

der Hafenmole, der 22 m hoch ist und einen wunderbaren Rundblick auf die Stadt und den Bodensee bietet. Wenn die Fährschiffe durch die enge Hafeneinfahrt gleiten, könnt ihr von oben jeden einzelnen Passagier an Deck erkennen. Manchmal ist auf der Aussichtsplattform vor lauter Schaulustigen kaum ein Platz mehr zu ergattern. Da der Turm keine Mauern hat, seht ihr jedoch schon von Weitem, wie viele Leute an der Treppe anstehen.

Vom Hafen flaniert ihr über die **Seestraße** und habt die Auswahl zwischen vielen Restaurants und Cafés. Dann erreicht ihr den **Stadtgarten** – ein gepflegter Park mit Wiesen und Beeten, in denen sich im Frühjahr und Sommer bunte Blütenteppiche ausbreiten – und die große Musikmuschel an der Freitreppe. Das Zeppelin-Denkmal schließt den Garten ab. Hinter dem Graf-Zeppelin-Haus wandert ihr auf der Olgastraße am ↗ *Schulmuseum* vorbei zur **Schlosskirche.** Die Kirche ist mit den beiden 55 m hohen Kuppeltürmen aus Sandstein das Wahrzeichen der Stadt. Sie kann Ostern – 17. Okt Mo – Do 9 – 18 und Fr 11 – 18 Uhr (außer bei Gottesdiensten und Trauungen) besichtigt werden. Anschließend seid ihr in wenigen Minuten wieder am Stadtpark bzw. Hauptbahnhof.

Freizeitparks

Freizeitpark Ravensburger Spieleland

Der Freizeitpark am Bodensee, Am Hangenwald 1, 88074 Meckenbeuren. ✆ 07542/4000, www.spieleland.de. **Bahn/Bus:** Ab Ravensburg Busse bis Liebenau (Meckenbeuren) an der B467, von dort wenige Meter zu Fuß (Hopfen Linie 7545). Ab Friedrichshafen Spielelandbus (Bus 7586.1). **Auto:** Zwischen Ravensburg und Bodensee über B30 und B467, aus Österreich B31 Richtung Friedrichshafen, dann B467 Richtung Tettnang ↗ Ravensburg. **Zeiten:** Sommerferien 10 – 19 Uhr, April – Mitte Juli und Sep, Okt meist 10 –

Happy Birthday!
Geburtstagskinder 3 – 14 Jahre haben gegen Vorlage ihres Ausweises freien Eintritt. Dieses Angebot gilt sogar bis 6 Tage nach eurem Geburtstag.

Im Nest: Im Museum könnt ihr zum Leseraben schlüpfen und das Sagaland kennen lernen
© Ravensburger Spieleland

Museum Ravensburger, Marktstraße 26, Ravensburg. ✆ 0751/861377. www.museum-ravensburger.de. Jan – März und Okt – Dez Di – So 11 – 18 Uhr, April – Sep 10 – 18 Uhr (Ferien BaWü Mo geöffnet). Mitmach-Museum rund um Ravensburger. 7,50 €, Kinder 3 – 14 Jahre 5,50 €.

Im Ravensburger Spieleland könnt ihr auch übernachten ↗ Feriendressen.

18 Uhr (außer an Ruhetagen ↗ Internetseite). **Preise:** ab 15 Jahre 30,50 €, Parkplatz 5 €; Kinder 3 – 14 Jahre 28,50 €; Familien mit min. 3 eigenen Kindern 5 € Ermäßigung pro Person, Schnupperticket ab 14 Uhr 22 € pro Person.

▶ Stellt euch 50 Fußballfelder nebeneinander vor, dann wisst ihr, wie gigantisch groß das Ravensburger Spieleland ist. Beim ersten Besuch fällt es euch bestimmt nicht leicht, euch zwischen Bäumen, Wiesen und Wasser in den acht verschiedenen Themenwelten zurechtzufinden. Über 70 Attraktionen – da weiß man gar nicht, was man zuerst machen soll! In der **Kunterbunten Spielewelt** trefft ihr auf bekannte Ravensburger Spiele im XXL-Format. Hebt mit der ganzen Familie beim *memory®-Flug* ab oder irrt durchs verrückte Labyrinth. Im **Entdeckerland** begebt ihr euch auf rasante Abfahrten, in der **Grünen Oase** könnt ihr Tiere streicheln und Traktor fahren. Rast in der **Future World** im *Galaxy Racer* durch die Mondlandschaft und macht im **Mitmachland** euren eigenen Führerschein. Besucht unbedingt auch das *Bunte Schokohaus von Ritter Sport,* denn dort könnt ihr selbst eure Lieblingsschokolade herstellen. An heißen Tagen sorgt in **Käpt'n Blaubärs Wunderland** eine Paddeltour mit *Hein Blöd* für Abkühlung. Den schlauen Füchsen begegnet ihr im **Fix & Foxi-Abenteuerland.** Hier erobert ihr zusammen mit Mama oder Papa die Baggergrube und saust in den Turbobooten über die Wellenrutsche. In der neuen **Maus- und Elefant Erlebniswelt** könnt ihr die Maus persönlich kennen lernen und euch auf dem Freifallturm 8 m in die Tiefe stürzen.

Der Natur auf der Spur

Paradies für Wasservögel: Das Eriskircher Ried

Naturschutzzentrum Eriskirch, Bahnhofstraße 24, 88097 Eriskirch. © 07541/81888, www.naz-eriskirch.de. **Länge:** 9 km, Gehzeit 3 Std. **Bahn/Bus:** Bahn von Lindau und Friedrichshafen, westlich vom Bhf Eriskirch. **Auto:** An der B31 zwischen Friedrichshafen und Langenargen; Ladestation für Elektroautos am Zentrum. **Rad:** Am Bodensee-Radweg. **Zeiten:** April – Sep Di – So, Fei 14 – 17, Fr – So, Fei auch 10 – 13 Uhr, Okt – März Di – Do 14 – 16, Fr 9 – 12, So 14 – 17 Uhr. **Preise:** Eintritt frei. **Infos:** Veranstaltungskalender auf der Webseite mit Waldführungen, Vogelkundlichen Führungen oder Basteln mit Naturmaterialien; Übersichtsplan vor Ort erhältlich.

▶ *Rotach* und *Schussen* fließen beide in den Bodensee; zwischen ihnen breitet sich das Eriskircher Ried aus. Dieses Gebiet ist ökologisch besonders wertvoll, weil hier seltene Pflanzen wie die **Sibirische Schwertlilie** wachsen. Die ausgedehnten Streuwiesen und Auenwäldern bieten Schutz vor menschlichen Störenfrieden und eignen sich somit ideal als Vogel-Kinderzimmer oder Winterrastplatz. Auf den ersten Blick ist das Ried ganz flach, doch wenn im Frühjahr das Bodensee-Hochwasser in die Ebene schwappt, macht sich der Höhenunterschied von wenigen Metern bemerkbar. Bis in den Juni hinein kann der Wasserpegel dann um 2 m höher liegen als gewöhnlich. Die typischen Pflanzen und Tiere des Rieds profitieren von den Hochwassern. Denn so können die ufernahen Wiesen nur im Herbst gemäht werden. Schlüsselblume, Enzian, Mädesüß und anderen

🦉 *Mitte Mai – Anfang Juni entfaltet das Eriskircher Ried die üppigste Farbenpracht wenn tausende* **Schwertlilien,** *auch Iris genannt, die Riedwiesen blau färben. Die gelben sind Wasser-Schwertlilien.*

Hält Ausschau nach dem nächsten Fang: Reiher
© pmv, Annette Sievers

@ Über die Pegel-
stände am
Bodensee informiert
www.bodensee-hoch-
wasser.info.

🍎 **Hofladen,** Diakonie
Pfingstweid e. V.,
Hegenenstraße 2, Tett-
nang. ✆ 07542/970-0.
www.pfingstweid.de.
Mo, Mi 9 – 17 und Fr
9 – 18 Uhr. U.a. Eier,
Gemüse, Kartoffeln,
Milch und Milchproduk-
te, vegetarische Brot-
aufstriche, Backwaren.

Federleicht: Hopfen
© pmv, Annette Sievers

Blumen blühen deshalb sehr lange und versorgen
Schmetterlinge und Vögel mit Futter.

Das Ried könnt ihr zu Fuß oder mit dem Fahrrad erkunden. Idealer Ausgangsort für den zweigeteilten
Lehrpfad ist das **Naturschutzzentrum Eriskirch,** das
in der alten Bahnhofshalle untergebracht ist. Eine sehenswerte, speziell für Kinder konzipierte Ausstellung stimmt euch auf eure Exkursion ein. Im Ried
selbst erfahrt ihr auf Schautafeln interessante Details über das Pflanzen- und Tierleben im Ried. Von
hölzernen Plattformen aus könnt ihr Enten, Bless-
hühner oder Reiher beobachten.

Vom Bauer zum Brauer: Tettnanger Hopfenpfad

Tourist-Info Büro TIB Tettnang, 88069 Tettnang.
✆ 07542/510500, www.tettnang.de. **Länge:** Hin und
zurück 4 km, Gehzeit 1,5 Std. **Bahn/Bus:** Vom Stadtbhf ↗ Friedrichshafen entweder Bus 7586 bis Kirchstraße in Tettnang oder Zug bis Meckenbeuren, von dort
Bus 28. **Auto:** Friedrichshafen B30 Richtung Ravensburg, am Abzweig der L467 und Beschil-
derung in den Ort folgen.

▶ Der Familien-Lehrpfad beginnt im
Herzen von Tettnang und führt dann
rasch hinaus in die Hopfengärten und
Obstanlagen der Umgebung. Fantas-
tisch ist während der Wanderung der
Blick auf den Bodensee und die Alpen. Auf Informationstafeln werdet ihr
unterwegs in die Besonderheiten des
Hopfenanbaus und der Braukunst
eingeweiht. Wer ein Smartphone mit
installiertem QR-Code-Scanner hat,
kann auf den Tafeln einen Code ein-
scannen und mit dem Maskottchen
Hopfi so manches Abenteuer auf eurem Weg erleben.

Betriebe & Museen

Zeppelin NT — so schön kann fliegen sein

Deutsche Zeppelin Reederei, Messestraße 132, 88046 Friedrichshafen-Neue Messe. ✆ 07541/5900-0, www.zeppelinflug.de. **Bahn/Bus:** Im Nordosten von ↗ Friedrichshafen zwischen Flughafen und Messe. **Zeiten:** mehrere Flugmöglichkeiten, darunter z.B. Rundflug Friedrichshafen (30 Min) oder Rundflug Lindau (1 Std). **Preise:** Rundflug Friedrichshafen 220 €, Lindau 425 €; Kinder 2 – 12 Jahre 20 % Rabatt.

▶ Wie ein großes weißes Schiff schwebt der Zeppelin durch den Luftraum des Bodensees. Im Gegensatz zu den lärmenden Verkehrsflugzeugen gibt er kaum einen Laut von sich. Vom Flughafen in Friedrichshafen aus geht er regelmäßig für verschiedene Rundflüge in die Luft. Aus der relativ geringen Flughöhe von 300 m seht ihr Schlösser, Berge und natürlich den Bodensee aus der Vogelperspektive. An Bord könnt ihr euch frei bewegen und sogar dem Kapitän über die Schulter schauen. Das Vergnügen ist ein kleiner Luxus, aber jeder, der ihn sich gönnt, kehrt begeistert wieder auf die Erde zurück. Die Friedrichshafener jedenfalls sind stolz auf ihren *Riesenvogel*, der seit seinem Pionierflug im Jahr 1900 zur Stadt gehört wie die Felche zum Bodensee.

Wie die Bauern früher lebten ◉

Bauernhaus-Museum Wolfegg, Zehntscheuer Gassenried, Vogter Straße 4, 88364 Wolfegg. ✆ 07527/9550-0, 9218910. www.bauernhaus-museum.de. **Bahn/Bus:** Mit dem Zug von Lindau nach Kißlegg, dort umsteigen nach Wolfegg. **Auto:** A96 Ausfahrt 9 Leutkirch, auf halbem Weg Richtung Ravensburg. **Zeiten:** März, April, Okt, Nov Di – So 10 – 17 Uhr, Mai – Sep täglich 10 – 18 Uhr. **Preise:** 5 €; Kinder 6 – 18 Jahre 2,50 €; Familienkarte (Eltern/Großeltern mit eigenen Kindern/Enkeln) 11 €, Teilfamilienkarte (1 Elternteil-/Großelternteil mit Kindern/Enkeln) 6 €, mit Bodensee-Erlebniskarte frei.

Happy Birthday!
Feiert euren Geburtstag im Museum. Themen z.B. Holzwerkstatt, Wolle filzen, Backen oder Gaukler. Je nach Thema 2 – 3,5 Std, 75 – 100 € für max. 15 Kinder und 2 Erw.

Hmm, wie das duftet: Brotbacken im Bauern-haus-Museum
© Bauernhaus-Museum Wolfegg

Hunger & Durst
Fischerhaus Wolfegg, Fischergasse 29, Wolfegg. ✆ 07527/9603790. www.bauernhausmuseum-wolfegg.de. März, April Di – So 10 – 18 Uhr, Mai – Mitte Nov täglich 10 – 18 Uhr, Mitte Nov – Ende Jan Do – Sa ab 17, So 10 – 15 Uhr.

▶ Das Bauernhaus-Museum ist ein richtiges Dorf mit 16 historischen Häusern aus Oberschwaben und dem Westallgäu. Das Leben der Bauern wird euch hier anschaulich vermittelt. Zwar besaßen sie große Höfe und somit einen gewissen Reichtum, doch der Alltag war in den meisten Fällen hart und beileibe kein Honigschlecken. Das vergisst man heute oft, wenn man über knarzende Holzböden und ausgetretene Stufen die Stuben, Kammern, Ställe und Werkstätten betritt. In den originalgetreu eingerichteten Gebäuden seht ihr, wie es in den Weilern und auf den Höfen früher zuging, vor allem wie die Menschen arbeiteten, lebten und auch feierten, wie sie gekleidet waren oder mit welchen Gerätschaften sie dem Boden ihr tägliches Brot abgerungen haben. Belebt wird das Museumsdorf durch zahlreiche, teilweise frei laufende Tiere wie Hühner, Schweine, Gänse und Kühe. Auf dem Gelände gibt es gemütliche Plätze zum Ausruhen und Brotzeitmachen, regionale Speisen bereitet die Museumsgaststätte **Fischerhaus** zu. Regelmäßig finden im Museum Veranstaltungen statt, wie zum Beispiel museumspädagogische Mitmach-Aktionen. Auch für Schulklassen gibt es verschiedene Angebote.

Wie Schule früher einmal war ◎
Schulmuseum Friedrichshafen, Friedrichstraße 14, 88045 Friedrichshafen. ✆ 07541/32622, www.schulmuseum-fn.de. **Bahn/Bus:** Vom Stadtbhf ↗ Friedrichshafen 5 Min zu Fuß auf Friedrichstraße Richtung Westen. **Auto:** Tiefgarage Graf-Zeppelin-Haus, Olgastraße. **Rad:** Bodensee-Radweg über Seepromenade.

Zeiten: April – Okt täglich 10 – 17 Uhr, Nov – März Di – So 14 – 17 Uhr, Familienführung April – Okt 2. und 4. So im Monat 15 Uhr, Oster-, Pfingst- und Sommerferien Do 11 Uhr. **Preise:** 3,50 €; Kinder 6 – 16 Jahre 1,50 €, Museumsrallye Familien-Zeitmaschine 2 €; mit der Bodensee-Erlebniskarte gratis, Familie (Erw und eigene Kinder) 8,50 €. **Infos:** Kombiticket Schulmuseum und ↗ Zeppelin Museum: 11 €, Kinder 6 – 16 Jahre 4 €, Familien (2 Erw, max. 4 Kinder) 26 €.

▶ Worauf haben die Schüler früher geschrieben? Waren alte Schulbänke eigentlich bequem? Waren die Lehrer strenger als heute? Auf diese und andere Fragen bekommt ihr im Museum eine Antwort. Es bietet, angefangen mit der Klosterschule, einen Rückblick ins Schulleben vom Mittelalter bis ins 20. Jahrhundert. Ihr könnt drei alte Klassenzimmer erkunden und probieren, wie es sich mit einem Griffel auf einer Schiefertafel schreiben lässt. Der Rohrstock, mit dem die Lehrer die Schüler schlagen durften, und der hölzerne Strafsessel, auf dem *faule* Schüler früher sitzen mussten, gehören glücklicherweise der Vergangenheit an. Griffelkästen und Schwammdose gibt es heute nicht mehr, aber ihr könnt selbst herausfinden, welche Dinge ihr auch heute noch benutzt. Für Familien wird die Rallye *Familien-Zeitmaschine* angeboten, bei der ihr das Museum aktiv an verschiede-

Fünf Finger plus fünf Finger: Rechnen ohne Taschenrechner
© Schulmuseum Anja Koehler

nen Mitmach-Stationen entdecken könnt. An bestimmten Terminen finden auch Familienführungen statt.

Meldet euch zur Geburtstagsführung im Museum an. Für Kinder 8 – 10 Jahre, bis 2,5 Std, 65 € zzgl. Eintritt. Das Geburtstagskind und 1 Begleitperson haben freien Eintritt. Getränke, Kuchen und Geschirr könnt ihr mitbringen.

So funktioniert das mit der Luft: Kleiner Tüftler im Zeppelin Museum

Fliegen und Fahren wie vor 100 Jahren: Das Zeppelin Museum

Zeppelin Museum Friedrichshafen, Seestraße 22, 88045 Friedrichshafen. ✆ 07541/38010, www.zeppelin-museum.de. **Bahn/Bus:** ↗ Friedrichshafen. Per Bahn zum Hafenbhf oder per Schiff und Fähre direkt vor den Haupteingang. **Auto:** Ausschilderung folgen, Parkmöglichkeiten im Parkhaus Altstadt und Seeparkplatz. **Rad:** Am Bodensee-Radweg. **Zeiten:** Mai – Okt täglich 9 – 17 Uhr, Nov – April Di – So 10 – 17 Uhr. **Preise:** 9 €; Kinder 6 – 16 Jahre 4 €; Familienkarte (2 Erw, max. 5 Kinder) 20 €, Rentner 8,50 €, Schwerbehinderte, Schüler, Studenten 5 €. **Infos:** Mini-Koffer 3 €.

▶ Bestimmt habt ihr schon mal einen **Zeppelin** über dem Bodensee schweben sehen. Seit 1900 wurden in Friedrichshafen die ersten dieser Luftschiffe entwickelt und gebaut. Das Museum beherbergt die

weltweit größte Sammlung zur Geschichte und Technik der Luftschifffahrt. Wie reisten die Passagiere in einem Zeppelin? Wie viel kostete eine Reise nach Amerika? Und wo hat der Koch das Essen für die vielen Menschen an Bord zubereitet? Auf solch spannende Fragen bekommt ihr hier eine Antwort. In der Wunderkammer könnt ihr allerlei Dinge wie Münzen, Postbelege und Blechspielzeug aus der Zeit der Luftschifffahrt bestaunen. Sicher wollt ihr auch wissen, warum ein Zeppelin überhaupt in der Luft schwebt und wie er wieder landen kann. Im 1. Obergeschoss könnt ihr experimentieren und nachgestellte Bauteile anfassen und so die Funk-

© Zeppelin Museum Friedrichshafen, Foto: Myrzik

tionsweise eines Zeppelins verstehen. Die größte Attraktion für euch ist bestimmt die begehbare Teil-rekonstruktion eines 33 m langen Teils der **LZ 129 Hindenburg.** Sie war ein 245 m langes Passagierluft-schiff, in dem sogar ein Salon mit Flügel Platz hatte! Noch mehr Spaß macht der Museumsbesuch, wenn ihr mit dem *Mini-Koffer* auf Entdeckungsreise geht. Achtet bei eurem Rundgang auf das Handsymbol. Es weist euch zum Beispiel auf Rätsel oder Fotos und Aufkleber zum Mitnehmen hin. Während der Sommer-ferien in Baden-Württemberg könnt ihr außerdem je-den Mi um 14 Uhr an der Familienführung *Schweben und Gleiten – Geschichten vom Fliegen für Groß und Klein* teilnehmen (Kinder ab 5 Jahre, 1,5 Std). Für Schulklassen werden nach Absprache Führungen und Projekttage angeboten.

Zwar werden Zeppeline wie Schiffe auf einer Werft gebaut und von einer Reederei betrieben, trotz-dem heißt es, sie »flie-gen«, denn der Zeppelin ist ein wenig schwerer als Luft. Die Luftschiffe jedoch vor 1945 waren leichter als Luft, weshalb man damals – wie bei einem Ballon – von fah-ren sprach.

Von behaarten Blättern und roten Spinnen ◉

Hopfen Museum Tettnang, Hopfengut 20, 88069 Tett-nang-Siggenweiler. ✆ 07542/952206, www.hopfen-museum-tettnang.de. **Bahn/Bus:** Vom Stadtbhf ➚ Fried-richshafen entweder Bus 7586 direkt zur Kirchstraße in Tettnang oder mit dem Zug bis Meckenbeuren und von dort Bus 28. **Auto:** Friedrichshafen B30 Richtung Ra-vensburg, am Abzweig Beschilderung nach Tettnang fol-gen und weiter auf der K7719 zum Hopfengut. **Zeiten:** April – Okt Di – So 10.30 – 17 Uhr. **Preise:** 6 €; Kinder 6 – 15 Jahre 3 €; Familien 2 Erw und Kinder 15 €, mit der Bodensee-Erlebniskarte gratis. **Infos:** Sommerpro-gramm Mi jeweils 11 Uhr Führung durch das Hopfen Museum, anschließend Bastelangebot.

▶ Vielleicht wisst ihr bereits, dass aus **Hopfen** und Malz Bier gebraut wird. Viel mehr ist jedoch selbst den meisten Erwachsenen nicht bekannt. Also lohnt der Besuch des Hopfenmuseums, zumal es in den schönen alten Gebäuden eines Hopfenbetriebes un-tergebracht ist. In diesen Räumlichkeiten lernt ihr ei-niges über die 150-jährige Geschichte des Tettnan-

Hunger & Durst
Bierstängel, Tettnang. ✆ 07542/952206. www.hopfenmuseum-tettnang.de. Mai – Okt Di – So 10.30 – 18 Uhr. Hier wurden Holzteile der alten Locherschen Hopfenhalle benutzt, um ein Haus im Haus zu bauen. Dort findet ihr gemütliche Sitznischen, in denen euch Brotzeit und Limonade bestimmt schmecken.

Wenn jemand auf Schwäbisch sagen will, dass etwas ganz, ganz leicht ist, sagt er, das ist hopfenleicht. Hast du schon mal eine Hopfenranke gehalten? Sie ist so leicht, dass ihr 1 kg davon kaum in beiden Händen halten könnt.
Hopfen *wächst in der Bodenseegegend an hohen Gerüsten und wird zum Bierbrauen verarbeitet. Man kann auch Tee daraus kochen, damit man besser schläft.*

ger Hopfenbaus. Alte Geräte und Maschinen stehen zur Schau, außerdem sind Szenen vom Arbeiten und Leben im Hopfengarten lebensnah dargestellt. Natürlich kommt auch die Hopfenpflanze nicht zu kurz, alles, was dazugehört, könnt ihr sehen, riechen und fühlen. Genau an dieser Stelle beginnt der spannende Teil eures Museumsbesuchs: Ihr dürft der Biologie mit Lupen und Mikroskopen wie Forscher auf die Pelle rücken – und dabei behaarte Blätter oder gar eine rote Spinne aus nächster Nähe betrachten. Darüber hinaus könnt ihr euch unter Anleitung ein persönliches *Hopfenbuch* basteln und bemalen. Oder ihr betätigt euch als *Hopfensacker* und nehmt das gefüllte Hopfensäckchen als Erinnerung an den Hopfentag mit nach Hause. Auch zum Spielen eignet sich der Hopfen übrigens, was ihr beim Hopfenfußball, Hopfenminigolf und Hopfenblasen selbst ausprobieren könnt.

Heimatverbundene Kunst ◎

Museum Langenargen, Marktplatz 20, 88085 Langenargen. ✆ 07543/3410, www.museum-langenargen.de. **Bahn/Bus:** Vom Bhf ↗ Langenargen über Bahnhofstraße ins Zentrum. **Auto:** B31 Friedrichshafen – Lindau Abzweigung Langenargen, Parkplatz am Schloss, Untere Seestraße. **Rad:** Am Bodensee-Radweg. **Zeiten:** 20. März – Mitte Okt Di – So 11 – 17 Uhr. **Preise:** 4 €; Kinder 6 – 15 Jahre 1 €; mit Bodensee-Erlebniskarte frei. **Infos:** Im Sommer hochkarätige Sonderausstellungen in der Bel Etage.

▶ Das Museum Langenargen im ehemaligen Pfarrhof zeigt Kunstwerke aus der 1200-jährigen Geschichte des Ortes von christlicher Kunst aus dem Mittelalter bis zu neuzeitlichen Gemälden. Beim Anblick der stattlichen Münzsammlung träumt ihr vielleicht von einer kleinen Taschengelderhöhung … Gefallen werden euch die Ölgemälde von Malern aus der Region. Besonders farbenfroh sind die Bilder von *Hans Purrmann* (1880 –1966), einem Freund von Henri Ma-

Hunger & Durst
Strandcafé, Obere Seestraße 32, Langenargen. ✆ 07549/93200. www.strandcafe-lang.de. 10 – 22 Uhr. Ein Besuch lohnt sich allein wegen der köstlichen Torten und Trüffelpralinen aus der eigenen Konditorei. Mit schöner Terrasse.

tisse. Er und seine Frau verbrachten ab 1921 ihre Sommer in Langenargen, 1928 malte er sein eigenes Haus. Im Treppenhaus steht auf einem Ölgemälde von *Julius Herberger* »Bin im Strandcafé« – also nichts wie hin.

Der Porsche von König Hussein

Automobilmuseum Fritz B. Busch, Fritz-B.-Busch-Weg 1, 88364 Wolfegg. ✆ 07527/6294, www.automuseum-busch.de. **Bahn/Bus:** Mit dem Zug von Lindau nach Kißlegg, dort umsteigen nach Wolfegg. **Auto:** A96 Ausfahrt 9 Leutkirch, auf halbem Weg Richtung Ravensburg. **Zeiten:** Mitte März – Okt täglich 10 – 17 Uhr, Nov – Mitte März So 10 – 17 Uhr. **Preise:** 8 €; Kinder 5 – 14 Jahre 3 €; Familienkarte (Eltern/Großeltern, eigene Kinder bis 14 Jahre), Gruppen ab 15 Pers 7 € pro Person, 30 € Aufpreis für geführten Gruppenrundgang.

▶ Das Automuseum Busch ist in einem 500 Jahre alten Nebengebäude des fürstlichen **Schlosses von Waldburg-Wolfegg** untergebracht. Der Museumsgründer *Fritz E. Busch* ist Automobilhersteller und kennt sich daher mit Autos sehr gut aus. In erster Linie stößt ihr auf exotische Fahrzeuge von berühmten Persönlichkeiten. Der Rennporsche König *Husseins von Jordanien* (1953 – 99) gehört ebenso dazu wie der Cadillac des Filmschauspielers *Hans Albers* (1891 – 1960). Natürlich sind das noch längst nicht alle Oldtimer, die in den beiden historischen Gebäuden des fürstlichen Hauses eure Blicke auf sich ziehen. Neben den extravaganten Autos könnt ihr auch noch diverse Motorräder und Traktoren begutachten.

Das mächtige **Schloss von Wolfegg** *kann leider nur bei Konzerten von innen besichtigt werden. Eigentlich schade, denn der Renaissancebau verbirgt einen 52 m langen Rittersaal mit 22 Figuren, die eine Ahnengalerie darstellen.*

Bücher & Feste

Lesen und Filme schauen

Bücherei im Münzhof, Tabea Bader, Marktplatz 24, 88085 Langenargen. ✆ 07543/2559, www.langenargen.de. **Bahn/Bus:** ↗ Langenargen. Im Zentrum

BÜHNE, LEINWAND & AKTIONEN

Im Münzhof gibt es unter anderem Kino, Tanztheater und Kabarett. Das Programm erscheint zu Beginn eines Quartals und liegt in der Touristen-Information aus.

nahe Seepromenade. **Zeiten:** Di 10 – 12 und 15 – 18 Uhr, Mi und Fr 15 – 18 Uhr, Do 10 – 12 und 15 – 19 Uhr, während der Schulferien zusätzlich Mi und Fr 10 – 12 Uhr. **Preise:** Jahresgebühr 12 € ab 18 Jahre.

▶ Die Bücherei verleiht Krimis, Spiele, CDs, Hörspielkassetten sowie Spiel-, Musik- und Kinderfilme auf DVD. In der Bilderbuchecke könnt ihr in Kinderbüchern schmökern.

FESTKALENDER FRIEDRICHS-HAFEN – LANGENARGEN

April: Sa, Mitte/Ende April: Konstanz, Kreuzlingen, Friedrichshafen, Lindau, Romanshorn, Bregenz: **Flottensternfahrt** der BSB zum Saisonauftakt, www.bsb.de.

Juli: Mitte, 5 Tage, Friedrichshafen: **Kinder- und Seehasenfest.** Buntes Treiben mit Seefeuerwerk und Festumzug und natürlich mit dem Seehasen, der mit Schiffen ans Ufer gebracht wird, www.seehasenfest.de.

Mitte/Ende Juli, 5 Tage, Ravensburg: **Rutenfest.** Sehr traditionell und beliebt. Mit großem Festumzug mit Trommlergruppen aus allen Schulen, Fanfarenzügen, Rutentheater und Festzelten. www.rutenfest.info.

Ende Juli/Anfang Aug, 10 Tage, Friedrichshafen: **Kulturuferfest** an der Uferpromenade. Straßentheater, Musik, Kinderaktionen, www.kulturufer.de.

Ende Juli/Anfang Aug, 4 Tage, Langenargen: **Uferfest** im Uferpark mit Kinderaktionswiese, Klangfeuerwerk, Fischerstechen.

August: Anfang Aug, Wochenende: **Beachparty Langenargen.** Seit 2001 lässt der Kulturverein es rocken. Fr Live-Konzerte, Sa Abend Party ab 16 Jahre, Sa Mittag für alle Wassersport-Events mit Tube- und Wasserskifahren, Schnuppersegeln und -tauchen, Wakeboarden. www.kulturverein-langenargen.de.

Dezember: 1. – 4. Advent, Friedrichshafen: **Weihnachtsmarkt** auf dem Buchhornplatz. Mo – Do 12 – 20, Fr – So 11 – 20 Uhr.

KRESSBRONN – LINDAU

LINDAU UND SEIN MÄRCHENHAFTES HINTERLAND

Die Inselstadt Lindau ist der bayerische Zugang zum Bodensee. Die malerische Altstadt rund um den Hafen ist das Kulturzentrum der Region und zieht viele Tagesausflügler an. Das Hinterland von Lindau und Kressbronn steht ganz im Zeichen des Obstanbaus, vor allem die Apfelkultur hat die Region berühmt gemacht. Im Frühjahr breitet sich hier ein duftendes Blütenparadies aus. Auf einem der zahlreichen Höfe oder Märkte könnt ihr euch mit frischem Obst und Gemüse eindecken.

Dieses wunderschöne Fleckchen Land am südlichen Bodensee liegt so nah an den Alpen, dass sich der Föhn durch heftige Winde bemerkbar macht und die Stauniederschläge vor den Bergen heftiger als etwa am Untersee niederprasseln. Wie überall am Bodensee locken bei schönem Wetter aber natürlich auch hier die reizvollen Badestrände, alternativ eignet sich das hügelige Hinterland bestens für kleinere Wander- und Radtouren. Ausflugsziele gibt es in dieser Gegend so viele, dass eine Woche Aufenthalt für die Erkundung der interessantesten Orte kaum ausreicht.

Frei- & Hallenbäder

TIPPS FÜR WASSERRATTEN

Hallenbad Kressbronn

Maicher Straße 15, 88079 Kressbronn. ✆ 07543/54967, 963716. www.kressbronn.de. **Bahn/Bus:** Vom Bhf ⬈ Kressbronn über Am Nonnenbach und Seestraße. **Zeiten:** Di 9.45 – 11 und 17 – 20 Uhr, Mi 15 – 21 Uhr Warmbadetag, Do 9.45 – 11 und 16 – 20 Uhr, Fr 16 – 19 Uhr, Sa 9 – 12 Uhr. **Preise:** 2,80 €, am Mi 3 €, 10er-Karte 22 €; Schüler 5 – 18 Jahre 1,40 €, Mi 1,80 €, 10er-Karte 11 €.

▶ Das Bad bietet ein 25-m-Schwimmbecken mit 28 Grad warmem Wasser, Massagedüsen und Unterwasser-Scheinwerfer. Am Warmbadetag wird das Wasser auf 31 Grad erwärmt, was vor allem im Winter bei Alt und Jung gut ankommt.

Gar nicht so einfach: Balance zu halten auf dem Surfbrett, muss erst geübt werden
© Surfschule Wasserburg

**Akrobat: Alle mal her-
gucken!**
© Tourist-Information Kressbronn,
Foto: Christoph Düppner

Laguna Lindau Tauchsport

OHG, Bregenzer Straße 13, Lindau. ℂ 08382/944690. www.laguna-lindau.de. Mo und Mi 9.30 – 13 und 14 – 18.30 Uhr, Di 9.30 – 13 und 14 – 19.30 Uhr, Fr 9.30 – 18 Uhr, Sa 9 – 14 Uhr. Tauchshop und Tauchschule mit Kursen für Anfänger und Fort-geschrittene, Schnup-perkurse für Anfänger ab 10 Jahre 25 €.

Freibad Oberreitnau

Bodenseestraße/Park-weg, 88131 Lindau. ℂ 08382/9431166, 28113 (2. Vorsitzender Förderverein). Handy 0175/3778894. www.freibad-oberreit-nau.de. **Bahn/ Bus:** ↗ Lindau. Stadtbus 3 ab ZUP Anheggerstraße bis Marienplatz. **Auto:** Von Lindau über Schönau zum Marienplatz in Oberreitnau, links in den Parkweg. **Zeiten:** Mitte Mai – Mitte Sep 10 – 19 Uhr. **Preise:** 4 €, ab 17 Uhr 2,50 €; Kinder 5 – 16 Jahre 2 €.

▶ Das Freibad bietet ein 450 qm großes Becken so-wie eine große Liege- und Spielwiese mit Baby-becken, Schatten spendenden Bäumen, Tischtennis-platte, Beachvolleyballplatz und Spielplatz. Wenn es draußen zu kalt wird, fühlt ihr euch im beheizten Schwimmbad mit Wärmehalle wohler.

Familien- und Vitalbad Limare

Bäderbetriebe Lindau (B) GmbH, Bregenzer Straße 37, 88131 Lindau. ℂ 08382/704130, www.stadtwerke-lindau.de. **Bahn/Bus:** ↗ Lindau, Stadtbus 3 ab ZUP An-heggerstraße bis Jugendherberge/Limare. **Auto:** Von Kempten Richtung Lindau Insel, am 2. Kreisverkehr 2. Ausfahrt, nach 100 m rechts zum Limare; von FN Rich-tung Bregenz am 3. Kreisverkehr 5. Ausfahrt und nach 100 m rechts zum Limare. **Rad:** Am Bodensee-Radweg. **Zeiten:** Jan – Juni, Sep – Dez Di – Fr 13.30 – 18, Sa, So 10 – 21 Uhr, Sauna Di – Fr 14 – 22, Sa, So 10 – 21 Uhr, Mi Damensauna. **Preise:** Tageskarte 6 €, Sa, So, Fei 6,50 €, Sauna 15,60 €, Sa, So, Fei 16,60 €; Kinder 5 – 16 Jahre Tageskarte 3,50 €, Sa, So, Fei 4 €; Familien-karte (2 Erw, 1 Kind) 15 €, jedes weitere 3 €.

▶ Auch Lindau hat ein zeitgemäßes Erlebnis- und Spaßbad mit Sportschwimmbecken, Kinderbecken und Außenbad. Zur Einrichtung gehören Whirl-Liegen, eine 60 m lange Erlebnisrutsche, diverse Saunen – darunter eine 100 Grad warme Außensauna – ein kleines Tauchbecken, Fußwärmebrunnen, Wasserpilz, Bodensprudler und Nackendusche. Im Strömungskanal könnt ihr euch den Schwimmreifen umlegen und euch im Kreis drehen lassen. Die Älteren stürzen sich vom 1-m-Brett und der 3-m-Plattform ins Sportschwimmbecken.

Wasserspaß im Aquamarin ◎

Aquamarin, Reutener Straße 12, 88142 Wasserburg. ✆ 08382/25187, www.aquamarin-wasserburg.de. **Bahn/Bus:** ↗ Bhf Wasserburg über Lindenplatz zu Fuß. **Auto:** ↗ Wasserburg, vom Lindenplatz in Höhenstraße, rechts Parkplätze. **Rad:** Am Bodensee-Radweg. **Zeiten:** Mai und Sep 10 – 19, Juni 9 – 19, Juli und Aug 9 – 20. Bei schlechter Witterung oder wenigen Gästen schließt das Bad bereits um 17 Uhr. **Preise:** 4,50 €, ab 16 Uhr 3 €, 10er-Karte 40 €, Saisonkarte 70 €; Kinder 3 – 18 Jahre 2 €, 10er-Karte 18 €, Saisonkarte 35 €; Familienkarte Erw mit min. 1 Kind bis 18 Jahre 9,50 €, mit der Bodensee-Erlebniskarte freier Eintritt.

▶ Das Aquamarin besteht seit 2004 und gehört seitdem zu den wichtigsten Spaßbädern der Bodenseeregion. Im Kinder- und Jugendbecken führt eine 15 m lange Breitrutsche ins Nass. Kleinere Kinder können in *Augustins Kinderland* mit Bachlauf, Fontänen und Wassersprudlern nach Herzenslust spie-

Stein auf Stein: Wasserspiele im Aquamarin

© Tourist-Information Wasserburg, Foto: Anrea Badrutt

len. Liegewiese und Ruhezonen laden an Land zum Verweilen ein. An kühlen Tagen lockt das beheizte Außenbecken mit Blick auf See und Berge.

Strandbäder

Naturstrandbad Kressbronn ◎

Bodanstraße 67, 88079 Kressbronn. ✆ 07543/500699, www.kressbronn.de. **Bahn/Bus:** Vom Bhf ↗ Kressbronn Fußweg am Nonnenbach zum Bad. **Auto:** Vom Zentrum über See- und Bodanstraße. **Rad:** Bodensee-Radweg. **Zeiten:** Mai – Sep bei guter Witterung 8 – 20 Uhr. **Preise:** 2,50 €; Kinder 3 – 18 Jahre 1,50 €; mit Gästekarte oder Bodensee-Erlebniskarte frei.

▶ Die großflächige Anlage verfügt über Bachläufe, kleine Brücken und Staudämme sowie Bademöglichkeiten im Bodensee. Der Wasserspielplatz ist ein kleines Paradies für alle Wasserratten. An Land könnt ihr die Bocciakugeln klicken lassen oder Beachvolleyball spielen.

Das Erlebnis-Strandbad Eichwald

Stadtwerke Lindau (B) GmbH, Eichwaldstraße 20, 88131 Lindau. ✆ 08382/704372, www.sw-lindau.de. **Bahn/Bus:** ↗ Lindau. Stadtbus 3 ab ZUP Anheggerstraße bis Kamelbuckel. **Auto:** B12 Richtung Bregenz, nach wenigen km rechts nach Eichwald. **Rad:** Bodensee-Radweg. **Zeiten:** Mai, Sep 10 – 19 Uhr, Juni – Aug 9 – 20 Uhr. **Preise:** 4 €, ab 17 Uhr 2,50 €; Kinder 5 – 16 Jahre 2 €; Saisonkarte Erw 65, Kinder 35, Familie 120 €. Kombikarten Strandbad Eichwald, Freibad Oberreitnau, Familienbd Limare Erw 115, Kinder 60, Familien 185 €.

▶ Das größte Seebad der Stadt liegt östlich von Lindau und bietet einen 660 m langen Naturstrand am Bodenseeufer. Außerdem gibt es große, solarbeheizte Schwimmbecken, ein Nichtschwimmer- und zwei kleine Kinderbecken sowie diverse Spielgeräte – und

 **Bootsvermietung am Seepark,** Bodanstraße, Kressbronn. ✆ 0176/67898840. www.kressbronn.de. Im Sommer täglich geöffnet bei schöner Witterung. Tretbootverleih für 4 Pers 30 Min 9 €, 1 Std 13 €, auch Banane fahren und Schnuppersegeln.

Windsurf-Schule Kreitmeir, In der Grube 17, Lindau. ✆ 08382/23330. www.surfschule-lindau.de. Mai – Sep. Schnuppertag 69 €, Kinder ab 10 Jahre 49 €, Verleih 3 Std 30 €, SUP Grundkurs 29 €.

das alles zwischen alten, Schatten spendenden Bäumen. Gar nicht genug bekommen werdet ihr von der 78 m langen Wasserrutsche. Außerdem gibt es eine *Kraki* mit Twin-Shot-Wasserkanonen, eine Rainbow-Wasserrutsche, das Feuerwehrboot *Eichwald,* eine Kletterburg mit Schaukeln, ein großes Vogelnest und ein Matschspielplatz!

 Aquafitness Juni – Aug Di und Do 11 – 11.30 Uhr gratis!

Boot fahren & surfen

Bootsvermietung in Lindau

▶ Boote aller Art können an folgenden Stellen ausgeliehen werden:

Bootsverleih Franz, Bootsanlegestelle beim Hotel Bad Schachen, 88131 Lindau. ✆ 08382/22641, **Bahn/ Bus:** ↗ Lindau. **Preise:** Tret- und Ruderboote 2 Pers 8 €, 3 – 4 Pers 9 € pro Std.

Grahneis, Daniel Sandau, An der Seebrücke (Chelles-Allee), 88131 Lindau. ✆ 08382/5514, www.boots-vermietung-lindau.de. **Bahn/Bus:** ↗ Lindau. **Preise:** Tretboot 14 € pro Std, Ruderboot 10 € pro Std.

Hodrius, Am kleinen See, 88131 Lindau. ✆ 08382/297771, www.bootsverleih-lindau.de. **Bahn/Bus:** ↗ Lindau. **Zeiten:** Tretboot je nach Typ 10 – 14 €, Ruderboot 12 €, jeweils pro Std.

Familienbootstour: Sind die Segel gehisst, ist Abkühlung angesagt
© Tourist-Information Kressbronn

Eine ideale Bucht für Surf-Anfänger

Windsurfschule Wasserburg, Thorsten Huber, Reutener Straße 12, 88142 Wasserburg. ✆ 08382/998097, Handy 0177/7744330. www.surfschule-wasserburg.de. **Lage:** Im Aquamarin. **Bahn/Bus:** ↗ Aquamarin. **Rad:** Am Bodensee-Radweg. **Zeiten:** April – Mitte Okt, Surf- und SUP-Kurse täglich, Verleih (Surfbrett, SUP, Kajak) täglich ab 10 Uhr. **Preise:** Schnupperkurs 35 €, Grundkurs mit internationalem Surfschein 10 Std an 4 – 5 Tagen 165 €, Verleih inkl. Brett, Segel, Anzug, Schuhe 1 Std 10 €, 10 x 1 Std 90 €, 1 Tag 30 €. **Infos:** Kurse nach telefonischer Anmeldung.

In Reih' und Glied: Surfer auf dem Bodensee
© Surfschule Wasserburg

▶ Stellt euch auf die Waage und schaut genau nach, ob ihr schon 25 kg wiegt. Denn nicht das Alter, sondern das Gewicht entscheidet, ob ihr euch auf das Surfbrett stellen dürft. Da 70 Prozent der Buchungen in der Surfschule im Aquamarin von Kindern kommen, sind die Surflehrer bestens auf euch eingestellt. Ein weiterer Vorteil: Die Bucht bietet Windschutz und somit ideale Lernbedingungen für Anfänger. Wenn allerdings ein Sturmtief mit Westwind aufkommt, stellt der aufgewühlte Bodensee selbst wahre Könner auf die Probe. Man hat dann schon über 2 m hohe Wellen beobachtet.

Bei den *Schnupperkursen* macht ihr zunächst Trockenübungen, bevor es dann aufs Wasser geht. Beim *Wochenendkurs* lernt ihr in insgesamt 6 Stunden, wie man startet, steuert und wendet. Am Ende des *Grundkurses* habt ihr das Surf-ABC verinnerlicht und könnt bereits selbstständig auf Tour gehen. Im theoretischen Teil werden die Navigations- und Sicher-

Radsport Senger, Kirchstraße 19/1, Kressbronn. ✆ 07543/8025. www.radsport-senger.de. April – Okt Mo, Di, Do, Fr 9 – 12.30, 14.30 – 18, Mi, Sa 9 – 12.30, Nov – März Mi geschlossen. Erw 9 € pro Tag, Kinder 7 €, Ermäßigung mit Kressbronner Gästekarte.

heitsregeln vorgestellt, damit ihr den WWS-Grund-schein der World Windsurf Schools auch wirklich be-steht. Mit dieser Lizenz des Internationalen Windsurf-verbands könnt ihr dann weltweit Surfbretter mieten. Die Surfschule bietet auch **SUP-Kurse** für Kinder an.

SUP bedeutet *Stand Up Paddling. Der Surfer steht auf dem Brett und paddelt, um sich zu bewegen.*

Radeln & wandern

Die 2-Seen-Rundtour: Mit dem Rad zum Degersee und Schleinsee

88079 Kressbronn. **Strecke:** Kressbronn – Selmnau – Degersee – Schleinsee – Kressbronn. **Länge:** 17 km, Fahrzeit 2 Std. **Bahn/Bus:** Start und Ziel ist der Bhf ↗ Kressbronn an der Linie Friedrichshafen – Lindau.

▶ Wie schön das Hinterland des Bodensees ist, er-lebt ihr auf der gemütlichen Rundtour zum Degersee, in dem ihr prima baden könnt und zum Schleinsee, der zu Picknick und Spielen einlädt. Vom **Bahnhof Kressbronn** radelt ihr die Bahnhofstraße zur Fest-halle und rechts die Otterberghalde Richtung Wasser-burg nach **Retterschen.** Dann fahrt ihr durch herr-liche Obstplantagen Richtung Norden nach **Selmnau,** wo ihr nach einem kleinen Anstieg die **Antonius-kapelle** erreicht. Vor allem die Muttergottesstatue aus dem Jahr 1500 und das alte Glöckchen mit den vier eingegossenen Medaillons sind sehenswert. Toll ist auch der Blick von hier über den Bodensee. Weiter fahrt ihr über den Ort *Bechtersweiler* gemüt-lich zum **Degersee.** Nach der Abkühlung im See gibt es am Kiosk etwas zu essen und zu trinken. Von hier ist es nur noch ein Katzensprung bis zum weiter westlich gelegenen **Schleinsee,** der von einem dich-ten Schilfgürtel umgeben ist. Vor rund 20 Jahren war der See so verdreckt, dass darin beinahe alles Le-ben gestorben wäre. Heute ist das Wasser zum Glück wieder sauber, es wachsen darin Seerosen und gelbe Teichrosen und es werden Fische gezüchtet. Zurück geht es auf der beschilderten Strecke nach **Kress-**

Wisst ihr, wie der **Antoniusberg** ent-*standen ist? Die Eis-massen des Rheinglet-schers haben vor etwa 20.000 Jahren den Bodensee in sein heuti-ges Bett gepresst und gleichzeitig die für die Landschaft so typischen sanften Moränenhügel gebildet.*

bronn über die Orte *Nitzenweiler* und *Gattnau,* wobei
ihr gegen Ende sogar eine rauschende Abfahrt genießen könnt.

Gezähmter Fluss und Hängebrücke: Wanderung entlang der Argen

88079 Kressbronn. **Länge:** 8 km, Rundkurs von 3 Std.
Strecke: Jachthafen – Kabelhängebrücke – Gießen-
brücke – Kressbronn. **Bahn/Bus:** ↗ Kressbronn. **Auto:**
Vom Zentrum Argen- und Langenargener Straße in Rich-
tung Westen, Abzweigung links zum Segelhafen, dort
Parkmöglichkeit. **Rad:** Bodensee-Radweg.

▶ Die Tour beginnt am sogenannten *Baggerloch* – so
wird der größte **Jachthafen** des Bodensees auch genannt. Schon spannend, das Treiben der internationalen Boote zu beobachten. Hinter dem Hafen mündet das Wasser der *Argen* in den Bodensee. Die gesamte Wanderung verläuft am Fluss, auf dem
Rückweg könnt ihr aber das Ufer wechseln.

Die Argen ist heute ein gezähmter Fluss. Früher such-
te sie sich ihren eigenen Lauf und floss wesentlich
langsamer als heute. Das führte zu Überschwemmungen, weshalb man den Fluss begradigt hat. Damit sich das Wasser nicht zu tief in den Boden ein-
grub, baute man im unteren Flussabschnitt drei Wehre. Das Dumme war nur, dass die Seeforelle dadurch

🍎 Bei **Familie Müller,**
Langenargener
Straße 16, ☏ 07543/
8849, könnt ihr euch
vor der Tour noch mit frischem Obst und Beeren
aus eigenem Anbau ein-
decken.

nicht mehr in ihre Laichgebiete am Oberlauf wandern konnte. Also baute man die Wehre später in überbrückbare Rampen um.

Vielleicht erspäht ihr während der Flusswanderung den ein oder anderen Fisch. Nach rund 1 km kommt ihr zur ältesten **Kabelhängebrücke** Deutschlands. Sie wurde zwischen 1896 und 1898 erbaut, galt damals weltweit als große Sensation und steht heute unter Denkmalschutz.

Hinter der Brücke wandert ihr weiter durch den Auwald zum Umkehrpunkt, der **Gießenbrücke.** Nun lauft ihr auf der anderen Seite des Flusses wieder zurück. Unterwegs könnt ihr weitläufige Obstplantagen sehen und mit geschultem Auge vielleicht die ein oder andere Orchidee erkennen. Mit Sicherheit nicht entgehen wird euch die *Burg Gießen,* die in Privatbesitz ist.

Ludwig's Apfelkarre, Langenargener Straße 35, Kressbronn. © 07543/6476. Ganzjährig ab 8 Uhr.

Türme und Boote am Wasser: Wanderung rund um die Lindauer Insel

88131 Lindau. www.lindau-tourismus.de. **Länge:** 4 km, Rundweg 2 Std. **Bahn/Bus:** ↗ Lindau. **Infos:** Lindau-Rundgang: April – Okt wöchentlich an unterschiedlichen Tagen, 1,5 Std, 7 €; Nachtwächterführung 4. Mai – 12. Okt Mi 21 Uhr, ab Sep 20 Uhr; 1,5 Std, 7 €; ab ↗ Tourist-Information, Anmeldung nicht erforderlich.

▶ Der Rundgang beginnt auf der schönen **Promenade,** der Blick von hier auf das Hafenbecken mit dem Leuchtturm, dem Mangturm und der Löwenmole ist toll. Am östlichen Ende seht ihr einen erhöhten Park, durch den ihr zur Römerschanze und zum **Werfthafen** gelangt.

Hinter dem Hafen spaziert ihr rechts am Theater vorbei in die Straße An der Kalkhütte, dann rechts in die Fischergasse zur **Stiftskirche** und der benachbarten **Kirche St. Stephan.** Euer nächstes Ziel ist der **Stadtgarten** am Kleinen See, wo es einen Rollschuhplatz gibt und wo ihr euch Boote ausleihen könnt, ↗ *Bootsvermietung in Lindau.* Der Garten grenzt an den Bahndamm an, den ihr auf der Thierschbrücke zur Stern-

Wollt ihr wissen, was die römischen Ziffern MDCCCLVI auf dem Löwen an der Lindauer Hafeneinfahrt bedeuten? Oder welche Aufgabe der Lindauer Nachtwächter früher hatte? Dann nehmt an einer der offenen Stadtführungen teil!

schanze und Skater-Anlage überschreitet. In der Folge bleibt ihr stets auf dem schönen Fußweg am Bodenseeufer. Am **Pulverturm** erreicht ihr den westlichsten Punkt der Insel mit weitem Blick über den See. Der Pulverturm wurde vor 500 Jahren als Wehrturm erbaut; die Lindauer Bürgerwehr lagerte in ihm ihr Schießpulver.

Mangturm: Habt ihr das tolle Muster auf seinem Dach entdeckt?

© DZT

Vergesst euren Fotoapparat nicht, denn vom See aus zeigt sich die Stadtkulisse von Wasserburg mit dem Schloss, der Georgskirche und dem Malhaus von ihrer schönsten Seite.

Bäume und Wasser am Wegesrand

Wanderung von Lindau nach Wasserburg, 88131 Lindau. **Strecke:** Lindau – Bad Schachen – Wasserburg. **Länge:** 7 km, reine Gehzeit 2,5 Std, ausgeschildert. **Bahn/Bus:** Mit dem Zug bis zur Endstation in ↗ Lindau.

▶ Vom Lindauer **Bahnhof** wandert ihr in der Dammsteggasse unter der Thierschbrücke hindurch zum Eisenbahndamm. Wenn ihr auf dem Fußweg das Festland erreicht, biegt ihr links in den Lotzbeckweg ab und kommt über die Giebelbach- und Schachenerstraße in den wunderschönen *Lindenhofpark* in **Bad Schachen.** Am Ende des Parks könnt ihr die Wanderung bei der *Badestelle Lindenhof* unterbrechen. Dann geht es durch den Schloss-Alwind-Park und auf der Uli-Wieland-Straße geradeaus durch *Reutenen* in Richtung **Wasserburg.** Am Seeufer stoßt ihr auf euer zweites Strandbad entlang der Route, das ↗ *Aquamarin.* Zuletzt wandert ihr am Ufer entlang zur Halbinsel, von wo euch das Schiff wieder zurück nach Lindau bringt. Wenn euch der Zug lieber ist, müsst ihr auf der Halbinselstraße den Bahnhof ansteuern.

EBEN WAR ER NOCH DA: DER HAUBENTAUCHER

▶ Wenn ihr zwischen Lindau und Wasserburg spazieren geht, nehmt ein Fernglas mit! Denn unterwegs könnt ihr jede Menge Wasservögel beobachten. Ein Stammbewohner des Bodensees ist der **Haubentaucher.** Seine schwarze, zweigeteilte Haube ist lustig anzusehen. Der zweite Namensbestandteil kommt daher, dass er sehr gut und weit tauchen kann. Schwups, taucht er unter und kommt ganz woanders wieder an die Wasseroberfläche! Außerdem trägt er eine Art Halskrause und einen rostbraun-schwarzen Backenbart. Im Winter ist der schöne Kopfschmuck allerdings auf einmal wie weggezaubert. Ein weiteres Merkmal des Vogels sind seine braune Ober- und reine, weiße Unterseite. Männchen und Weibchen sehen sich so ähnlich, dass sie für uns Laien kaum auseinander zu halten sind. Dafür könnt ihr ihn lauthals *köcköck* oder *orr* rufen hören. Besonders laut werden die Rufe zur Balzzeit im Frühjahr. Die Brutzeit dauert rund vier Wochen, Männchen und Weibchen wechseln sich mit dem Brüten auf dem schwimmenden Nest ab. Allerdings ist der Bruterfolg oft durch unser Freizeitverhalten gestört, weshalb der Haubentaucher besonderen Schutzes bedarf. Im Durchschnitt bringt jede Haubentaucher-Mutter vier Küken auf die Welt. Der schwarz-weiß gestreifte Nachwuchs bleibt zehn bis elf Wochen bei den Eltern, dann macht er sich selbstständig. Die Jungvögel können dann bereits ausdauernd tauchen und machen sich auf die Jagd nach kleineren Fischen, Krebsen und Fröschen. Bald wird auch ihr lautes Balzgeschrei an den Uferböschungen des Bodensees erschallen.

Klettern

Von Baum zu Baum im Abenteuerpark

Abenteuerpark Kressbronn, Im Eichert 6, 88079 Kressbronn. ℂ 07543/96695-73, www.abenteuer-park.com. **Lage:** Gegenüber vom Strandbad. **Bahn/Bus:** Vom Bhf ↗ Kressbronn Fußweg am Nonnenbach zum Park. **Auto:** Vom Zentrum über See- und Bodanstraße, Navi: Bodanstraße, Parken beim Strandbad (gebührenpflichtig). **Rad:** Bodensee-Radweg. **Zeiten:** 24. März – 6. Nov Sa, So, Fei, Brückentage, Ferien

BaWü täglich 10 – 19 Uhr, Juni – Anfang Juli auch Di – Fr 12.30 – 19 Uhr. **Preise:** 3 Std 22 €; Kinder 5 – 15 Jahre 3 Std 16 €, Jugendliche ab 16 Jahre, Studenten, Azubis 19 €, Kidsparcours 3 – 7 Jahre 10 € (ab Pfingsten 2016); bei 10 zahlenden Erw in Gruppe für 1 Person Eintritt frei, verschiedene Familienkarten und Ermäßigungen für Schulklassen.

▶ Im Abenteuerpark gibt es sieben Parcours. In 4 – 8 m Höhe schwingt ihr euch durch den Wald. Immer gilt: Kinder unter 10 Jahren dürfen nur in Begleitung eines Erwachsenen klettern (maximal 3 Kinder pro 1 Erw). Die verschiedenen Routen haben lustige Namen wie *Mini-Indy* oder *Königreich der Toilettenschüssel*. Auf dem Parcours *Tempel der Dschungelrutschen* kommen besonders die Seilrutschen-Freunde unter euch auf ihre Kosten. Ab Pfingsten 2016 können sich Kinder ab 3 Jahre auf einem eigenen Parcours im Klettern versuchen. Während ihr *wilden* Tieren begegnet und überraschenden Klängen lauscht, begleiten eure Eltern euch vom Boden aus.

Natur erleben in luftiger Höhe: Skywalk Allgäu

skywalkallgäu Naturerlebnispark, gemeinnützige GmbH, Oberschwenden 25, 88175 Scheidegg-Oberschwenden. ✆ 08381/896-1800, www.skywalk-allgaeu.de. **Bahn/Bus:** Von Lindau Stadtbus 3 bis Butterhügel, dann Landbus 12 bis Möggers, 20 Min Fußweg. **Auto:** A96 Ausfahrt Sigmarszell/Scheidegg, im Kreisverkehr in Scheidegg 1. Ausfahrt, dann ausgeschildert. Vom Parkplatz 10 Min Fußweg bergauf. **Zeiten:** April – Okt 10 – 18 Uhr, letzter Einlass 17 Uhr, Nov – März Mo, Do – So 11 – 17 Uhr, Betriebsferien und Öffnungszeiten bei schlechter Witterung ↗ Internetseite. **Preise:** April – Anfang Nov 9,20 €, Anfang Nov – März 7,20 €; Kinder ab 1 m Körpergröße bis 17 Jahre 7,20 bzw. 5 €; Rentner ab 67 Jahre 7,20 bzw. 6,20 €, nur April – Anfang Nov: Gruppen ab 15 Pers 8,20 € pro Person, Familie 1 Erw, eigene Kinder 22,50 €, 2 Erw, eigene Kinder

Denkt an festes Schuhwerk und warme Kleidung, denn zwischen den Baumwipfeln ist es oft windig.

32 €, mit Bodensee-
Erlebniskarte frei.

▶ Über einen Pfad mit
Treppen und Podesten
gelangt ihr auf den
Baumwipfelpfad. Oben
angekommen, lauft ihr
auf einer Strecke von
540 m und in einer Hö-
he von 15 – 30 m zwi-
schen den Baumwip-
feln hindurch. Das ist
manchmal eine wacke-
lige Angelegenheit, denn der Weg führt über Hängebrücken. Von hier oben habt ihr einen tollen Ausblick
auf den Bodensee und die Alpen. Wer schlecht zu
Fuß ist oder einen Kinderwagen dabei hat, kann den
Baumwipfelpfad auch mit dem Aufzug erreichen.

Weitblick vom Baumwip-
felpfad: Aus bis zu 30 m
Höhe schaut ihr auf See
und Berge
© skywalk allgäu gGmbH

Nach dem Spaziergang in luftiger Höhe wartet noch
mehr Naturerlebnis auf euch. Auf zwei **Naturerlebnis-
pfaden** gibt es allerlei zu entdecken. Ihr könnt euch
im Waldtierweitsprung messen, auf dem Schaukel-
brett die Balance halten und euch im Tannenzapfen-
Werfen versuchen. Außerdem gibt es einen **Barfußpfad** und einen tollen **Abenteuerspielplatz,** auf dem
ihr toben könnt.

Natur verstehen und erkunden

**UMWELT ER-
FORSCHEN**

Das Maislabyrinth: Jedes Jahr neu
Maislabyrinth Nitzenweiler, Arthur Späth, Nitzenweiler
4, 88079 Kressbronn. ℗ 07543/8865, www.mais-
abenteuer.de. **Bahn/Bus:** ↗ Kressbronn. **Auto:** Berger
Straße nach Berg, zum Berger Weiher nach Nitzenweiler, Wegweiser beachten. **Zeiten:** Mitte Juli – Mai-
sernte Mitte Sep 11 – 19 Uhr, letzter Einlass 18 Uhr.
Preise: 4 €; Kinder 3 – 17 Jahre 3 €; Familie mit 1 Erw
9, mit 2 Erw 12 €.

Happy Birthday!
Geburtstagskinder irren
gratis!

Bei Sonderveranstaltungen wie Mondscheinirren (bei Neu- und Vollmond) oder der Gruselnacht im Sep verlängern sich die Öffnungszeiten um bis Mitternacht; die Termine (Sa) werden jede Saison im Internet bekannt gegeben.

▶ Im Maislabyrinth lauft ihr durch einen Irrgarten aus 3 m hohen Maispflanzen. Unterwegs könnt ihr an 4 Stationen Stempel auf eure Eintrittskarte drucken. Habt ihr alle gesammelt und wieder hinaus gefunden, bekommt ihr am Kiosk eine kleine Belohnung. Habt ihr den richtigen Weg noch nicht gefunden? Dann lauft zurück und besteigt den Aussichtsturm. Von hier könnt ihr das ganze Labyrinth überblicken. Wenn ihr genug vom Herumirren habt, könnt ihr euch auf der Spielwiese mit allerlei Geräten noch richtig austoben. Anschließend habt ihr sicher Hunger und Durst.

Am Kiosk bekommt ihr Eis und Getränke oder ihr lasst euch ein mitgebrachtes Würstchen an einer der Grillstellen schmecken (das Holz kann vor Ort gekauft werden). Wenn sich alle Kinder zum Mondscheinirren versammeln, müsst ihr auch nachts hellwach sein – den Termin dafür solltet ihr auf jeden Fall erfragen.

Im Bann der Reb- und Obstkultur: Bauernpfad

88079 Kressbronn-Berg. **Länge:** 2,2 km, Rundweg von 1 Std. **Bahn/Bus:** ↗ Kressbronn. **Auto:** Über Kirchstraße, Berger Straße und Weinbichl zum Parkplatz.

▶ Die Bodenseelandschaft ist im Wesentlichen durch das fleißige Schaffen der Bauern entstanden. Zwischen Weihern, Mooren und Wäldern kümmerten sie sich im Laufe der Jahre neben der üblichen Feld- und Viehwirtschaft vermehrt um Obst- und Weinkultur. Immer mehr Obstbetriebe siedelten sich an. Die Bebauung ist sehr intensiv, auf einem Hektar fallen im Schnitt rund 3000 Obstbäume an. Im Frühjahr verwandeln sich die Bäume in eine zauberhafte Blütenwelt. Durch die gleichmäßige Verteilung der Baumreihen ist die Ernte des wohlschmeckenden Obstes einfacher als früher, als man es an Hochstämmen reifen ließ. Stolz sind die Einheimischen auch auf ihren Wein. Gern rühmen sie sich damit, dass sie den

Hunger & Durst

Max und Moritz, Weinbichl 6, Kressbronn-Berg. ✆ 07543/6508. www.maxmoritz-bier.de. Mitte Feb – Okt täglich ab 11 Uhr, Nov – Mitte Jan Mo – Fr ab 17 Uhr, Sa, So ab 11 Uhr. Gutbürgerliche Küche, Gartenlokal mit schöner Aussicht direkt am Lehrpfad.

einzigen Seewein Württembergs erzeugen. Doch der **Bauernpfad** weiß euch mit Informationstafeln noch viel mehr Interessantes zu erzählen. Er führt als Panoramaweg von Berg über die sogenannte *Straußenhalde*. In **Atlashofen** erreicht ihr den höchsten Punkt der gesamten Gemeinde Kressbronn.

Turm & Schloss

140 Stufen zur fantastischen Aussicht

Leuchtturm Lindau, Hafeneinfahrt, 88131 Lindau. www.lindau-tourismus.de. **Bahn/Bus:** ↗ Lindau. **Zeiten:** ab 9.30 Uhr bis Sonnenuntergang. **Preise:** 1,80 €; Kinder 3 – 15 Jahre 0,70 €.

▶ Den schönsten Ausblick auf Lindau und den Bodensee genießt ihr von der Plattform des Leuchtturms, der zusammen mit dem gegenüberliegenden **Steinlöwen** die berühmte Hafeneinfahrt von Lindau begrenzt. Der über 150 Jahre alte Turm ist 33 m hoch und wird – genau nachzählen – auf 140 Holzstufen erklommen. Damit sich die Erwachsenen nicht den Kopf stoßen, warnt eine Tafel mit den Worten »Trag den Kopf nicht allzu stolz, hier ist nochmals alles Holz«. In den Zwischenetagen sind Abbildungen von alten Schiffen zu sehen, darunter ein Trajektkahn, ein Güterschlepper und ein Dampfboot. Außerdem erfahrt ihr Hintergründiges zum Thema Wetter und Sicht, also wie z.B. eine Sturmwarnung abläuft oder wie sich der Leuchtturmwärter bei dichtem Nebel verhält. Dazu gibt es allgemeine Informatio-

*Passt gut auf, dann seht ihr vielleicht, wie sich der **Löwe** bewegt. Er soll nämlich von Zeit zu Zeit aufstehen, um seine Glieder zu strecken.*

Wacht vor der Hafeneinfahrt Lindaus: Steinlöwe

© Lindau Tourismus und Kongress GmbH, Foto: Achim Mende

nen zum Bodensee und seinen Bewohnern, zu denen neben Fischen und Vögeln auch Muscheln und Schnecken gehören. Grandios ist der Ausblick von der Plattform: Wartet unbedingt, bis ein Passagierschiff direkt unter euren Köpfen die Hafeneinfahrt passiert. An schönen Sommertagen dürft ihr so lange auf dem Turm bleiben, bis die Sonne untergeht. Wenn es dann dunkel ist, sendet der grelle Scheinwerfer des Leuchtturms alle drei Sekunden Blinkzeichen in Richtung See; diese Signale kann man übrigens bis Konstanz sehen.

Viel Prunk für den Deutschen Ritterorden ◎

Schloss Achberg, 88147 Achberg. ✆ 0751/859510, www.schloss-achberg.de. **Auto:** Von Lindau über Weißensberg auf die B18, links ab nach Achberg und zum ausgeschilderten Schloss. **Zeiten:** Mitte April – Mitte Okt Fr 14 – 18 und Sa, So und Fei 10 – 18 Uhr, Führung Schloss 1. Sa im Monat 14.30 Uhr, Führung Ausstellung So und Fei 14.30 Uhr. **Preise:** 6 € für Schloss und Ausstellung, Führungen 2 € extra; Schüler und Studenten 5 €; Schwerbehinderte, Rentner, Gruppen ab 10 Pers 5 € pro Person, Familienkarte (2 Erw, deren Kinder) 12 €, mit der Bodensee-Erlebniskarte freier Eintritt.

▶ Schlossherren wussten schon immer, wo Aussicht und Landschaft am schönsten sind – da macht auch *Franz Benedikt Freiherr von Baden* keine Ausnahme. Als der **Deutsche Orden** 1691 die Herrschaft Achberg erwarb, kaufte er das im 16. Jahrhundert erbaute Schloss, das erhaben über der Argenschlucht thront Heute ist die Schlucht unterhalb des Schlosses dicht bewaldet und über die *Argen* spannt sich eine 48 m lange Hängebrücke, der sogenannte *Flunauer Steg.*

Der prunkvollste Raum im Schloss Achberg ist der eindrucksvolle **Rittersaal,** den der Deutsche Orden einst als Festsaal nutzte und entsprechend ausstat-

---

Hunger & Durst
Bistro der Allgäuer Landfrauen, Achberg. ✆ 0751/859510. Sa, So und Fei und nach Vereinbarung. Regionale Spezialitäten, hausgemachte Kuchen.

🦉 *Der* **Deutsche Orden** *oder Kreuzritterorden wurde 1190 zur Zeit der Kreuzzüge in Jerusalem gegründet. Anfangs kümmerten sich die Ordensbrüder um verletzte und kranke Pilger und Kreuzritter, später entstand daraus ein bewaffneter Ritterorden, der sogar nach einem eigenen Ordensstaat trachtete. Im 15. Jahrhundert verloren die Kreuzritter ihre Macht. Heute widmet sich der Deutsche Orden der Seelsorge und ist Träger karitativer Einrichtungen.*

ten ließ. Die Stuckdecken sind ein typisches Merkmal für barocke Kunst. Wenn ihr schon einmal Kirchen im Allgäu besucht habt, wird euch dieser detailverliebte Stil bekannt vorkommen. Am Ende des Schlossbesuchs könnt ihr im **Bistro** der Allgäuer Landfrauen typisches Essen aus dem Allgäu probieren.

© Schloss Achberg

Wer malte diese Lokomotive? Bei der Kinderkunstführung erfahrt ihr es!

Museen

Uromas Zeiten erleben

Schwäbisches Bauernhofmuseum Illerbeuren, Museumstraße 8, 87758 Kronburg-Illerbeuren. © 08394/92601-19 (Kasse), 1455. www.bauernhofmuseum.de. **Lage:** 12 km südwestlich von Memmingen. **Bahn/Bus:** Bus vom Bhf Memmingen bis Illerbeuren nahe Museumstraße. **Auto:** A96 Ausfahrt 10 Aichstetten oder 11 Aitrach, jeweils etwa 6 km; von der A7 Ausfahrt 129 Memmingen-Süd oder 130 Woringen, jeweils etwa 8 km. Von Lindau etwa 25 km. **Zeiten:** März und Mitte Okt – Nov Di – So und Fei 10 – 16 Uhr, April – Mitte Okt 9 – 18 Uhr, wenn Mo Fei, dann geöffnet. Kinderferienprogramm Oster-, Pfingst-, Sommer- und Herbstferien Mi und Fr 12 – 16 Uhr (ohne Anmeldung). **Preise:** 6 €; Kinder 6 – 17 Jahre 1 €. Offene Kinderführung kostenfrei, Kinderferienprogramm 3 € zzgl. Eintritt, Museumstage Kindergartengruppen 2 Std 75 €, Schulklassen 2,5 Std 75 € für max. 25 Pers, weitere Person 3 €, 3 Std 100 €, weitere Person 4 €; Familie (Eltern, eigene Kinder) 7,50 €, Jahreskarte Erw 12 €, Jahreskarte Familie 22,50 €.

Happy Birthday!
Ihr könnt im Museum auch euren Geburtstag feiern. Verschiedene Themen wie Buttern, alte Kinderspiele oder Kräuterküche, 1,5 Std, 80 € pro Gruppe.

Mit Bütt und Waschbrett: Was heute die Maschine erledigt, war früher echte Handarbeit
© Schwäbisches Bauernhofmuseum Illerbeuren, Foto: Tanja Kutter

Hunger & Durst

Gromerhof, Museumstraße 4, Kronburg-Illerbeuren. ✆ 08394/594. www.gromerhof.de. Di – So 10 – 24, warme Küche bis 21.30 Uhr. Saisonale Küche wie Spargel, Wildgerichte, hausgemachte Kuchen, Kindergerichte.

Vor 50 oder 100 Jahren haben Mädchen und Buben noch mit ganz anderen Sachen gespielt als ihr heute. Auch die Häuser, in denen sie lebten, sahen anders aus. Schaut euch mal in den Buben- und *Fehla*-Kammern der alten Bauernhäuser um und vergleicht sie mit euren eigenen Schlafzimmern. Es gibt viel zu entdecken, zum Beispiel ein altes Plumpsklo. Am besten nehmt ihr an einer der regelmäßig stattfindenden **Kinderführungen** teil, da wird euch alles anschaulich erklärt. In den Ferien könnt ihr bei **Mitmachaktionen** hautnah erfahren, wie Kinder früher gelebt haben. Da wird gebacken, gebuttert, Feuer gemacht oder einfach nur gespielt, ↗ Internetseite. Für Kindergarten-, Schüler- und Freizeitgruppen können ebenfalls verschiedene Programme gebucht werden, Themen sind zum Beispiel: *Alte Kinderspiele, Alles Käse? Milchwirtschaft im Allgäu* oder *Tägliches Essen im 19. Jahrhundert*. Wer nach einem Tag im Museum Hunger bekommen hat, kann sich in der Museumsgaststätte ↗ **Gromerhof** oder in der abenteuerlich schiefen **Torfwirtschaft** (kleine Gerichte, Zeiten wie Museum, ✆ 0174/969-2873) stärken. Im Museumsladen bekommt ihr Bücher und Souvenirs.

Kunst am Schiff ◉

Schiffsmuseum, Seestraße 20, 88079 Kressbronn. ✆ 07543/547460, www.historische-schiffsmodelle.com. **Lage:** Im Schlössle. **Bahn/Bus:** ↗ Kressbronn, vom Zentrum auf halber Strecke zum See. **Zeiten:** 1. So vor Ostern – Okt Di – So 10 – 12 und 15 – 18 Uhr; Nov – März jeden 2. So 15 – 18 Uhr. **Preise:** 3 €;

Kinder ab 12 Jahre 2 €; Familienkarte 6 €, mit Bodensee-Erlebniskarte freier Eintritt. **Infos:** Führungen mit Herrn Trtanj jeden Sa und nach Vereinbarung.

▶ Der Kressbronner Künstler *Ivan Trtanj* arbeitet nicht nur als Schiffsschmied in der Bodan-Werft, sondern ist nebenbei auch noch leidenschaftlicher Schiffsmodellbauer. Für seine mit viel Liebe zum Detail zusammengetüftelten 15 Schiffsmodelle hat er 35 Jahre gebraucht. Alle diese Schiffe hat es tatsächlich gegeben, die Modelle wurden nach Originalplänen aus europäischen Museen und Archiven gebaut. Entscheidet selbst, ob euch der Dreimastsegler *Schebecke,* das Lastschiff *Segner* aus dem Mittelmeer oder die englische Fregatte *Bounty* am besten gefällt. Das legendäre Schiff könnte euch aus dem berühmten Film *Meuterei auf der Bounty* bekannt sein. Lasst euch die Geschichte von diesem Südseeabenteuer erzählen oder lest sie selbst! Auch Prunkschiffe der europäischen Königshäuser gehören zu dieser sehenswerten Sammlung. Am Ende könnt ihr euch vorstellen, wie die Schiffsbesatzungen früher an Deck gelebt haben.

Spieluhren und Musikinstrumente ◉
Stadtmuseum, Marktplatz 6, 88131 Lindau. ✆ 08382/944073, 27756514 (Kulturamt). www.kultur-lindau.de. **Lage:** Im Haus zum Cavazzen. **Bahn/Bus:** Vom Bhf ↗ Lindau über Fußgängerzone Maximilianstraße und Cramergasse. **Auto:** Großer Parkplatz zwischen Stadtgarten und Inselhalle. **Zeiten:** März – Aug täglich 10 – 18 Uhr, Sep – Okt Di – Fr, So 11 – 17, Sa 14 – 17 Uhr. **Preise:** 3 €; Kinder ab 6 Jahre 1,50 €, Workshop 6 € zzgl. Eintritt; Schüler, Studenten, Azubis 1,50 €, Familien (2 Erw, Kinder bis 18 Jahre) 6 €, mit Bodensee-Erlebniskarte frei, Schulklassen frei. **Infos:** Bei Sonderausstellungen evtl. abweichende Zeiten und Preise. Führung **Musikinstrumentensammlung** April – Okt Sa, So 14.15 und 15 Uhr, Erw 2 €, Kinder 1,50 €, Familie 4 €, zzgl. Eintritt, mit Bodensee-Erlebniskarte frei.

Wenn das Museum außerhalb der Saison geschlossen ist, sperrt euch Ivans Frau nach telefonischer Anfrage die Museumstür auf, ✆ 07543/6830. Sprecht euch in kleinen Gruppen ab.

Zwischen dem Eingang zum Stadtmuseum und dem Neptunbrunnen in der Mitte des Marktplatzes seht ihr einen gepflasterten Kreis. Er markiert die Stelle, an der 1395 der aufständische Bürgermeister **Heinrich Rienolt** *enthauptet und danach in den Galgenbrunnen geworfen wurde.*

Schneiden, kleben, malen: Im Stadtmuseum werdet ihr selbst zum Künstler
© Stadtmuseum Lindau

▶ Das Stadtmuseum ist in einem der schönsten Häuser des Bodensees untergebracht, im **Haus zum Cavazzen**. Früher lebte dort eine reiche Händlerfamilie. Heute könnt ihr verschiedene Ausstellungsobjekte aus Lindaus Vergangenheit, zum Beispiel Möbel, Bilder und Waffen, bestaunen. Spätestens beim Besuch der Sammlung alter mechanischer Musikinstrumente und Spieluhren werdet ihr hellwach sein. Denn diese sind nicht nur sehens-, sondern vor allem auch hörenswert. Lasst euch von den Tönen der Drehorgeln, tanzenden Puppen, Musikschränken mit Glöckchen, Triangeln, Trommeln und selbst spielenden Klavieren überraschen. Diesen Teil der Sammlung könnt ihr jedoch nur im Rahmen einer Führung besuchen. Bestimmt dürft ihr dann mal selbst Münzen in die Musikautomaten einwerfen oder eine Kurbel drehen und die Instrumente zum Klingen bringen.

Von Frühjahr bis Sommer zeigt das Museum **Sonderausstellungen** mit Werken weltbekannter Künstler. Dann könnt ihr bei einer Kinderführung oder einem Workshop *Pablo Picasso* oder *Marc Chagall* und ihre Kunst näher kennen lernen.

Hexenfolter in Wasserburg

Museum im Malhaus, Halbinselstraße 77, 88142 Wasserburg. ℂ 08382/750457, www.museum-im-malhaus.de. **Bahn/Bus:** ↗ Wasserburg, vom Lindenplatz rechts in Halbinselstraße. **Auto:** ↗ Wasserburg, Parkplatz einige hundert Meter vor dem Museum. **Zeiten:** Mitte April – Okt Di – So 10.30 – 12.30, Mi, Sa, So 14.30 – 17 Uhr, Führungen nach Vereinbarung. **Preise:**

*Die **Fugger** waren seit dem 14. Jahrhundert ein einflussreiches Geschlecht, das von Augsburg aus Welthandel betrieb.*

2 €; Kinder ab 14 Jahre 0,50 €; 1 € Eintritt mit Gäste-karte.

▶ Das Malhaus hat eine ziemlich gruselige Vergangenheit: Es wurde nämlich im 17. Jahrhundert mit fünf Gefängniszellen im Erdgeschoss und einem Gerichtssaal im Obergeschoss erbaut. Dort entschied das Hohe Gericht die sogenannten Wasserburger Hexenprozesse, denen das **Fuggerhaus** seine schaurige Berühmtheit verdankt. Nach der Verhaftung wurden die Gefangenen verhört, gefoltert, verurteilt und nach durchlittenen Höllenqualen meistens auf dem Scheiterhaufen verbrannt. Vielleicht traute man sich deshalb erst im Jahr 1979, dieses zwielichtige Haus mit einem Museum und jährlich wechselnden Sonderausstellungen der Öffentlichkeit zugänglich zu machen. Die Ausstellungen haben interessante Titel wie *Hexenzellen im Malhaus, Urgroßmutters Wäsche* oder *Vom Waschbrett zum Seidenkleid.* Ihr lernt bei eurem Rundgang auch den bekannten Schriftsteller **Martin Walser** kennen, der seine Kindheit und Jugend in Wasserburg verbrachte. In der Fischerstube im Erdgeschoss erfahrt ihr einiges über die Fischer, Fische und Vögel am Bodensee.

Martin Walser wollte es nie allen recht machen, war manchmal unbequem und daher in gewissen Kreisen nicht besonders beliebt. Aus diesem Grund verwehrte ihm die Gemeinde über viele Jahre die Ehrenbürgerschaft. Walser sagte dazu: »Lorbeer in der Suppe ist mir lieber als Lorbeer auf dem Haupt«.

Hüte machen Leute ◎

Deutsches Hutmuseum Lindenberg, Museumsplatz 1, 88161 Lindenberg. ✆ 08381/9284320, 80329. www.deutsches-hutmuseum.de. **Lage:** Im Westallgäu gut 20 km nordöstlich von Lindau. **Bahn/Bus:** RBA-Bus 793 ab Busbhf ↗ Lindau. **Auto:** B308 Richtung Immenstadt bis Lindenberg. **Zeiten:** Di – So 9.30 – 17 Uhr, geschlossen an Neujahr, Faschingsdienstag, 1. Mai, 24., 25. und 31. Dez. **Preise:** 6 €, Führung 70 Min max. 20 Pers 45 € zzgl. ermäßigter Eintritt; Kinder 6 – 14 Jahre 2 €; Schüler, Studenten, Rentner, Arbeitslose, Behinderte 4,50 €, Familienkarte 1 Erw und dessen Kinder 7 €, Eltern/Großeltern und deren Kinder/Enkel 13 €, mit Bodensee-Erlebniskarte freier Eintritt. **Infos:** Im Foyer befindet sich Lindenbergs Tourist-Information, im Dach-

Hunger & Durst

Gasthaus zum Löwen, Marktstraße 8, Lindenberg im Allgäu. ✆ 08381/9282955. www.loewen-lindenberg.de. Di – So 11– 15 und 17.30 – 23 Uhr. Stattliches, typisch bayerisches Wirtshaus mit Biergarten und eigener Biermarke, das Meckatzer Weiß-Gold, Kässpatzen, Brotzeiten und Kindergerichten.

geschoss der Kulturboden für Veranstaltungen und im Kesselhaus ein Bistro.

▶ Das Deutsche Hutmuseum lädt euch zu einem spannenden Ausflug in die Welt der Hüte ein. Das Museum befindet sich in der ehemaligen Hutfabrik *Ottmar Reich,* die bis zu ihrer Schließung 1997 lange Zeit die größte Hutfabrik in Deutschland war. Früher war der Hut für Männer und Frauen ein wichtiges Kleidungsstück. In Lindenberg wurden Millionen von Hüten aus Stroh und Filz hergestellt, die Hutproduktion hat die Stadt sehr reich gemacht. Über 30 Fabriken gab es hier, in denen viele tausend Menschen arbeiteten. Auch Kinder arbeiteten mit, sie mussten Stroh flechten oder waren Laufburschen. Später arbeiteten viele der Jungs an den großen Hutpressen. Im Museum könnt ihr ausprobieren, ob ihr auch genug Kraft habt, die schwere Presse zu betätigen. Es gibt aber noch mehr zu entdecken. An der Fühlstation könnt ihr die verschiedenen Materialien ertasten, aus denen ein Hut gemacht sein kann. Kennt ihr sie? Ob ihr als Strohhutnäher geeignet wäret, findet ihr beim Bortenflechten heraus oder ihr entwerft als **Modist** euren eigenen Hut. Welcher Hut auf welchen Kopf passt, probiert ihr dann am besten gleich im Hutsalon aus. Das Museum bietet auch Workshops sowie Führungen für Kindergärten, Schulen und Erwachsene an.

Gratulation: Im Dezember 2015 erhielt das Museum den Bayerischen Museumspreis!

*Als **Modist** oder Putzmacherin stellt man Kopfbedeckungen her. Meistens erlernen Frauen diesen kreativen Beruf.*

Hüte in allen Farben und Formen: Ob sie euch auch stehen?

Theater, Kinderprogramm & Feste

Kindertheater und Marionettenoper

Kulturamt der Stadt Lindau, Linggstraße 3, 88131 Lindau. ✆ 08382/27756510, 08382-944650 (Theaterkasse). www.kultur-lindau.de. **Bahn/Bus:** ↗ Lindau. **Zeiten:** Theaterkasse Mo – Do 10 – 13.30, 15 – 17.15, Fr, Sa 10 – 13.30 Uhr. **Preise:** (Kinder)theater je nach Kategorie 9 – 25 €, Marionettenoper Kategorie 1 21 €, Kategorie 2 29 €, Kindersommertheater Erw und Kinder 4 – 16 € pro Person; Kindertheater je nach Kategorie 3 – 9 €, Marionettenoper Kinder bis 12 Jahre beide Kategorien 15 €. **Infos:** www.marionettenoper.de, www.zeughaus-lindau.de.

▶ In Lindau bietet euch das **Stadttheater** Okt – Mai ein spannendes und abwechslungsreiches *Kinder- und Jugendprogramm.* Für alle Altersgruppen ist etwas dabei. In der Saison 2014/15 werden zum Beispiel *Der Zauberer von Oz, Robin Hood* oder für die Kleinsten ab 2 Jahre *Rawums* aufgeführt. Die **Marionettenoper** hat ganz neu *Der Riese Tunichtgut* als Kinderstück im Programm. Im Gegensatz zu den Opern wird hier die Geschichte durch gesprochenen Text vermittelt. Im Sommer findet außerdem im **Zeughaus** das *Kindersommertheater* statt. Kartenvorverkauf jeweils an der Kasse des Stadttheaters (theaterkasse@kultur-lindau.de).

Kinderprogramm der Tourist-Information Kressbronn

Im Bahnhof, 88079 Kressbronn. ✆ 07543/96650, www.kressbronn.de. **Bahn/Bus:** ↗ Kressbronn. **Zeiten:** Mai – Okt. **Preise:** je nach Angebot und Altersbegrenzung zwischen 2,50 € und 20 €. **Infos:** Die Termine findet ihr im Veranstaltungskalender, den ihr bei der Tourist-Information erhaltet.

▶ Kressbronn wird immer wieder für seine Familienfreundlichkeit ausgezeichnet. Grund genug, dem guten Ruf mit einem abwechslungsreichen Kinder- und

Hunger & Durst

Landgasthof Dorfkrug, Tunau 4, Kressbronn. ✆ 07543/9800. www.dorfkrug.de. Täglich geöffnet. Ruhig gelegener Biergarten mit Restaurant und Spielplatz am Bodensee-Radweg.

Familienprogramm gerecht zu werden. Geboten wird jede Menge: geführte Wanderungen für die ganze Familie, Pony-Erlebnistag, Besuch bei der Feuerwehr, Kinder-Theater mit diversen Puppenbühnen, Märchenstunde und vieles mehr. Im Sommer ist fast täglich etwas los. Verlassen könnt ihr euch in den Ferien auf den Mittwoch – dann ist nämlich Kindertag, ab 14.30 Uhr gibt es Kinderprogramm mit Betreuung, ab 17 Uhr Kindertheater in der Lände.

FESTKALENDER KRESSBRONN – LINDAU

April: Sa, Mitte/Ende April: Lindau: **Flottensternfahrt** der BSB zum Saisonauftakt.

Juni: Sa, So Ende Juni: **Mittelalter-Markt,** Zeitreise ins Mittelalter auf der historischen Halbinsel, Wasserburg.

Juli: 1. und 2.: **Komm & See,** Tag der offenen Weingüter am Bayerischen Bodensee mit Einkehr und Besichtigung, Musik, Kunst, Kultur.
Ende Juli, Sa und So: **Uferfest,** vom Musikverein Wasserburg, mit Kinderprogramm.
Ende Juli, Kressbronn, Familienfest **Platsch** im Strandbad.
Ende Juli, Lindau: **Kinderfest,** traditionelles Heimatfest am letzten Mi vor Beginn der Sommerferien (2016: 27. Juli), mit Umzug der Schulkinder und Musikkapellen.

August: **Kinderfest** im Bauernhofmuseum Illerbeuren mit vielen Spielen und Aktionen, Kindertheater und Märchenerzählerin.

BREGENZ & OSTUFER

Zwar bekommt das österreichische Bundesland Vorarlberg im Vergleich zu den Nachbarländern Deutschland und Schweiz nicht allzu viel vom Bodenseeufer ab, doch sind die Sport- und Freizeitmöglichkeiten in der Tourismusregion Bodensee-Alpenrhein nicht weniger vielfältig.

Hauptattraktion ist das *Naturschutzgebiet Rheindelta* mit zahlreichen Vogelarten, das sich am besten mit dem Fahrrad erkunden lässt. Bregenz liegt am Fuß des Pfänders, auf dem ihr zahlreichen Wildtieren begegnet und ausgiebig wandern könnt. Weiter südlich breitet sich das Rheintal mit interessanten Städten wie Dornbirn und Feldkirch aus.

Frei- & Hallenbäder

Badespaß für die ganze Familie

Waldbad Enz, 6850 Dornbirn. ℂ 0043/5572/20850, www.waldbadenz.at. **Bahn/Bus:** Ab Hbf Dornbirn Stadtbus 5 bis Waldbad Enz. **Auto:** L190 Richtung Gütle. **Zeiten:** Mai – Sep 8.30 – 19.45 Uhr, bei schlechtem Wetter 8.30 – 11 Uhr. **Preise:** 3,90 €, ab 17 Uhr 2,30 €, 11er-Karte 39, Saisonkarte 54 €; Kinder 7 – 16 Jahre 1,90 €, 11er-Karte 19, Saisonkarte 27 €, 17 – 19 Jahre 3,30, 11er-Karte 33, Saisonkarte 45 €; Familienkarte 1 Erw, 1 Kind 5 €, 2 Erw, 1 Kind 8,10 €, 1 Erw, 2 Kinder oder mehr 5,40 €, 2 Erw, 2 oder mehr Kinder 8,40 €.

▶ Waldbad – das klingt so erfrischend wie es ist. Während sich an heißen Sommertagen die Hitze in der Rheinebene so richtig staut, ist es im bewaldeten Tal der Dornbirner Ache immer ein wenig frischer. Es gibt ein 26 Grad warmes Kinderbecken und ein 24 Grad warmes Sportbecken, außerdem Beachvolleyballplätze, Tischtennisplatten und eine Rutschbahn.

WASSER, WALD UND HOHE BERGE

TIPPS FÜR WASSER-RATTEN

BREGENZ & OSTUFER

Aufgepasst und mitgemacht: In der inatura-Ausstellung könnt ihr Mechanik selbst ausprobieren
© inatura, Erlebnis Naturschau GmbH

Erlebnis Waldbad Feldkirch

Stadionstraße 7, 6800 Feldkirch-Gisingen.
✆ 0043/5522/760013181 (Kasse),
www.feldkirch.at. **Bahn/Bus:** ↗ Feldkirch.
Bus 1, 2, 6, 8 bis Milchhof bzw. Bifangstraße.
Rad: Auf dem Radwanderweg Rheintal in den
Park, am Alten Rutenen rechts Richtung
Gisingen und links zum Freibad. **Zeiten:**
Mai – Mitte Sep 9 – 20 Uhr bei entsprechender Witterung, für Kinder ohne Begleitung Badeschluss 18.30 Uhr. **Preise:** 4,40 €;
Kinder – 15 Jahre 2,10 €. **Infos:** Das Bad
hat Juni – Aug auch bei schlechtem Wetter
garantiert 16 – 19 Uhr geöffnet (Schwimm-
dich-fit-Garantie).

▶ Das Bad bietet ein Erlebnisbecken mit
70-m-Rutsche, Wellenrutsche, Strömungskanal, Kletterzirkus, Massagebucht, Schau-
kelgrotte, Blubberbucht und vielen anderen Attraktionen. Mutige Wasserratten können vom 1- und 3-m-
Sprungbrett ins kühle Nass hüpfen. Kleinere Kinder
toben sich im Kinderbereich mit zwei Becken, flachem Strandbereich, Spielfontäne, Sprühigel sowie
langem Spielbach aus. Für Sportliche gibt es Beachvolleyball, Trampolin, Tischtennis und Slackline.

**Wer ist der Erste? Im
Waldbad könnt ihr toben**
© Erlebnis Waldbad Feldkirch

Seehallenbad Bregenz

Strandweg 1, 6900 Bregenz. ✆ 0043/5574/44242-0,
www.stadtwerke-bregenz.at. **Bahn/Bus:** Ab Bhf ↗ Bregenz, Stadtbus 2 bis Stadion/Casino oder zu Fuß vom
Zentrum über die Uferpromenade. **Rad:** Am Bodensee-
Radweg. **Zeiten:** Di – Fr 9 – 21, Sa 9 – 19, So, Fei
(außer Mo) 10 – 19 Uhr, letzter Einlass 1 Std vor Schließung, Mai – Mitte Aug nur bei schlechter Witterung geöffnet, Mitte Aug – Mitte Sep geschlossen. **Preise:**
6,10 €, 10er-Karte 54,90 €, Saisonkarte 134,50 €,
Kombi-Jahreskarte Hallenbad, Strandbad und Mili
188,50 €; Kinder 6 – 15 Jahre 3 €, 10er-Karte 27 €,
Saisonkarte 48 €, Kombikarte 73,50 €, Jugendliche bis

19 Jahre 4,30 €, 10er-Karte 38,70 €, Saisonkarte 69 €, Kombikarte 103,50 €; Senioren ab 60 Jahre 4,80 €, Schulklassen 2,40 € pro Schüler.

▶ Das Seehallenbad Bregenz liegt direkt am Bodenseeufer und sucht von der Großzügigkeit der Anlage her seinesgleichen. Durch die besucherfreundliche Architektur öffnen sich direkt vom Bad weite Blicke in Richtung Bodensee. Außerdem ist der einzigartige Eltern-Kind-Bereich hervorzuheben. Zum Schwimmen stehen zwei Becken zur Verfügung, alternativ macht man es sich in der Sauna bequem.

Strandbäder

Erholungszentrum Rheinauen

Rheinauen 2, 6845 Hohenems. © 0043/5576/ 73571, www.rheinauen.at. **Bahn/Bus:** Ab Bhf Hohenems Landbus 22 halbstündig bis Hohenems Kirchholz. **Auto:** A14 Ausfahrt 23 Hohenems, nach 2. Kreisel rechts der Beschilderung folgen, kostenloses Parken. **Rad:** Am beschilderten Rheintalradweg. **Zeiten:** Mai – Aug bei guter Witterung 9 – 20, Anfang – Mitte Sep bis 19 Uhr. **Preise:** 4,40 €, Kurzbadekarte ab 16 Uhr 3,30 €; Kinder 6 – 15 Jahre 2 €, Kurzbadekarte 2,30 €; Schüler, Studenten 3,30 €.

▶ Das Bad in den Rheinauen ist in allem einfach riesig: 3 Becken, davon ein 50 m langes Sport- und ein Familienbecken mit einer 11 m breiten Wellenrutsche. Zu der Anlage gehört außerdem ein 400 m langer Arm des Alten Rheins mit sehr guter Wasserqualität. Neben 1- und 3-m-Sprungbrett sorgt hier seit 2013 besonders die neue 83-m-Röhrenrutsche mit Lichteffekten für reichlich Wasserspaß. An Land könnt ihr Fußball und Beachvolleyball spielen. Eure Eltern entspannen sich derweil im Ruhebecken. Für Kleinkinder gibt es einen eigenen Bereich mit Wasserfall, Spielbach und Spielplatz. Wer hungrig ist, besucht das SB- oder das Bedienungsrestaurant.

Wenn ihr im Fluss baden und keinen Eintritt zahlen wollt, könnt ihr euch neben dem öffentlichen Bad an den Rheinauen ein schönes Plätzchen aussuchen.

Hunger & Durst

The Riverside – Pool-Restaurant & Bar, Rheinauen 2, Hohenems. © 0043/664/ 5085108. Bodenständige und mediterrane Küche, familienfreundliche Angebote.

Strandbad Bregenz

Strandweg 1, 6900 Bregenz. ℅ 0043/5574/44242-0, www.stadtwerke-bregenz.at. **Lage:** Neben dem Seehallenbad. **Bahn/Bus:** 3 Gehminuten vom Bhf, Stadtbus 2 und 5 bis Stadion. **Rad:** Am Bodensee-Radweg. **Zeiten:** Juni – Mitte Sep bei Schönwetter 9 – 20 Uhr, Mai Di – Sa ist 9 – 11 Uhr das Hallenbad geöffnet und anschließend bei schöner Witterung das Strandbad, So, Fei ist bei Schönwetter das Strandbad, bei Schlechtwetter das Hallenbad ab 10 Uhr geöffnet, Einlass jeweils bis 1 Std vor Badeschluss. **Preise:** 4,90 €, 10er-Karte 44,10 €, Kombi-Jahreskarte Strandbad, Mili, Hallenbad 188,50 €; Kinder 6 – 15 Jahre 2,40 €, 10er-Karte 21,60 €, Kombi-Jahreskarte 73,50 €, Jugendliche 16 – 19 Jahre 3,50 €, 10er-Karte 31,50 €, Kombi-Jahreskarte 103,50 €; Schulklassen 2 € pro Schüler, Senioren ab 60 Jahre 4 €.

Ist der Renner im Strandbad Bregenz: Breitbahnrutsche

© Bregenz Stadtwerke

Das Strandbad hat mit der größten **Seebühne** *der Welt einen prominenten Nachbarn. Während der Festspiele im Aug lohnt sich vom langen Steg ein Blick auf die gewaltige Kulisse.*

▶ Selbst an heißen Sommertagen ist das Strandbad nie überfüllt, da die Liegewiesen unter schattigen Bäumen weiträumig angelegt sind. Wenn im Frühsommer noch nicht viel los ist, teilt man sich die seenahen Wiesen mit wilden Schwänen. Es gibt ein Sportbecken und ein beheiztes Mehrzweck-Nichtschwimmerbecken mit 16-m-Breitbahnrutsche und Kletterwand. Im vorderen Bereich des Mehrzweckbeckens könnt ihr vom 3-m-Turm ins Tauchbecken springen. Auch ein Kinderbecken mit Dino-Rutsche sowie großem Sand- und Spielplatz stehen zur Verfügung. Wer es etwas frischer mag, badet im kühlen Bodensee. Das Seeufer bietet Kies- und Sandstrand, die Kinder lassen sich auf Luftmatratzen durch das Wasser treiben oder spielen zum Ausgleich Tischtennis.

Strandbad Mili

6900 Bregenz. ✆ 0043/5574/442420, www.stadt-werke-bregenz.at. **Bahn/Bus:** Vom Bhf Hafen 5 Gehmin oder Bus 1 bis Michl-Felder-Straße. **Rad:** Bodensee-Radweg. **Zeiten:** Mai, Sep 11 – 18, Juni und Juli – Ferienbeginn 10 – 19, Juli, Aug, Sep während der Ferien 10 – 20 Uhr, jeweils täglich bei schönem Wetter. **Preise:** wie ↗ Strandbad Bregenz.

▶ Ein beliebter Treffpunkt für Jung und Alt ist die legendäre Mili, ein auf Holzpfählen erbautes Traditionsbad des Militärs aus dem Jahr 1825. Über den großen Eingangssteg gelangt ihr in das Bad, das aus zwei Stockwerken besteht. Die verschiedenen Bereiche heißen *Sonnendeck, Afrika* oder Drachenfels. Treppen führen in das Wasser – oder aber auch das Sprungbrett. Im Wasser kann man zwischen den Pfählen unter dem ehemaligen Militärbad hindurchschwimmen. Die Sportlichen spielen Wasserball oder Tischtennis.

Vom Bregenzer Zentrum führt die Uferpromenade in beiden Richtungen stadtauswärts zu zahlreichen schönen, frei zugänglichen Badestellen, die schnell zu Fuß oder mit dem Rad zu erreichen sind.

Strandbad Hard

Harder Sport- und Freizeitanlagen, Erich Lindner, Kohlplatzstraße 15a, 6971 Hard. ✆ 0043/5574/8368220, www.hard-sport-freizeit.at/strandbad. **Lage:** An der Seepromenade. **Bahn/Bus:** Ab Bregenz Bahn oder Bus 15 oder 17 ab Bhf. **Auto:** Von Bregenz über B202 (Rheinstraße) nach Westen. **Rad:** Am Bodensee-Radweg. **Zeiten:** Mai, Mitte Aug – Mitte Sep 10 – 19, Anfang – Mitte Juni 9 – 19, Mitte Juni – Mitte Aug 9 – 20 Uhr. **Preise:** 4,40 €, 12er-Karte 44, Saisonkarte 70 €, Jahreskarte (Strandbad und Eislaufplatz) 99 €; Kinder 6 – 15 Jahre 2,20 €, 12er-Karte 22, Saisonkarte 35, Jahreskarte 53 €, 16 – 18 Jahre 3,30 €, 12er-Karte 33, Saisonkarte 53, Jahreskarte 79 €.

▶ Das Harder Strandbad zählt zu den beliebtesten Erlebnisbädern des Bodensees, weil das großzügige Badeareal vor allem für Familien viel zu bieten hat: Eltern-Kind-Bereich mit Spielplatz, Schwimmbecken mit Rutsche und *Kapitän Einbeins Piratenschiff.* Zu-

Minigolf, Kohlplatzstraße 15, ✆ 0043/5574/83682. www.hard-sport-freizeit.at/strandbad. Bei entsprechender Witterung Juni – Aug täglich 10 – 22 Uhr. Die Anlage mit internationalen Maßen war bereits Austragungsort von zwei Europa- und einer Weltmeisterschaft. 3,10 € pro Runde, Kinder 6 – 15 Jahre 2,20 €, 16 – 18 Jahre 2,40 €.

Am Harder See-park gibt es einen **Skatepark,** dessen Gelände sich den natürlichen Gegebenheiten am Seeufer anpasst. Wenn ihr etwas von Kidney-Shaped-Bowl, Pool, Bank, Ledge oder Rail versteht, seid ihr hier genau richtig.

Hunger & Durst

See-Restaurant, im Fkk-Strandbad, April, Mai und Sep 9 – 19 Uhr, Juni – Aug 8 – 20 Uhr, bei Regen geschlossen. SB-Restaurant mit textilem Bereich auch für Nicht-Badegäste. Gutbürgerliche Küche, Eis, Kuchen.

Ländle Wetter
www.wetterring.at

dem könnt ihr euch auf verschiedenen Sportplätzen austoben. Neben dem Strandbad wartet eine tolle **Minigolfanlage** auf große und kleine Besucher. Schatten findet ihr unter den Parkbäumen.

Fkk im Naturpark

Harder Sport- und Freizeitanlagen, Im Böschen 43, 6971 Hard. ✆ 0043/5574/8368230, www.hard-sport-freizeit.at/strandbad. **Lage:** im Rheindelta. **Bahn/Bus:** Ab Bregenz Bahn oder Bus 15 oder 17 ab Bhf. **Auto:** Von Bregenz über B202 (Rheinstraße) nach Westen. **Rad:** Am Bodensee-Radweg. **Zeiten:** April, Mai und Sep 9 – 19 Uhr, Juni – Aug 8 – 20 Uhr. **Preise:** 4,40 €, 12er-Karte 44, Saisonkarte 82 €; Kinder 6 – 15 Jahre 2,20 €, 12er-Karte 22 €, Saisonkarte 39 €, 16 – 18 Jahre 3,30 €, 12er-Karte 33 €, Saisonkarte 65 €.

▶ Im Naturschutzgebiet Rheindeltal befindet sich zwischen Auwäldern und saftigen Wiesen der Fkk-Strand Hard mit seinen 20000 qm Liegefläche am Bodenseeufer. Hier stehen Ruhe und Erholung an oberster Stelle. Dabei helfen mehrere Bocciabahnen, Tischtennistische, ein Beachvolleyballplatz, Grillplätze, ein Spielplatz für die Kleinen, ein gemütliches Restaurant und viel, viel Platz inmitten der Natur, unter freiem Himmel.

Unterwegs mit Boot & Schaufelraddampfer

Eine Bootsfahrt, die ist lustig …

Bootsvermietung Feuerstein Bregenz, Hardy Feuerstein, 6900 Bregenz. ✆ 0043/5574/677677. Handy 0650/6540012. www.bootvermietung.at. **Bahn/Bus:** ↗ Bregenz, Seepromenade am Gondelhafen. **Rad:** Bodensee-Radweg. **Preise:** Elektroboot max. 6 Pers 1 Std 25 € Std, 30 Min 15 €, Tret- und Ruderboot max. 4 Pers 1 Std 15 €, 30 Min 10 €; Kinder dürfen mit dem Elektroboot ab 14 Jahre, mit dem Tretboot ab 12 Jahre selbstständig auf Tour gehen, Preise dann wie Erwachsene.

▶ Wer träumt nicht davon, einmal Kapitän eines Bootes zu sein? Ihr könnt euch diesen kleinen Traum verwirklichen, indem ihr euch ein Tret-, Ruder- oder Elektroboot ausleiht und mal ein bisschen auf den See hinausfahrt. Ihr müsst nur auf Segelboote, Surfer und vor allem Fährschiffe Rücksicht nehmen, denn bei einem etwaigen Zusammenstoß zieht ihr – Kapitän hin oder her – bestimmt den Kürzeren.

Mit dem Nostalgieschiff auf Tour: Raddampfer Hohentwiel

Hohentwiel-Schifffahrtsgesellschaft m.b.H., Hafenstraße 15, 6971 Hard. ☎ 0043/5574/63560, www.hohentwiel.com. **Start:** Verschiedene Häfen am Bodensee. **Zeiten:** Ende April – Anfang Okt. **Preise:** Preispauschalen je nach Fahrt und Dauer, z.B. Dampferfahrt mit Dixiemusik 37 €; Kinder 5 – 15 Jahre halber Preis.

▶ Auf dem drittgrößten Binnensee Mitteleuropas fährt der vielleicht schönste Schaufelraddampfer dieses Kontinents. 1913 lief die *Hohentwiel* als das siebte Dampfschiff der Königlich Württembergischen Staatsbahnen vom Stapel. Graf *Zeppelin* feierte auf ihm seinen 75. Geburtstag und *Wilhelm II. von Württemberg* lud den König von Sachsen zur schönen Ausflugsfahrt. Die originalgetreue Restaurierung erinnert an seine glanzvollen Zeiten als Halbsalondampfer für gekrönte Häupter. Das sanfte Stampfen der Dampfmaschine übertönt den Wellenschlag des Bodensees. Für Alt und Jung ein Erlebnis.

@ Die Webseite www.hohentwiel.com bietet die ideale Einstimmung auf eine Fahrt mit dem beliebten Nostalgiedampfer. Außerdem werden dort immer die Fahrpläne aktualisiert, sodass ihr euch rechtzeitig einen Platz reservieren könnt.

Richtig Dampf dahinter: Fahrt mit der Hohentwiel

© Hohentwiel-Schifffahrtsgesellschaft m.b.H.

FRISCHE LUFT & SPORT

👓 »Graureiher, die
regungslos auf
Frösche lauern, elegant
über das Wasser flitzen-
de Seeschwalben, Libel-
len, die durch die Luft
sirren, gaukelnde
Schmetterlinge und ein
blaues Meer aus Sibi-
rischen Schwertlilien ...«
So beschreibt die Boden-
seestiftung in einer ihrer
Broschüren das **Natur-
schutzgebiet Rheindelta**
ohne Übertreibung.

Hunger & Durst
Gasthof Lamm,
Bregenz-Mehrerau.
✆ 0043/5574/71701.
www.gasthof-hotel-
lamm.at. Mi – So 7 – 14
und 17 – 24 Uhr. Spi-
natschlutzkrapfen oder
andere leckere Gerich-
te, auch vegetarisch
und vegan.

Radeln & reiten

Radtour zu den Wasservögeln im Rheindelta

6972 Fußach. **Strecke:** Hard – Rohrspitz – Fußach – Hard. **Länge:** Etwa 22 km, reine Fahrzeit etwa 2 Std. **Bahn/Bus:** Zug von ↗ Bregenz nach Hard, Fahrrad- mitnahme ist zumeist problemlos möglich. **Auto:** Von Bregenz über Hard bis zur Rheinbrücke. **Rad:** Der Aus- gangsort liegt direkt am Bodensee-Radweg.

▶ Ausgangsort ist die **Rheinbrücke Hard-Fußach.** An der westlichen Flussseite folgt ihr einfach dem Rad- wanderweg Rheintal nach Süden – ihr fahrt also di- rekt auf die Berge zu. Hinter der nächsten Rheinbrü- cke zweigt der Alte Rhein ab. Hier biegt ihr rechts ab und steuert auf dem Damm nach Höchst und Gaiß- ach. Beim *Wirtshaus Zum Schiff* verlasst ihr den Damm und fahrt weiter auf einer Naturstraße durch das *Naturschutzgebiet Rheindelta*. Am **Rohrspitz** – einem kleinen Landsporn, der direkt in den Boden- see reicht – habt ihr den landschaftlich schönsten Punkt der Tour erreicht. Unendlich viele Vögel bewoh- nen diesen paradiesischen Küstenstreifen, vor allem Enten, Schwänen und Seemöwen werdet ihr sehen. Insgesamt gibt es hier über 300 Vogelarten, viele da- von sind Zugvögel wie Störche und Kraniche, die im Sommer im hohen Norden brüten und dann im Win- ter zum Bodensee zurückkehren. Außerdem gibt es eine Vielzahl an bunten Schmetterlingen und Libel- len zu beobachten. Von der Fußacher Bucht ist es bis **Fußach** und zur Rheinbrücke nicht mehr weit.

Mit der Kutsche durch die Stadt

Gasthof Lamm, Herr Schenk, Mehrerauer Straße 51, 6900 Bregenz-Mehrerau. ✆ 0043/5574/71701, www.gasthof-hotel-lamm.at. **Bahn/Bus:** Ab Bhf ↗ Bre- genz, Stadtbus 2 bis Kloster Mehrerau kurz nach dem Campingplatz. **Auto:** Vom Stadtzentrum westlich auf See- und Bahnhofstraße bis zur Abzweigung Mehrerau.

Zeiten: nach telefonischer Vereinbarung.
Preise: auf Anfrage.

▶ Zwei Pferde ziehen euch durch die Stadt, ihr sitzt bequem in der offenen Kutsche und könnt den Passanten winken. Nach einer Stunde seid ihr wieder am Ausgangsort zurück. Anschließend könnt ihr noch die Ponys im Stall besuchen.

Freunden sich langsam an: Pony und Reiter
© Eichenberg Tourismus

Rodeln & spielen

Sommerrodelbahn Laterns

Kühboden 7, 6830 Laterns-Innerlaterns. ☎ 0043/5526/252, www.laterns.net. **Bahn/Bus:** Ab Bhf Rankweil Landbus 65 bis Innerlaterns. **Auto:** Von Rankweil führt die beschilderte Furka-Panoramastraße in das Laternsertal nach Innerlaterns. **Zeiten:** Mitte Mai – Ende Juni und Okt Wochenendbetrieb, Juli – Sep täglich 10 – 18 Uhr, kein Betrieb bei Regen. **Preise:** 1 Fahrt 7 €, 3 Fahrten 16,50 €, 5 Fahrten 24 €; Kinder 8 – 16 Jahre 5, 10 bzw. 14,50 €; Kinder dürfen ab 8 Jahre allein fahren; günstige Gruppentarife und Kombiangebote. **Infos:** Der Sessellift Laterns/Gapfohl ist Ende Juni – Sep Sa, So in Betrieb.

▶ Um an die Startrampe zu kommen, benutzt ihr den einmaligen Schrägaufzug. Hierfür nehmt ihr bereits im Tal in eurem Rodel Platz und lasst euch einfach nach oben ziehen. Oben angekommen, schwenkt der Rodel automatisch in die Rodelbahn ein und los geht das Vergnügen. Durch Steilkurven, über Brücken und Überführungen rast ihr bergab, die Wiesen und Wälder fliegen geradezu an euch vorbei.

Hunger & Durst
Hütte Badlaterns,
Bad Laterns 2, Laterns. ☎ 0043/664/5475355 www.badlaterns.at. Pfingsten – Ende Okt, 26. Dez – Anfang April 10.30 – 18 Uhr. 3 urige Gaststuben und Terrasse an einem Angelweiher.

Im Winter verwandeln sich die Berge in ein Skiparadies mit 27 km Gesamtlänge an Pisten unterschiedlicher Schwierigkeitsgrade.

Direkt neben der Rodelbahn gibt es einen **Abenteuerspielplatz** mit Trampolinanlage, Kinderseilbahn, Kletterfelsen, Schaukeln und Wasserspielen.

Spielfabrik Indoorspielplatz

Eisengasse 44, 6850 Dornbirn. © 0043/05572/408840, www.spielfabrik.at. **Bahn/Bus:** ab Bhf Stadtbus 2a, 4, 5 und Landbus 11, 13, 20, 21, 40 und 41 bis Eisplatzgasse. **Auto:** Dornbirn-Nord, für Navigation Eisengasse 40 eingeben. **Zeiten:** Mo – Fr 14 – 19, Sa, So, Fei und Ferien Vorarlberg 10 – 19 Uhr, geschlossen am 24., 25. Dez und 1. Jan. **Preise:** 3,50 €; Kinder bis 2 Jahre frei, bis 12 Jahre 8,50 € inkl. 1 Elektro-Gokart-Jeton; Happy Hour ab 17.30 Uhr Kinder 6, Erw 2 €.
▶ Der 2000 qm große Indoorspielplatz bietet Kindern bis 12 Jahre jede Menge Möglichkeiten zum Spielen, Toben, Klettern, Rasen und Hüpfen zum Beispiel auf Klettervulkan und -Labyrinth, Wellen- und Rollenrutschen, mit Gokart, Traktor fahren und Ballspielen sowie Kleinkindbereich mit Bällchenbad. Die Eltern schauen zu und passen auf, zum Schluss geht's ins Bistro zu Pasta, Pizza und Smoothies.

UMWELT ERFORSCHEN

Nehmt zur Führung wetterfeste Kleidung, Wanderschuhe mit Profilsohle und eine Jause mit!

Tiere erleben

Wald und Wölfe

Wildpark Feldkirch mit Waldlehrpfad, Ardetzenberg, 6800 Feldkirch. © 0043/5522/74105, www.feldkirch.at/wildpark. **Bahn/Bus:** ↗ Feldkirch, der Ardetzenberg liegt wie eine weithin sichtbare Insel inmitten der Stadt und ist von allen angrenzenden Stadtteilen auf Wanderwegen zu erreichen. **Auto:** Von der Bärenkreuzung Richtung Schweiz, Ausschilderung ab der 2. Ampel, großer Parkplatz am Fuß des Berges. **Zeiten:** frei zugänglich, Führung (2,5 – 3 Std) nach Anmeldung. **Preise:** Führung für Gruppen bis 15 Pers 100 €, bis 20 Pers 130 €; Führung für Kindergartengruppen (ab 5 Jahre) und Schulklassen frei. **Infos:** Anmeldung zur

Führung: Ingrid Albrich, ℡ 0043/664/9183-854, ingrid.albrich@cable.vol.at.

▶ 1963 saßen drei engagierte Tierfreunde an ihrem Stammtisch im Wirtshaus zusammen und hatten eine Idee: Die Menschen sollen in einem Tierpark Bekanntschaft mit der einheimischen Tierwelt machen können. Und so könnt ihr im Freigehege am *Ardetzenberg* zum Beispiel scheue Wölfe beobachten.

Kehrt langsam nach Deutschland zurück: Der Wolf gehört in die freie Natur

© pmv, Annette Sievers

Wisst ihr, wo der Adler seinen Horst baut, was das Murmeltier im Winter macht oder welche Farbe der Schneehase im Sommer hat? Viele Fragen tun sich bei dem etwa einstündigen Rundgang auf. Wollt ihr den Wald und seine Bewohner genauer kennen lernen, dann meldet euch zu einer **Themenführung** an. Wald- und Jagdpädagogen erklären euch zum Beispiel die Funktion des Waldes und die Zusammenhänge in der Natur. Ihr könnt auch an einer Tierfütterung teilnehmen, dabei kommt ihr Rotwild, Minischweinen oder Ziegen ganz nah.

Am Ardetzenberg wurde übrigens auch ein **Waldlehrpfad** mit 70 Informationstafeln angelegt. Dabei erfahrt ihr nicht nur Wissenswertes über den Wald, sondern auch über das Klima, den Boden oder über einige Gebäude der Altstadt von Feldkirch. Der Gipfel des Ardetzenbergs ist übrigens 175 m höher als die Stadt, von hier genießt ihr die beste Aussicht. Insgesamt ist der Waldlehrpfad 3 km lang, ihr könnt jedoch auch die kleinere, nur 2 km lange Runde wählen.

K1 Kletterhalle, Bildgasse 10, Dornbirn. ℡ 0043/05572/394810. www.k1-dornbirn.at. Mo, Mi 10 – 22, Di, Do, Fr 12 – 22, Sa, So, Fei 10 – 18. Große, vielfältig geformte Boulderflächen drinnen und draußen sowie 250 Kletterrouten. Erw 13,20, Kinder bis 14 Jahre 6,50, bis 18 Jahre 9,60 €, Familie 29 €, Kletterschuhe 2,80 €, Sitzgurt 2, Sicherung 1,50, Seil 3,50 €; Rabatt erfragen. Panoramabistro.

BREGENZ & OSTUFER

Hunger & Durst

Berghaus Pfänder, neben der Bergstation, Lochau. ℗ 0043/5574/42184. www.pfaenderbahn.at. Mai – Sep 9.30 – 18.30 Uhr (im Wechsel mit ↗ Gasthaus Pfänderdohle). Rustikales SB-Restaurant mit Aussichtsterrasse und eigener Konditorei.

@ Wollt ihr wissen, wie das Wetter am Pfänder ist, werft einen Blick auf die Webcam www.pfaenderbahn.at oder ruft ℗ 0043/5574/43316 an, damit ihr schöne Fotos machen könnt.

Murmeltiere und Mufflons: Alpenwildpark Pfänder

Ferdinand Kinz, 6900 Bregenz. ℗ 0043/5574/421600, www.pfaenderbahn.at. **Länge:** Rundweg ca. 1 km, reine Gehzeit 30 Min. **Bahn/Bus:** ↗ Bregenz, ↗ Pfänderbahn. **Auto:** Von Lochau entweder direkt oder über Eichenberg bis zum Parkplatz Moosegg, weiter zu Fuß. **Zeiten:** ganzjährig tagsüber offen. **Preise:** Eintritt frei.

▶ »Och, sind die süß« – und schon gibt es kein Halten mehr, wenn ihr die Zwergziegen, Hasen und kleinen Hängebauchschweine nahe dem ↗ Berghaus Pfänder sichtet. Auf dem weiten Naturpark leben Steinböcke, Hirsche, Mufflons und Murmeltiere in freier Wildbahn. Auch Wildschweine mit ihren Frischlingen sind unterwegs. Am unteren Ende (die Adlerwarte wurde geschlossen) kommt ihr an den Murmeltieren vorbei, die in unterirdischen Gängen und Höhlen leben. Im Herbst könnt ihr die Rothirsche röhren hören. Vergesst euren Fotoapparat nicht, denn schöne Tiermotive gibt es in Hülle und Fülle! Angrenzend lädt ein Spielplatz zum Tollen und Toben ein.

Natur erfahren, Lehrpfade testen

Einmalige Naturschau: inatura

Erlebnis Naturschau Dornbirn, Jahngasse 9, 6850 Dornbirn. ℗ 0043/5572/23235-0, www.inatura.at. **Bahn/Bus:** Vom Bhf ↗ Dornbirn Stadtbus 7 bis Fachhochschule. **Zeiten:** 10 – 18 Uhr, Schulklassen nach Anmeldung ab 8.30 Uhr. **Preise:** 11 €; Kinder 6 – 15 Jahre 5,50 €, Jugendliche 9,30 €; Familienkarte 1 Erw, 1 Kind 14,30 €, 2 Erw, 2 oder mehr Kinder 25,30 €, Schulklassen 3,30 € pro Person, Führungsbeitrag 1,40 € pro Person.

▶ Wollt ihr unsere Welt mal aus der Vogelperspektive betrachten? Auf eigene Faust einen nachgebildeten Dachsbau erkunden? Oder auf der Wiese

Schmetterlinge, Bienen und Hornissen beobachten? Dann lohnt sich der Rundgang durch das alte Maschinenfabrik-Gelände, wo 2003 das inatura eröffnete, auf jeden Fall.

Zu Beginn der **Ausstellung** erfahrt ihr, wie Naturforschung Mitte des vorigen Jahrhunderts ausgesehen hat. Dann

Wundersames Spiegelbild: Reise durch den menschlichen Körper in der inatura
© inatura, Erlebnis Naturschau GmbH

knistert die Spannung beim donnernden Lawinenabgang im Gebirge. Dazu gibt es eine Kletterwand und lebende Tiere, darunter auch Schlangen und Spinnen. Im Lebensraum Wald ist ein Wolfsrudel zum Streicheln da – wenn auch nur die Präparate, das heißt die ausgestopften Tierkörper. Nebenbei lernt ihr, dass sich viele wilde Tiere schon an den Menschen gewöhnt haben und in Stadtnähe wohnen. Klasse ist, dass ihr während des Rundgangs vieles spielerisch nacherleben und ausprobieren könnt. So könnt ihr in Experimenten zum Beispiel Elektrizität und Magnetismus selbst erzeugen und lernt, dass eure Hände Strom abgeben können. 2013 wurde das Museum um den Ausstellungsteil *Das Wunder Mensch* ergänzt. Auch hier heißt es: experimentieren! Auf der spannenden Reise durch den menschlichen Körper helft ihr beispielsweise dem Immunsystem bei der Jagd nach Eindringlingen, testet eure eigene Stimmgewalt und könnt sogar einen Blick ins menschliche Gehirn werfen.

Abenteuerwanderung in tiefer Klamm: Rappenloch- & Alplochschlucht

↗ Dornbirn Tourismus & Stadtmarketing GmbH, 6850 Dornbirn-Gütle. www.rappenlochschlucht.at. **Strecke:** Gütle – Staufensee – Alplochschlucht. **Länge:** Etwa

Im angrenzenden Stadtgarten könnt ihr euch noch auf dem **Abenteuerspielplatz** austoben. Außerdem findet ihr dort die Gehölzsammlung, den Wasser- und den Dornröschengarten.

 inatura Shop & Restaurant, Dornbirn. ℅ 0043/664/ 1528248. www.eventgastro-inatura.at. 10 – 18 Uhr. Bücher, naturkundliche Souvenirs, technische Spielwaren, Erfrischungen, Snacks und Speisen.

Hunger & Durst

Gasthof Gütle, Gütle 11, Dornbirn-Gütle. ✆ 0043/5572/201540 www.guetle-gasthof.at. Öffnungszeiten variabel, ↗ Internetseite unter *Gaudium*. In Sichtweite des Mammutbaums ist es richtig urig und einladend. Das Essen schmeckt gut, ihr sitzt im Freien und könnt ringsherum wunderbar spielen.

6 km, reine Gehzeit 2 – 2,5 Std, bei Rückfahrt mit dem Bus 1 Std kürzer, 200 Höhenmeter. **Bahn/Bus:** Stadtbus 5 ab Bhf ↗ Dornbirn. **Auto:** Wie ↗ Karrenseilbahn, dann durch das Dornbirner Tal bis nach Gütle, Parkplatz gebührenpflichtig. **Zeiten:** Im Winter ist die Schlucht nicht begehbar.

▶ Die **Rappenlochschlucht** ist die größte Schlucht der Ostalpen und somit ein unbedingtes Muss für jeden Abenteurer. Im Laufe von vielen hunderttausend Jahren hat sich die *Ebniter Ache* immer tiefer in die Kalksteinberge gefressen und so eine Schlucht entstehen lassen.

Die Tour beginnt gleich mit einem Höhepunkt: Direkt am Parkplatz in **Gütle** ragt ein 41 m hoher **Mammutbaum** in die Höhe. Nach kurzem Anstieg erreicht ihr eine schmale **Hängebrücke,** die über die rauschende *Gunzenache* führt. Beachtet die lustigen Kunstwerke in der Schlucht: Der Pechvogel *Karus* hält Wache, während die Nixenprinzessin – eine reizende Wasserschlange – mit buntem Schmuck und zerzaustem

TIPPS FÜR DEN RUCKSACK

Für Spiele und Naturerkundungen sollten immer dabei sein:
▶ ein einfarbiges Tuch, auf dem Funde ausgebreitet und rumgezeigt werden können
▶ Tücher oder rotes Wollknäuel für Renn-, Such- und Tobespiele
▶ eine Lupe
▶ ein leichtes Fernglas zur Vogel- und Tierbeobachtung
▶ eine Plastiktüte, um den Müll wieder mitzunehmen
▶ ein Wasserzerstäuber zum Abspülen gesammelter Beeren (Fuchsbandwurm) und zur spaßigen Abkühlung erhitzter Kinder
▶ ein kleines Handtuch
▶ ein Bestimmungsbuch für Tiere, Blumen, Pilze …
▶ eine aktuelle (!) Wanderkarte im Maßstab 1:50.000 oder sogar 1:25.000
▶ einen Kompass
▶ eine leichte Taschenlampe, wenn's zu Ruinen geht.

Haar womöglich auf ihren Prinzen wartet. Ihr Vater, der Wassermann, hält derweil seine Fischaugen geschlossen. Nach der letzten Brücke führt ein Weg nach rechts und durch ein kurzes Waldstück. Dort steigt ihr direkt in die **Rappenlochwand** ein. Über einen Stichweg erreicht ihr eine Plattform, von der aus ihr einen Blick hinunter auf die Stelle werfen könnt, an der sich 2011 ein gewaltiger Felssturz ereignete. Dabei wurde das Innere der Schlucht teilweise verschüttet. Bis 2014 wurde eine neue Steganlage erbaut, die euch über den Felssturz führt. Habt ihr die Schlucht durchquert, kommt ihr zum **Staufensee.** Sicher habt ihr beim Aufstieg das große Wasserrohr gesehen, durch das das Wasser für die Stromerzeugung fließt. Haltet euer Ohr an das Rohr, dann hört ihr es leise rauschen. Den See könnt ihr umrunden, auf der rechten Seite wartet ein Kiosk.

Hinter dem *Kraftwerk Ebensand* beginnt die etwas kleinere **Alplochschlucht.** Auf Stufen steigt ihr wieder empor, bis ihr die Straße erreicht. Zurück geht es wahlweise auf demselben Weg oder für müde Helden mit dem Postbus. Er fährt dort ab, wo der Schluchtweg auf die Hauptstraße stößt.

Besuch beim Senn: Käselehrpfad auf dem Pfänder

Josef-Rupp-Käse-Wanderweg, 6900 Bregenz. ✆ 0043/ 5574/42429, www.eichenberg-bodensee.at. **Länge:** 8 km, reine Gehzeit 2 Std, 150 Höhenmeter, nicht kinderwagentauglich, höchstens geländegängiger Buggy. **Bahn/Bus:** ➚ Pfänderbahn Bregenz täglich 8 – 19 Uhr. **Auto:** Pfänderbahn-Straße von Lochau und Eichenberg zum Pfänderparkplatz. **Zeiten:** Begehbarkeit Frühjahr – Herbst, Teilstrecken im Winter präpariert und begehbar.
▶ Der Käselehrpfad führt mitten durch das Weidegebiet der Vorarlberger Kühe, aus deren Milch verschiedene Käsesorten hergestellt werden. Von der **Bergstation** wandert ihr zunächst 15 Min auf der Asphaltstraße in Richtung Möggers und stoßt dann

Alma Bergsennerei Lutzenreute, Lutzenreute 23, Eichenberg-Lutzenreute. ✆ 0043/5573/83380. www.bergsennerei-lutzenreute.at. Mo – Sa 7.30 – 12, Fr, Sa auch 17.30 – 19, So, Fei 8.30 – 11.30 Uhr. 100 Jahre alte Sennerei mit preisgekrönten Rohmilchprodukten. **Tipp:** Der Alma Käsomat liefert auf Knopfdruck außerhalb der Sennerei-Öffnungszeiten Sennereibutter, Bergkäse oder Montafoner.

Was macht man alles aus Milch? Auf dem Käselehrpfad erfahrt ihr es!
© Eichenberg Tourismus

@ Einen Prospekt mit Karte zum Käselehrpfad findet ihr auf der Internetseite von Eichenberg.

hinter dem **Gasthaus Moosegg** (Mi – So, ℡ 05574/58696) auf den beschilderten **Käselehrpfad.** Rechter Hand führt euch der Weg abwechselnd über Waldwurzeln und Almweiden mal bergab, mal bergan. Achtet auf die 12 illustrierten Informationstafeln an der Strecke, damit ihr später möglichst gut über den Vorarlberger Käse Bescheid wisst. Nach einem Anstieg gelangt ihr zur **Alpe Hochberg,** wo ihr an einem schönen Rastplatz Brotzeit machen könnt. Euch fehlt der Aufschnitt? Etwas weiter folgt der **Fesslerhof,** der Fleisch und Wurst aus eigener Schlachtung anbietet (www.fesslerhof.com, Jausenstation Mai – Okt 10 – 18.30 Uhr, Mo und Do Ruhetag, ℡ 05573/84581). Weiter wandert ihr zur **Sennerei Lutzenreute** hinab, wo ihr den frisch zubereiteten Käse auf einem feinen Butterbrot probieren könnt. Fragt höflich nach, ob ihr beim Käsemachen zuschauen dürft.

In Lutzenreute endet der Käselehrpfad. Um zum Pfänder zurückzukommen, nehmt den **Wanderweg Nr. 5** über das Dorf **Eichenberg.** Unterwegs gibt es einige Einkehrmöglichkeiten. Der Weg trifft auf den Beginn des Lehrpfads, die Reststrecke von hier ist euch schon bekannt.

Lehrpfade am Gebhardsberg
Walderlebnislehrpfad, Naturlehrpfad und Geologielehrpfad, 6900 Bregenz. ℡ 0043/05574/49590, www.walderlebnispfad.at. **Länge:** Walderlebnispfad 1,5 km, Naturlehrpfad 3,4 km, Geologielehrpfad 500 m, reine Gehzeit insgesamt 2,5 Std, Wanderschuhe empfohlen, Wege gut markiert. Nicht für Kinder-

wagen oder Buggy. **Start:** Landesbibliothek, Fluherstraße 4. **Bahn/Bus:** ↗ Bregenz, ab Bhf Stadtbus 4 bis Weinschlössle. **Auto:** Bundesstraße Richtung Dornbirn bis zum Ortsausgang, Schilder Richtung Gebhardsberg/Fluh, Parkmöglichkeit an der Landesbibliothek in der Fluherstraße.

▶ Der dichte Wald am *Gebhardsberg* steckt voller Besonderheiten. So findet ihr geballt auf kleinem Raum fast alle Pflanzen Mitteleuropas. Sie können ungestört wachsen, weil es hier kein Wild gibt. Eiben (Taxus) zum Beispiel, die so schöne rote Beeren tragen, werden anderswo von Rotwild abgefressen. Auch Bäume und Pflanzen, die sonst nur in wärmeren Gegenden wachsen, gedeihen am Gebhardsberg. Das kommt, weil hier eine »subtropische Gunstlage« herrscht. Das klingt toll und bedeutet, dass es hier über den Dächern von Bregenz wärmer ist als in den benachbarten Regionen. Und wo es warm und feucht ist, sprießen auch die Bäume und Sträucher viel üppiger. So konnte eine Lärche zum Beispiel stolze 40 m hoch werden – sie ist aber auch schon 200 Jahre alt! Wie hoch das im Vergleich zu einer Kirche ist, veranschaulicht eine Tafel am Wegrand.

Doch überzeugt euch am besten selbst von der Schönheit des Waldes – auf dem 1,5 km kurzen **Waldlehrpfad.** Er beginnt an der *Landesbibliothek,* durchquert den Stadtforst und endet 140 Höhenmeter weiter auf dem **Gebhardsberg.** 22 Sinnesstationen und interaktive Elemente verkürzen euch den Aufstieg, sodass auch Vorschulkinder ihren Spaß haben. Da gibt es ein Baumhaus, ein Waldklavier, einen Barfußpfad, eine Wasserstation und einige Felshöhlen, die ihr erkunden könnt.

Vom **Aussichtspunkt** oben habt ihr einen wunderbaren Blick auf den Bodensee. Dort steht zudem eine mittelalterliche **Burgruine** mit Restaurant.

Wenn ihr von Lehrpfaden noch nicht genug habt, könnt ihr im Anschluss den 3,4 km langen **Naturlehrpfad** mit 30 Stationen zu den geologischen Merk-

Hunger & Durst

Burgrestaurant Gebhardsberg, Gebhardsberg 1, Bregenz. ✆ 0043/5574/42515. www.greber.cc. Jan, Feb Mi – So ab 11, März, April und Okt – Dez Mo, Mi – So ab 11, Mai – Sep täglich ab 10 Uhr. Gehobenes Restaurant in der mittelalterlichen Burgruine mit einer sehenswerten Barockkapelle, einem schönen Speisesaal und einer tollen Panorama-Terrasse mit Blick über das Rheintal und den Bodensee. Einen Apfelstrudel mit Vanillesoße (5,50 €) oder eine Käseplatte (9,50) kann man sich hier mal leisten.

Wenn ein Baum 200 Jahre braucht, um 40 m hoch zu wachsen: Wie viel wächst er dann durchschnittlich pro Jahr? Und wie kann man eigentlich das Alter eines Baumes bestimmen?

malen der Pfänderregion abwandern. Er beginnt auf dem Gebhardsberg, führt als Rundweg weiter auf die Fluh und ist ebenfalls auf Familien abgestimmt (reine Gehzeit 1,5 Std). Trittsicher solltet ihr hier allerdings sein!

Abwärts kommt ihr auf dem **Geologielehrpfad,** der an 6 Stationen die Entstehungsgeschichte des Berges erläutert. Da kommen dann so komplizierte Begriffe wie »Sedimentationsablauf« vor! Aber ihr seid ja nun schon vorgebildet. Außerdem kommt ihr an einem Wasserfall vorbei und wandert durch ein Vogelschutzgebiet. Der Weg endet an der Langenerstraße, die euch zur Kreuzung mit der Fluherstraße bringt.

Abenteuer pur: Walderlebnispfad Möggers

Waldpädagogikverein Möggers, Helmut Gmeiner, Rucksteig 109, 6900 Möggers. www.walderlebnispfad.at. **Start:** Parkplatz am Rucksteig. **Länge:** Rundweg 2,7 km im Wald. Nicht kinderwagentauglich, Trittsicherheit erforderlich, nicht im Winter. **Bahn/Bus:** Ab Bhf Lochau Landbus 12 bis Möggers Rucksteig, 250 m bis Einstieg. **Auto:** Von Bregenz B190 durch Lochau, über Hofriedenstraße, Allgäustraße, Hub und L9 bis Parkplatz am Rucksteig. Parken 2 €. **Preise:** Eintritt frei, Spende erbeten (Erw 1 €, Kinder 6 – 16 Jahre 0,50 €).

▶ Der Rundweg über den Erlebnispfad ist ein echtes Abenteuer. Ihr lauft durch den Schluchtwald im Sägetobel und über Hängebrücken, schwingt euch mit einem Tarzanseil über den Bach und balanciert auf Stämmen. Außerdem trefft ihr auf ein Blockhaus, das sich dank seiner beweglichen Holzteile umbauen lässt. Im Baumhaus könnt ihr eure Kletterkünste erproben. Und was hat es wohl mit dem Märchenplatz auf sich? Zwischendurch könnt ihr in Hängematten und auf Holzbänken verschnaufen und den Geräuschen des Waldes lauschen.

Eine Leserin berichtete, dass das Naturerlebnis am Sonntagvormittag beeinträchtigt ist, wenn auf der nahe gelegenen Motocross-Strecke trainiert wird. Auch mittwochs am Nachmittag oder Abend trainiert der MCC Möggers. Wir sagen: schade!

**HANDWERK
UND
GESCHICHTE**

Bahnen & Seilbahnen

Bergfahrt mit der Karrenseilbahn

Gütlestraße 6, 6850 Dornbirn. ✆ 0043/5572/22140,
www.karren.at. **Bahn/Bus:** Ab Bhf ↗ Dornbirn Bus 47.
Auto: Ab Stadtspital an der Dornbirner Ache durchgehend beschildert. **Zeiten:** Mai – Anfang Nov Mo – Do,
So 9 – 23, Fr, Sa 9 – 24 Uhr, Ende Nov – April Mo – Do
10 – 23, Fr 10 – 24, Sa 9 – 24, So 9 – 23 Uhr, alle 15
Min zur vollen Viertelstunde. **Preise:** Berg- und Talfahrt
10,80 €; Kinder 6 – 15 Jahre 5,40 €, Schulklassen
4,10 € pro Kind; Familienkarte 2 Erw, 1 Kind 23,80,
2 Erw, mehrere Kinder 25,90 €, Rabatte für Jahres- und
Mehrfahrten-Karten. **Infos:** Im Frühjahr und Herbst jeweils 2 Wochen wegen Revisionsarbeiten außer Betrieb.

▶ Ob der *Karren* das spektakulärste Ausflugsziel des
gesamten Rheintals ist – so wie es in der Werbebro-
schüre zu lesen ist – sei mal dahingestellt. Doch ein-
zigartig ist der **Ausblick** von der Bergstation allemal.
In weniger als fünf Minuten befördert die Seilbahn
die Passagiere auf 976 m Höhe. Bei klarer Sicht werdet ihr erst einmal staunend in das weite Rheintal
blicken. Im Norden erkennt ihr den Ausläufer des Bodensees, jenseits des Rheintals breitet sich der Bre-

Hunger & Durst
**Panoramarestaurant
Karren,** Dornbirn.
✆ 0043/5572/54711.
www.karren.at. ↗ Kar-
renseilbahn. Steht auf
Stahlstelzen kühn über
dem dunklen Abgrund.

🦉 *Besonders ein-
drucksvoll ist der
Ausblick bei Dunkelheit,
weil dann das Lichter-
meer von Dornbirn und
der umliegenden Orte zu
sehen ist.*

BREGENZ & OSTUFER

143

genzer Wald mit seinen zahlreichen Berggipfeln aus. Von der Bergstation könnt ihr übrigens wieder bequem ins Tal zurückwandern. Auf dem Grün markierten Familienwanderweg seid ihr in einer Stunde wieder an der Talstation.

Mit der Dampflok ins Rheindelta

Rhein-Schauen Museum und Rheinbähnle, Höchster Straße 4, 6890 Lustenau. ✆ 0043/5577/20539, Handy 0043/6763778595. www.rheinschauen.at. **Bahn/Bus:** Landbus 50 von ↗ Dornbirn bzw. 16 von ↗ Bregenz bis Lustenau Bahnhofstraße/Bundesstraße. **Auto:** Rheindammstraße B203 bis Bhf Lustenau, dann Beschilderung folgen. **Rad:** Auf dem Bodensee-Radweg bis zur Rheinbrücke bei Fußach, dann etwa 2 km am rechten Rheinufer entlang nach Süden. **Zeiten:** Ende April – Ende Okt Mi, Fr und So 13 – 17.30 Uhr, Rheinbähnle Sa und So 15 Uhr, Mi und Fr Elektrofahrt nach Voranmeldung, Sonderfahrten nach Vereinbarung. Jeden 1. So im Monat Bänklefahrt vom Steinbruch Mäder/Koblach zur Diensbahnbrücke. **Preise:** Museum 5,50 €, Rheinbähnle einfache Fahrt 11 €, Museum und Rheinbähnle 14,30 €, Museum und Elektrolok 11 €, Bänklefahrt 4 €; Museum Kinder 6 – 14 Jahre 3,30 €, Rheinbähnle einfache Fahrt 5,50 €, Museum und Rheinbähnle 7,10 €, Museum und Elektrolok 5,50 €, Bänklefahrt 2 €; Museum Jugendliche und Studenten 4,40 €, einfache Fahrt Rheinbähnle 7,70 €, Museum und Rheinbähnle 10,40, mit Elektrolok 8,30 €. **Infos:** nur ein Kind pro Familie zahlt bei Museum und Bahnfahrt. Fahrradwagen ist fast immer dabei.

Jeden 1. So im Monat finden kostenfreie Familienführungen statt.

Das Wasser bahnt sich seinen Weg: Experimentieren im Rhein-Schauen Museum

© Rheinschauen

▶ Früher stieg der Wasserpegel des Rheins nach starken Regenfällen derart an, dass es zu schlimmen Überschwemmungen kam. Um dieses Problem in den Griff zu bekommen, baute man ab 1892 einen Kanal und hohe Dämme. Dadurch wird der Abfluss des Rheinwassers reguliert. Auf den Dämmen lässt es sich heute wunderbar wandern und Rad fahren.

Welche Auswirkungen die Flussregulierung auf die Natur hat und wie das Rheintal überhaupt entstanden ist, klärt neben zahlreichen anderen Fragen das **Museum Rhein-Schauen.** In dem früheren Werkhof gibt es Technik zum Anfassen und Landschaft zum Erfahren. Dabei lernt ihr auch, dass das Rheinwasser viel Gestein und Schlamm aus den Bergen mit in den Bodensee transportiert, sodass sich im Mündungsbereich Land gebildet hat, wo inzwischen zahlreiche Vögel brüten.

Zur Krönung des Ausflugs müsst ihr unbedingt mit dem **Rheinbähnle** auf Tour gehen. Mit lautem Pfeifen setzt sich die Dampflok in Richtung *Rheinmündung* in Bewegung. Dort könnt ihr euch in Ruhe umsehen, bevor die alte Baubahn wieder zum Museum zurückfährt. Die **Widnaufahrten** ab Museum werden mit einer Elektrolok durchgeführt.

Kaiserlicher Pfänderblick ◎

Pfänderbahn AG, Steinbruchgasse 4, 6900 Bregenz. ℗ 0043/5574/421600, www.pfaenderbahn.at. **Lage:** Talstation 5 Gehmin. vom Hafen. **Bahn/Bus:** Stadtbus 1 ab Bhf oder Hafen ↗ Bregenz. **Auto:** Ab Stadtausfahrt Richtung Lindau beschildert. **Rad:** Fahrradbeförderung ganztags 3,60 €, 8 – 10 Uhr gratis. **Zeiten:** Dez – Okt 8 – 19 Uhr, Fahrten zur vollen und halben Std, ab 10 Pers alle 15 Min, bei Bedarf alle 6 Min, Nov Betriebsferien. **Preise:** Berg-/Talfahrt 12,50 €; Kinder 6 – 15 Jahre 6,30 €; Nov – März etwa 15 % Ermäßigung, Familienkarte 25 €, mit Bodensee-Karte gratis oder ermäßigt.

▶ Der 1064 m hohe **Pfänder** ist der Hausberg und die Hauptattraktion von Bregenz. Zu ihm herauf

Hunger & Durst

Pfänderdohle, Unterhalb der Bergstation, Lochau. ℗ 0043/5574/43073. www.pfaenderbahn.at. Ende Sep – Anfang Mai 9.30 – 18.30 Uhr (im Wechsel mit ↗ Berghaus Pfänder), Di, Do und bei Rodelbetrieb bis 23 Uhr. Im urigen Gasthaus mit Kachelofen gibt es deftige Hausmannskost, am schönsten ist der Erkertisch.

Blick vom Pfänder: Mit der Seilbahn geht es steil bergab
© Pfänderbahn, Othmar Heidegger

 Wenn ihr gut zu Fuß seid, wandert von der Bergstation hinunter nach Bregenz, Dauer etwa 90 Min, feste Schuhe notwendig, nicht für Kinderwagen.

Hunger & Durst
Museumscafé, Hohenems. ℗ 0043/5576/73989-17. www.jm-hohenems.at. Di – So 10 – 17 Uhr. Kaffee, Tee, Kuchen, Bagels.

schwebt ihr lautlos in nur 6 Min in einer der beiden großen Panorama-Kabinen. Ein Erlebnis für sich: je höher sie steigt, desto grandioser ist der Blick auf den Bodensee. Wenn die Sicht klar ist, kann man ihn sogar in seiner gesamten Länge bis zum Überlinger See sehen. Bei diesem aufregenden Panorama versteht es sich von selbst, dass ihr einen Stehplatz am Fenster ergattern müsst. Sichert euch gleich an der **Talstation** eine Wander- und Panoramakarte. 240 Berggipfel lassen sich von der **Bergstation** aus bestimmen, am auffälligsten ist der ↗ *Säntis* im Westen mit der Seilbahnstation am Gipfel. Schön zu sehen ist auch die *Kanisfluh* im Süden mit ihrer steil abfallenden Nordwand. Wenn man da keine Lust zum Wandern bekommt? Ihr könnt den ↗ **Alpenwildpark** besuchen oder euch auf einen spannenden ↗ **Lehrpfad** begeben.

Museen

Jüdisches Museum Hohenems ◎
Villa Heimann-Rosenthal, Schweizer Straße 5, 6845 Hohenems. ℗ 0043/5576/739890, www.jm-hohenems.at. **Bahn/Bus:** Ab Bhf Hohenems 10 Min Fußweg oder von Dornbirn Bus 22, 23 bis Marktstraße. **Auto:** A14 Ausfahrt 23 Hohenems, Parkplatz am Jüdischen Viertel. **Zeiten:** Di – So, Fei 10 – 17 Uhr. **Preise:** 8 €; Kinder und Jugendliche bis 16 Jahre frei; Schüler, Azubis, Studenten 5 €, mit Bodensee-Erlebniskarte frei.

▶ Die Dauerausstellung zeigt die Geschichte der jüdischen Gemeinde in Hohenems von den Anfängen im Mittelalter über die Zeit des Nationalsozialismus bis in die Gegenwart. Für Kinder gibt es begleitend zum Museumsrundgang eine eigene Ausstellung. Geht zu den Vitrinen, sucht die Einschaltknöpfe und drückt sie. Dann erleuchten Bilder und für euch leicht verständliche Texte in Form eines Schattentheaters. Verschiedene Geschichten veranschaulichen das frühere Leben der Juden aus Kindersicht. Zum Beispiel lernt ihr das jüdische Mädchen *Emma* und ihren Freund *Fritz* kennen und erfahrt, warum sie sich plötzlich nicht mehr Emma und Fritz, sondern *Sara* und *Israel* nennen mussten. Wollt oder könnt ihr noch nicht selbst lesen, gibt es auch einen Audioguide, mit dem ihr die Geschichten hören könnt. Wenn ihr nach eurem Besuch noch den Jüdischen Friedhof (Römerstraße 15) besichtigen wollt, lasst euch im Museum den Schlüssel dafür geben. Das Museum bietet auch Führungen durch die Ausstellung, das Jüdische Viertel und den Jüdischen Friedhof an.

Im Buch zur Kinderausstellung könnt ihr die Geschichten aus dem Museum noch einmal nachlesen. Monika Helfer & Michael Köhlmeier: *Rosie und der Urgroßvater.* ISBN 978-3-446-23587-8, 15,40 € (A), 14,90 € (D).

2000 Jahre Mühlentechnik ◉
Museum Stoffels Säge-Mühle, Bernd Amann, Sägerstraße 11, 6845 Hohenems-Säge. ✆ 0043/5576/72434, www.museum-stoffels-saege-muehle.at. **Bahn/Bus:** Vom Bhf Hohenems etwa 15 Min zu Fuß oder mit Landbus 55 bis Hohenems Schlossplatz, dann 5 Min zu Fuß. **Auto:** Vom Zentrum Hohenems durch den Torbogen Richtung Emsreute. **Zeiten:** Ende April – Okt 9 – 18 Uhr, auch Führungen möglich. **Preise:** 2,20 €; Kinder 6 – 14 Jahre 1,10 €; mit Bodensee-Erlebniskarte gratis. **Infos:** Auf Anfrage werden auch Führungen für Blinde angeboten.

▶ Könnt ihr euch vorstellen, dass die Arbeit in einer Mühle, obwohl sie schwer und ermüdend ist, richtig Spaß machen kann? Und was es für einen gestandenen Müller bedeutet, wenn diese Arbeit heutzutage nicht mehr zeitgemäß ist und durch die moderne Technik überflüssig wird? Wie einem das Herz bluten kann, wenn alte Mühlen einfach so verfallen? Dann

Wie ein altes Haus saniert wird, findet ihr anschaulich und verständlich beschrieben in *Achtung, Baustelle Bauernhof,* R. Toyka, H. Ossenkop und F. B. Regös, ISBN 978-3-8369-5373-3, 16,95 €.

wisst ihr, warum *Alois Amann,* der früher die Sägerei und Müllerei mit sehr viel Leidenschaft ausübte, in aufwändiger Kleinarbeit dieses Freilichtmuseum geschaffen hat. Hier könnt ihr euch ausführlich über 2000 Jahre Mühlengeschichte informieren. Eine historische, mit einem Wasserrad angetriebene Mühle in Originalgröße steht inmitten der Landschaft – genau wie früher. Die Schautafeln erklären euch anschaulich die Geschichte der Mühle und die Arbeit darin. Außerdem findet ihr hier rund 30 Werkzeuge für das Säge- und Mühlengewerbe und Laufräder für die moderne Wasserkraftnutzung vor. Noch mehr Mühlentechnik gibt es in der ehemaligen Sägewerkshalle zu sehen, wo ihr unter anderem erfahrt, wie sich die Technik im Lauf der Jahre gewandelt hat. Für Gruppen gibt es einen Film zum Thema *Vom Korn zum Brot.* Wenn Ihr selbst noch nicht genügend seid, fragt doch einfach andere Kinder. Wenn ihr zu sechst seid, ist eure Verhandlungsbasis gar nicht schlecht.

Stadtmuseum Dornbirn ◎

Marktplatz 11, 6850 Dornbirn. ✆ 0043/5572/33077, www.stadtmuseum.dornbirn.at. **Bahn/Bus:** ↗ Dornbirn, in der Fußgängerzone. **Zeiten:** Di – So 10 – 12 und 14 – 17 Uhr. **Preise:** 4 €; Pers bis 19 Jahre frei; Familienkarte 5 €, mit der Bodensee-Erlebniskarte gratis.

▶ Das Heimatmuseum zeigt euch anschaulich, wie die Bewohner von Dornbirn früher gelebt haben. Dabei erfahrt ihr, dass die Landwirtschaft eine große Rolle spielte. Viele Bauern hatten jedoch nicht genügend Geld und versuchten, im Handwerk etwas hinzuzuverdienen. Lustig ist die Puppenstube aus dem Jahr 1900, die sogar Strom hat. Das ist sehr fortschrittlich, schließlich kam die Elektrizität zu dieser Zeit gerade erst auf.

Der Martinsturm in der Oberstadt

Martingasse 3b, 6900 Bregenz. ✆ 0043/05574/46632, Handy 0676/4401656. www.martinsturm.at.

Bahn/Bus: ↗ Bregenz. **Auto:** Parkplatz Seestadtareal, dann zu Fuß. **Zeiten:** Mai – Okt Di – So 10 – 17 Uhr. **Preise:** 3,50 €; Kinder bis 15 Jahre 1 €; Schüler, Azubis, Studenten, Rentner und Gruppen ab 8 Pers 2,50 € pro Person, Familien mit Familienpass 7 €, kostenfrei mit Vorarlberg-Karte.

▶ Der **Martinsturm** ist das Wahrzeichen von Bregenz und das erste barocke Bauwerk am Bodensee. Er wurde zwischen 1599 und 1602 erbaut und besitzt die größte Turmzwiebel Mitteleuropas. Anfangs diente der Turm als Getreidespeicher, später als Beobachtungswarte. Heute ist dort eine **Ausstellung** über die Entwicklung der Festspiel- und Kulturstadt Bregenz untergebracht. Von der Fenstergalerie habt ihr einen tollen Ausblick über Bregenz, Bodensee, Pfänder und die Schweizer Berge. Im Erdgeschoss des Turms befindet sich der Chorraum der **Martinskapelle.** Hier könnt ihr gotische Fresken mit hübschen Motiven bestaunen.

Zeitgenössische Kunst für Kinder

Kunsthaus Bregenz (KUB), Karl-Tizian-Platz 1, 6900 Bregenz. ✆ 0043/5574/485940, www.kunsthaus-bregenz.at. **Lage:** An der Seestraße. **Bahn/Bus:** ↗ Bregenz. **Auto:** Parkhaus Richtung Bhf. **Zeiten:** Di – So 10 – 18 Uhr, Do 10 – 20 Uhr, Öffentliche Führung Do 18, Sa 14, So 16 Uhr, Kinderworkshop Sa 10 – 12 Uhr. **Preise:** 9 €, Führung 5 € zzgl. Eintritt; Kinder und Jugendliche bis 19 Jahre frei, Kinderworkshop 5,50 €; Schüler und Azubis Führung 2,50 €. **Infos:** Anmeldung zu Führungen und Workshops unter: ✆ 48594415 oder über l.anastasova@kunsthaus-bregenz.at.

▶ Das Kunsthaus gilt vor allem wegen seiner einmaligen Lichteffekte als Meisterwerk des Schweizer Architekten *Peter Zumthor*. Die **Ausstellungsräume** verteilen sich auf drei Stockwerke und sind kunstvoll beleuchtet. Zu sehen sind Werke von internationalen zeitgenössischen Künstlern. Teilweise werden die Ausstellungsstücke extra für das Kunsthaus angefer-

🦉 *In der Antike hieß der Bodensee noch Lacus Brigantinus, was von der römischen Stadt Brigantinum kommt, dem heutigen Bregenz. Im Mittelalter war dann die Königspfalz Bodman namensgebend, der See wurde Lacus Bodamicus genannt. Daraus hat man dann später den Namen Bodensee abgeleitet.*

Hier wird Kunst für euch verständlich: Kunsthaus Bregenz

© Kunsthaus Bregenz

tigt. Neben öffentlichen **Führungen** werden nach Voranmeldung auch individuell abgestimmte Rundgänge für Kinder aller Altersklassen zu den Themen Kunst und Architektur angeboten. Seid ihr zwischen 5 und 10 Jahre alt, könnt ihr jeden Sa an einem **Kinderworkshop** teilnehmen. Dabei geht ihr gemeinsam durch die Ausstellung und könnt euch anschließend im *KUB Atelier* kreativ austoben. Der *Kunstdrache* – eine gefräßige Handpuppe – erzählt für Kinder ab 4 Jahren spannende Kunstgeschichten.

FESTKALENDER BREGENZ & OSTUFER

April: 30., Bregenz: **Flottensternfahrt** zum Saisonauftakt, die Weiße Flotte trifft sich sternförmig auf dem See und tauscht dort Sektflaschen aus, Musik am Bregenzer Hafen.

Mai: Anfang (5. Mai 2016) **Familien-Schiffletag** günstige Schiffsrundfahrt mit Clown an Bord ab Bregenz in Kombi mit Radtour.

Juni: 2. Sa, So, Bregenz, **Stadt der Kinder,** Musik am Platz.

Juli: Ende, Fr und Sa, Feldkirch: **Gauklerfestival** in der Altstadt.

Juli und Aug, Bregenz, **Crossculture**, Kinder- und Jugendprogramm der **Bregenzer Festspiele** mit Musiktheater, Konzerten, Führungen und Workshops. www.bregenzerfestspiele.com.

August: Ende Aug Fr – So (26. – 28. Aug 2016): **Bregenzer Hafengenuss.**

Ende Aug – Mitte Sep, Feldkirch: **Kinderstadt Feldkirch** im Alten Hallenbad.

September: Sa im Sep, 1. Schulwoche, Dornbirn: **Spielefest** im Stadtgarten, 10 – 17.30 Uhr.

Dezember: Fr, 4 Wochen lang vor dem 23.: **Weihnachtsmarkt** auf dem Bregenzer Kornmarktplatz.

Sa, So, Do um den 6.: **Nikolausschiffe** ab Bregenz.

SCHWEIZER UFER & KREUZLINGEN

Da das Schweizer Bodenseeufer im Vergleich zum Nord- und Ostufer wesentlich dünner besiedelt ist, herrscht hier selbst zur Hochsaison eher gemütliches Treiben vor. Sogar in den Kleinstädten Rorschach, Arbon und Romanshorn ticken die Uhren scheinbar langsamer als anderswo, Hektik ist jedenfalls ein Fremdwort. Die Natur ist überall gegenwärtig. Zum einen breitet sich der herrliche Bodensee vor einem aus, zum anderen lockt zwischen See und dem weithin sichtbaren Säntis – von dessen 2502 m hohen Spitze ihr einen großartigen Fernblick genießt – hinter dem flachen Obstanbaugebiet das Appenzellerland mit zahlreichen Attraktionen.

Typisch für die Region ist der Käse, weshalb ihr den Ausflug auf den Säntis mit dem Besuch einer Käserei verbinden solltet. Eignet sich der Bodensee vornehmlich zum Baden und Entspannen, sind im Hinterland eher Radfahren und Wandern angesagt. Übernachten auf dem Bauernhof ist bei Alt und Jung gleichermaßen beliebt. Und zum Ausgleich der ländlichen Idylle bringt euch die lebendige Stadt St. Gallen mit ihren interessanten Museen und der reizvollen Altstadt wieder auf Trab. Einen Blick in die Sterne könnt ihr in Kreuzlingen werfen.

Frei- und Strandbäder

Schwimmbad Arbon ◎
Wassergasse 6, 9320 Arbon. ✆ 0041/71/4461640, www.arbon.ch. **Bahn/Bus:** ↗ Arbon. **Auto:** Vom Ortskern über Schmiedgasse und Weitegasse. **Rad:** Bodensee-Radweg. **Zeiten:** Mai – Mitte Juni 8.30 – 19.30 Uhr, Mitte Juni – Mitte Aug 8 – 20.30 Uhr, Mitte Aug – Mitte Sep 8.30 – 19 Uhr. **Preise:** 7 CHF, ab 17 Uhr 3,50 CHF, 10er-Karte 55 CHF; Kinder 6 – 15 Jahre 3,50 CHF, ab 17 Uhr 2 CHF, 10er-Karte 28 CHF; mit Bodensee-Erlebniskarte frei.

NATUR PUR IM APPENZELLERLAND

🐛 Auf der *Thurbo-Freizeitkarte*, Maßstab 1:120.000, 19,90 CHF, sind alle wichtigen Skater-, Velo- und Wanderrouten der Ostschweiz eingezeichnet. Dazu Attraktionen und Sehenswürdigkeiten für die ganze Familie. Erhältlich unter www.thurbo.ch oder in den Buchhandlungen.

TIPPS FÜR WASSERRATTEN

Gierig: Die Ziegen sind ganz wild auf Futter
© Walter Zoo AG Gossau

**Rolf Latscha
Bootsschule
GmbH,** Grünaustraße
19, Arbon. ✆ 0041/71/
4461020. www.segel-
schule-bodensee.ch.
In der Segelschule im
Hafen könnt ihr 4er-
und 5er-Pedalos (Tret-
boot) mieten. 1 Std
20 CHF.

▶ Das direkt am See gelegene Bad bietet Schwim-
mer-, Nichtschwimmer- sowie Kinderbecken. Eine ge-
schwungene Riesenrutsche und ein 10-m-Sprung-
turm fordert die Mutigen heraus. Stärken könnt ihr
euch im SB-Restaurant. Außerdem gibt es einen Grillplatz und einen Kiosk.

Seebad Romanshorn ◎
Badstraße 50, 8590 Romanshorn. ✆ 0041/71/
4631147, www.romanshorn.ch. **Bahn/Bus:** ↗ Romanshorn, über Hafen- und Schlossbergstraße 10 Min zu
Fuß Richtung Norden. **Rad:** Bodensee-Radweg. **Zeiten:**
Juni – Aug Mo – Sa 8 – 20, So, Fei 8 – 19 Uhr, Mai –
Sep Mo –Sa 9 – 19, So, Fei 9 – 18 Uhr. **Preise:** 6 CHF;
Kinder 6 – 15 Jahre 3 CHF; Abendkarte ab 17 Uhr halber Preis, mit Bodensee-Erlebniskarte frei. **Infos:** Pool-
lift (im Lern-/Übungsbecken), Umkleidekabine und WC
mit Dusche für Rollstuhlfahrer vorhanden.
▶ Die schön gelegene und großzügig angelegte Badeanstalt mit 50-m-Becken, Sprungturm, Wasserrutsche, Kinderbereich und großer Liege- und Spielwiese sowie einem Beachvolleyballfeld.

Strandbad Arbon ◎
Philosophenweg, 9320 Arbon. ✆ 0041/71/4461333,
www.arbontourismus.ch. **Bahn/Bus:** ↗ Arbon, Bahn-Hal-
testelle Seemoosriet. **Auto:** Vom Zentrum Hauptstraße
Richtung Romanshorn,
an Ampelkreuzung Be-
schilderung Camping-
platz folgen. **Rad:** Am
Bodensee-Radweg. **Zei-
ten:** Mitte Mai – Mitte
Juni und Mitte Aug –
4. Sep Mo – Fr 10 – 19,
Sa, So 9.30 – 19 Uhr,
Mitte Juni – Mitte Aug
Mo – Fr 9 – 20.30, Sa,
So 8.30 – 20 Uhr, bei

**Spenden Schatten im
Strandbad Arbon: Bunte
Sonnenschirme**
© Infocenter Arbon

schlechter Witterung geschlossen. **Preise:** 7 CHF, ab 17 Uhr 3,50 CHF; Kinder 6 – 15 Jahre 3,50 bzw. 2 CHF; Schüler, Azubis ab 16 Jahre mit Ausweis 6 CHF, mit Bodensee-Erlebniskarte frei.

▶ Das ruhige und idyllische Strandbad zählt zu den schönsten in der Schweiz, auch weil es noch eine historische Badhütte aus den Anfängen der öffentlichen Badekultur hat (1930). Für Kinder gibt es ein Planschbecken und einen Spielplatz. Auf der Wiese spenden Bäume Schatten. Auch ein Volleyballfeld und ein Restaurant sind vorhanden, hier dürft ihr euch austoben und anschließend stärken.

Badhütte Rorschach

René Schaufelberger, 9400 Rorschach. ℂ 0041/71/ 8411684, Handy 0041/798412269. www.tourist-ror-schach.ch. **Bahn/Bus:** ↗ Rorschach, an der Seepromenade 500 m vom Bhf entfernt Richtung Westen. **Rad:** Am Bodensee- und Rhein-Radweg. **Zeiten:** Mitte Mai – Mitte Juni 9 – 19 Uhr, Mitte Juni – Mitte Aug 8 – 20 Uhr, Mitte Aug – Mitte Sep 8 – 19 Uhr. **Preise:** 3 CHF, mit Kabine 4,50 CHF, 15er-Karte 30 CHF, mit Kabine 45 CHF; Kinder 6 – 16 Jahre 1,50 CHF, 15er-Karte 15 CHF.

▶ Die nostalgische Badeanstalt ist auf Holzpfählen gebaut und erfreut sich großer Beliebtheit. Für Kleinkinder und Nichtschwimmer steht im *Frauenbad* (heute auch für Männer zugänglich) ein Becken zur Verfügung. Zum Sonnen eignen sich die beiden großen Liegedecks und die Flöße im See. Ein Floß ist allerdings für euch als *Spielwiese* reserviert.

Strandbad Rorschach

Herberge See, Churer Straße 4, 9400 Rorschach. ℂ 0041/71/8449710, www.herberge-rorschach.ch. **Bahn/Bus:** Vom Hbf ↗ Rorschach zur Seepromenade, dann 3 Min zu Fuß. **Rad:** Am Bodensee- und Rhein-Radweg. **Zeiten:** Mai – Mitte Sep 9 – 20 Uhr. **Preise:** 6 CHF, 10er-Karte 54 CHF; Kinder 6 – 15 Jahre 2 CHF, 10er-Karte 15CHF; Azubis, Studenten 4,50 CHF.

Hunger & Durst

Strandbad-Restaurant, Philosophenweg 11, Arbon. ℂ 0041/71/ 4461760. www.arbon-tourismus.ch. Karfreitag – Sep ab 8.30, Mai und Sep bis 20, Juni – Aug bis 23 Uhr, Fr, Sa bis 1 Uhr möglich. Fischknusperli, Huusspieß, Elefantenohrschnitzel und auch Vegetarisches.

»Auf ihren alten Pfählen lebt die unerschöpfliche Sehnsucht aller Seebuben und Seemaitli.« So schwärmte der Rorschacher Journalist Marcel Elsener vor einigen Jahren von der **Badhütte Rorschach.**

▶ Am Bodensee baden könnt ihr sowohl im See als auch in zwei verschiedenen Becken. Kleine Wasserratten sausen auf der 65 m langen Rutsche ins Wasser, hüpfen vom Sprungturm oder toben sich auf dem Spielplatz aus. Für Minis gibt es ein Planschbecken, für Sportliche Beachvolleyball- und Fußballfeld, Tischtennis und Tischfußball. Stärken könnt ihr euch im Gartenrestaurant.

Schiffstouren

Schiff fahren an 365 Tagen im Jahr
Schweizerische Bodensee Schifffahrt, Friedrichshafener Straße 55, 8590 Romanshorn. ✆ 0041/71/4667888, www.bodenseeschiffe.ch. **Bahn/Bus:** Der Bhf von ↗ Romanshorn liegt in Sichtweite des Hafens. **Rad:** Am Bodensee-Radweg. **Zeiten:** Fähren ganzjährig stündlich; Kursschiffe April – Mitte Mai Sa, So, Fei, Mitte Mai – Mitte Sep täglich, Mitte Sep – Mitte Okt Sa, So. **Preise:** Fähre nach Friedrichshafen 11 CHF, Tageskarte für alle Schiffe der SBS 49,50 CHF; Bodensee-Kinderkarte (6 – 15 Jahre) 8 CHF pro Familie für alle Kinder eines Eltern-/Großelternteils.

▶ Die SBS Schifffahrt verfügt über sieben Kursschiffe und die Fähre *MF Euregia,* auf der bis zu 700 Personen und 50 Autos Platz finden. Sie bringt euch das ganze Jahr über stündlich von Romanshorn nach Friedrichshafen und wieder zurück. Viele Schweizer nutzen die guten Fährverbindungen nach Friedrichshafen, weil sie dort günstiger einkaufen und in der Regel auch essen können. Nur rund 40 Minuten dauert die einfache Fahrt mit der Autofähre quer über den Bodensee, der zwischen diesen beiden Städ-

Ahoi: Hoffentlich seid ihr seefest

© SBS Schifffahrt AG

ten besonders breit ist. Mit den Kursschiffen könnt ihr zum Beispiel über Kreuzlingen zur Insel Mainau, nach Unteruhldingen und Meersburg und über Arbon nach Langenargen schippern.

Unterwegs auf dem Alten Rhein ◎

Schweizerische Bodensee Schifffahrt, 9401 Rorschach. ✆ 0041/58/2299350, www.sbsag.ch. **Lage:** Hafen Rorschach. **Bahn/Bus:** Vom Hbf ↗ Rorschach zur Seepromenade, dann 3 Min zu Fuß bis zum Hafen. **Rad:** Am Bodensee- und Rhein-Radweg. **Zeiten:** Rorschach – Rheineck Mai – Mitte Sep, Frühstücksbuffet nach Voranmeldung, Abfahrt 9.30 Uhr. **Preise:** einfache Fahrt 17 CHF, Rundfahrt 34 CHF, Frühstücksbuffet zzgl. 24,50 CHF; Kinder 6 – 15 Jahre 8 CHF (Bodensee-Kinderkarte: Preis gilt für alle Kinder eines Eltern-/Großelternteils), Frühstück: Preis auf Anfrage; Fahrt mit der Bodensee-Erlebniskarte frei.

▶ Als Alten Rhein bezeichnet man das ehemalige Flussbett des Rheins. Bei der Begradigung des Flusslaufs Anfang des 20. Jahrhunderts wurde der Teil, der jetzt Alter Rhein heißt, vom Rhein abgetrennt, unter anderem, um die Hochwassergefahr einzudämmen. Zwischen Mai und September könnt ihr eine Schiffstour auf dem Alten Rhein unternehmen. Bis zum Ziel **Rheineck** braucht das Kursschiff etwas mehr als eine Stunde. Wollte ihr euren Ausflug mit einem gemütlichen Frühstück an Bord verbinden, meldet euch zur Rundfahrt mit Frühstücksbuffet an.

Radeln & wandern

Mitten durch das Obstland radeln

8590 Romanshorn. **Strecke:** Romanshorn – Bischofszell. **Länge:** 17 km, Gehzeit 90 Min. **Bahn/Bus:** Bhf ↗ Romanshorn. **Rad:** Bodensee-Radweg.

▶ Südlich der belebten Ufer des Bodensees breitet sich das flache Hügelland des *Oberthurgaus* aus.

FRISCHE LUFT & SPORT

**Steht mitten im Wasser:
Das hübsche Schloss
Hagenwil**

© Wasserschloss Hagenwil

Hunger & Durst

**Wasserschloss Hagen-
wil,** Schloss-Straße 1,
Hagenwil bei Amriswil.
✆ 0041/71/4111913.
www.schloss-hagen-
wil.ch. Mo, Do – Sa 10 –
24, Di 10 – 14, So 9 –
22 Uhr. 800 Jahre altes
Schloss, gutbürgerliche
Saisonküche, Kinder-
karte, Tiere zum Beob-
achten.

 *Rent a bike,*
www.renta-
bike.ch, vermietet am
Bhf Romanshorn Velos
für Groß und Klein, ggf.
mit Kindersitz. Erw
35 CHF pro Tag, Kinder
bis 16 Jahre 30 CHF.
Bei Rückgabe an ande-
rem Bhf Aufschlag
8 CHF pro Rad.

Keine hohen Berge weit und breit, sodass ihr ohne
großen Kraftaufwand nach Bischofszell radeln könnt.
Die Route ist perfekt markiert: Zunächst fahrt ihr
vom **Romanshorner Hafen** bzw. Bahnhof die **Rhein-
Route** einfach Richtung Süden, bevor nach 1 km die
Mittelland-Route in das Hinterland abzweigt. So weit
das Auge reicht, seid ihr nun von Obstplantagen umgeben. Je größer und älter die Bäume sind, desto
mehr Vögel finden sich hier zum Brüten ein. Nach einer kleinen Abfahrt gelangt ihr zum **Wasserschloss
Hagenwil,** das nur über eine Zugbrücke zu erreichen
ist. Es ist eine der wenigen erhaltenen Wasserburgen
der Schweiz. Um 1200 erbaut beherbergt es heute
ein *Restaurant* und stellt seine Räumlichkeiten für
Tagungen und Hochzeiten zur Verfügung.
Anschließend radelt ihr am Rand des sogenannten
Hudelmooses entlang – in diesem Moorgebiet wachsen vor allem Birken. Zuletzt gelangt ihr an der Stelle, an der die beiden Flüsse *Thur* und *Sitter* zusam-
menfließen, nach **Bischofszell.** Die Altstadt ist sehr
schön und lohnt einen Besuch. Wenn ihr noch fit
seid, radelt die Strecke wieder zurück, sonst setzt ihr
euch einfach in den Zug.

»Lache isch gsond«: Erlebnisrundfahrt und Witzweg

9410 Heiden. © 0041/71/8983300, www.witzweg.ch.
Strecke: Heiden – Wolfhalden – Klus – Sonder – Schiben – Hostet – Walzenhausen. **Länge:** 8 km, Gehzeit etwa 3 Std, tendenziell bergab. **Bahn/Bus:** Schiff von Rorschach Hafen nach Rheineck, Bergbahn Rheineck – Walzenhausen. **Zeiten:** Mai – Sep. **Preise:** Rundfahrten-Ticket (Schiff, 2 Bergbahnen und evtl. Postauto) 28 CHF, mit Halbtaxabo 14 CHF; Kinder 6 – 16 Jahre 14 CHF; mit der Bodensee-Erlebniskarte freier Eintritt. **Infos:** Prospekt zu Erlebnisrundfahrt und Witzweg in der Tourist-Info erhältlich.

▶ Dies wird ein erlebnisreicher Tag: Ihr fahrt mit der Bergbahn, dem Schiff und vielleicht dem Postbus, ihr werdet wandern, lachen und unterwegs einkehren, um eine frische Appenzeller Milch zu trinken!

Von **Rorschach Hafen** fahrt ihr mit der traditionsreichen **Zahnrad-Bergbahn** – im Sommer in offenen nostalgischen Wagen – zunächst auf 800 m hinauf nach **Heiden.** Das dauert gut 30 Min. Heiden ist als das *Biedermeierdorf* bekannt, denn alle Häuschen stammen aus jener Zeit, als man es zierlich und ordentlich liebte. Und das kam so: Im September 1838 herrschte ein heftiger Föhnsturm als plötzlich ein Feuer ausbrach. 129 Häuser, Scheunen und die Kirche brannten ab! Innerhalb zweier Jahre entstand das Dorf neu, diesmal in regelmäßiger klassizistisch-biedermeierlicher Anlage. Danach stieg es sogar zu einem sehr berühmten Kurort auf, wo man warme Molke und andere Milchprodukte zur Stärkung der Gesundheit trank. Den neuen Kirchturm könnt ihr Mai – Mitte Okt besteigen, um die Aussicht zu genießen.

Auf dem **Witzweg** geht es nun zu Fuß weiter. Der lustige Weg ist mit speziellen Schildern gekennzeichnet und führt in einem sanftem Auf und Ab über **Wolfhalden** (709 m), *Klus* (699 m), *Sonder* (781 m), *Schiben* (725 m) und *Hostet* (743 m) nach **Walzenhausen**

Hunger & Durst
Bäckerei-Konditorei Nellie, Rosentalstraße 14, Heiden. © 0041/71/8911726. www.heiden.ch. Mo – Fr 5.30 – 18.30, Sa bis 16, So bis 18 Uhr. Kleines, gemütliches Café.

Ein Halbtaxabo ist eine Fahrkarte, mit der Erwachsene zum halben Preis Zug fahren können. Die Karte kostet 175 CHF für 1 Jahr.

(673 m). Wenn ihr unterwegs Picknick machen wollt, sucht doch einfach einen der drei Grillplätze entlang der Strecke auf. Außerdem gibt es **Spielplätze** in den Dorfzentren von Heiden, Wolfhalden und Walzenhausen sowie direkt an der Route. Cafés und Gaststätten freuen sich natürlich auch über eure Einkehr. Die Wanderung kann in Wolfhalden und bei der Hueb mit dem Postbus abgekürzt werden. Die anderen fahren ab Walzenhausen mit der romantischen **Bergbahn** über die *Hexenkirchli-Schlucht* hinunter nach **Rheineck**. Von dort geht es dann mit dem **Schiff** durch das faszinierende *Naturschutzgebiet Alter Rhein* zurück zum **Hafen Rorschach**.

UMWELT ER-FORSCHEN

👀 *Die **Pfauenziege** kann ausgezeichnet klettern und sucht deshalb sogar in den höchsten Regionen der Alpen ihre Weideplätze. Von dieser schönen Rasse gab es vor einigen Jahren nur noch etwa 50 Tiere, bis sich einige Bergbauern entschlossen, die Pfauenziege vor dem Aussterben zu retten.*

Tiere erleben

Einheimische Tiere beobachten
Tierpark Kreuzlingen, Elmar Raschle, Zelgstraße 6, 8280 Kreuzlingen. www.tierpark-kreuzlingen.ch. **Lage:** Im Seeburgpark. **Bahn/Bus:** ↗ Seeburgpark. **Rad:** Bodensee-Radweg. **Zeiten:** ganzjährig durchgehend geöffnet, am letzten So im März, April und Mai sind die Gehege 13.30 – 16.30 Uhr zugänglich, dabei können die Tiere gefüttert und gestreichelt werden. **Preise:** Eintritt frei.

▶ In den Vogelgehegen, die man *Voliere* nennt, seht ihr verschiedene Vogelarten, die in der Schweiz vorkommen, aber nur schwer zu beobachten sind, wie Bartmeisen, den Raufuß- und Waldkauz, Wachtelkönige oder Rebhühner. Im Freigelände findet ihr zudem Haustiere wie Kaninchen, Schafe, **Ziegen** und Esel. Seit Jahren wird mit Erfolg die Stiefelgeiß gezüchtet, die ihren Namen der schwarzen Färbung ihrer Beine verdankt. Diese Ziegenart stammt ursprünglich aus den Schweizer Alpen und ist für ihre Robustheit bekannt. Da diese Ziegenrasse jedoch nur wenig Milch gibt, wird sie kaum noch als Haustier gehalten und gilt daher als vom Aussterben bedroht.

Viele Tiere dürfen gestreichelt und gefüttert werden; das Tierfutter gibt es an den Gehegen.

Warum spucken Lamas? ☺

Abenteuerland Walter Zoo, Neuchlen 200, 9200 Gossau. ✆ 0041/71/3875050, www.walterzoo.ch. **Bahn/Bus:** Bhf Gossau Bus 155 stündlich bis Walter Zoo. **Auto:** A1 Ausfahrt St. Gallen-Winkeln, Richtung Gossau, dort 1. Ampel rechts, ausgeschildert. **Zeiten:** März – Okt 9 – 18.30 Uhr, Nov – Feb 9 – 17.30 Uhr. **Preise:** 20 CHF, mit Sonntagsbrunch 26 CHF (= 20 bzw. 26 €); Kinder 4 – 15 Jahre 10 CHF, Ponyreiten 2, Kamelreiten 3 CHF, Sonntagsbrunch 25 CHF; mit Bodensee-Erlebniskarte frei. Gruppen ab 10 Pers 17 CHF, ab 10 Kindern 9 CHF. **Infos:** Täglich 14 Uhr erzählen Tierpfleger 20 Min Wissenswertes über ihre Arbeit und die Tiere, Treffpunkt beim jeweiligen Gehege.

▶ Das Abenteuerland Walter Zoo beherbergt rund 500 Tiere aus über 100 verschiedenen Tierarten aus aller Welt. Da seht ihr Tiger aus Ostasien, Zebras und Schimpansen aus Afrika und Echsen aus Nordamerika. Den engsten Kontakt zu den Tieren habt ihr im **Streichelzoo** und beim **Kamel-** oder **Ponyreiten.** März – Okt findet in der **Märchenwelt im Zirkuszelt** täglich außer Fr eine spannende Show mit Artistik, Komik und Tieren statt – das solltet ihr euch nicht entgehen lassen! Außerdem gibt es verschiedene Spielmöglichkeiten sowie schöne Stellen zum **Grillen.** Im Selbstbedienungs-Restaurant findet ihr Angebote für die ganze Familie.

Da guckt er, der Strauß: Was verspeist denn der kleine Schimpanse?
© beide Fotos: Walter Zoo AG Gossau

☀ Wollt ihr wissen, wie das Kamel zu seinen Höckern kam? Dann lauscht der Erzählung 15 – 15.20 Uhr am Infohaus.

Kräuter entdecken & Sterne erforschen

Die Heilkraft der Kräuter kennen lernen

Heilkräuter- und Gewürzpflanzen-Garten Kreuzlingen, 8280 Kreuzlingen. ℗ 0041/71/6723840, www.kreuzlingen.ch. **Lage:** Im Seeburgpark. **Bahn/Bus:** Vom Bhf ↗ Kreuzlingen-Hafen und der Schiffsanlegestelle Kreuzlingen nur wenige Gehminuten. Vom Zentrum Stadtbus 2 bis Wasenstraße. **Auto:** Parkplätze an der Sonnenwiesenstraße und beim Hafen. **Zeiten:** frei zugänglich.

© pmv, Annette Sievers

▶ Viele Kräutern in der Natur haben eine heilende Wirkung. In diesem Garten werden die meisten davon angepflanzt. Sie sind nach Themen geordnet auf acht Beete aufgeteilt. Wenn ihr nahe genug hingeht, könnt ihr die unterschiedlichen Düfte gut riechen. Manche Pflanzen haben auch sehr schöne Blüten. In einer vor Ort ausliegenden Broschüre sind alle **Pflanzen und Kräuter** mit ihrer Wirkung aufgelistet.

Die Welt der Sterne

Planetarium und Sternwarte Kreuzlingen, Breitenrainstraße 21, 8280 Kreuzlingen. ℗ 0041/71/6773802 (Planetarium), 6773803 (Sternwarte). www.sternwarte-kreuzlingen.ch. **Bahn/Bus:** ↗ Planetenweg Kreuzlingen. **Zeiten:** Büro Mo – Fr 14 – 17 Uhr, Vorführungen im Planetarium Di 20, Mi 15 und 17, Fr, Sa 20, So 15 und 17 Uhr, Sternwarte Mi ab 19 Uhr. **Preise:** Planetarium 12 CHF, Kinderprogramm Pers ab 10 Jahre 5 CHF, Sternwarte 7 CHF; Kinder 6 – 10 Jahre Planetarium 6 CHF, Kinderprogramm 3 CHF, Sternwarte frei, Jugendliche 10 – 18 Jahre Planetarium 8 CHF, Sternwarte

*Thymian hilft bei Husten, **Hafer** bei Schlaflosigkeit, **Kamille** bei Entzündungen, **Wacholder** bei Verdauungsstörungen, **Hopfen** ist appetitanregend und **Lavendel** wirkt beruhigend.*

Hunger & Durst

Gartenwirtschaft und Minigolf, Kreuzlingen. ℗ 0041/71/6723955. www.minigolf-kreuzlingen.ch. März – Okt 9 – 21 Uhr. Direkt beim Spielplatz bei der Schiffsanlegestelle. Gemütlich, warme und kalte Gerichte. Minigolf 6, Kinder 6 – 14 Jahre 3,50 CHF.

5 CHF; Familienkarte Planetarium (Eltern & alle Kinder) 32 CHF. **Infos:** Sternwarte und Büro: ✆ 67738-00.

▶ In einem **Planetarium** könnt ihr die Sterne und Planeten betrachten, so wie sie in klaren Nächten am Himmel zu sehen sind. Ein spezieller Projektor bildet über 7000 Sterne auf der großen Kuppel ab. Dabei lernt ihr bestimmte Sternbilder kennen und seht, wie der Mond im Laufe einer Nacht über das Firmament wandert. Für Kinder ab 3 Jahre gibt es Mi um 15 Uhr das Programm *Die Reise des kleinen Kometen zur Sonne.* Ihr begleitet den kleinen Kometen bei seinem Ausflug und lernt, was es mit dem Auftauchen und Verschwinden der Schweifsterne auf sich hat. Seid ihr älter als 7 Jahre, könnt ihr So um 15 Uhr mit dem kleinen *Tim* auf Schatzsuche gehen und zusehen, wie er sich dabei an den Sternen orientiert. Neu seit Herbst 2014 ist das Familienprogramm (So 15 Uhr, ab 8 Jahre). Dabei begebt ihr euch mit dem Astronauten auf eine imaginäre Reise ins All.

Wollt ihr die echten Sterne am Himmel ganz aus der Nähe betrachten, dann besucht die **Sternwarte** und blickt durch das große Fernrohr.

 Beim Planetarium beginnt ein 6 km langer Lehrpfad, auf dem ihr alle 9 Planeten des Sonnensystems im Maßstab 1:1 Mrd abwandert. Die Erde ist dann nur noch 13 mm groß! Mit jedem Schritt legt ihr die doppelte Entfernung zwischen Erde und Mond zurück, bei gemütlichem Wandertempo schafft ihr also leicht die 3- bis 4-fache Lichtgeschwindigkeit! Reine Gehzeit 1,5 Std; Rückweg per Bahn ab Siegershausen.

Bahnen & Betriebe

König der Bodenseeberge: Der Säntis ◉

Säntis-Schwebebahn AG, 9107 Schwägalp. ✆ 0041/ 71/3656565, 071/3656666 (automatische Auskunft). www.saentisbahn.ch. **Bahn/Bus:** Bodenseefähre ↗ Friedrichshafen – ↗ Romanshorn, vom Bhf mit Zug bis Urnäsch, Anschluss Postauto (Linie 791) zur Talstation. **Auto:** Auf Landstraßen über St. Gallen und Herisau. **Zeiten:** Juni – Okt 7.30 – 18 Uhr jede halbe Std, bei großem Andrang auch öfter, Fr und Sa bis 8.30 Uhr, Mitte Okt – Dez und Ende Jan – Mai 8.30 – 17 Uhr, Sa und So ab 8 Uhr. **Preise:** Berg- und Talfahrt 45 CHF; Kinder 6 – 16 Jahre 22,50 CHF; mit Bodensee-Erlebniskarte frei bzw. halber Tarif.

HANDWERK UND GESCHICHTE

Happy Birthday!
An Geburtstagen zahlen Eltern und Kinder nur den halben Fahrpreis. Ausweis nicht vergessen!

🦉 *Wie heißen die 6 Länder, die ihr vom Säntis aus sehen könnt?*

▶ Der 2502 m hohe *Säntis* erhebt sich mit seinem Felsgipfel kühn über dem Appenzellerland. Der Berg ist so dominant, dass er bei klarem Wetter auch vom deutschen Bodenseeufer aus eindeutig zu erkennen ist. Selbst die große Antenne auf dem Gipfel ist aus der Ferne auszumachen. Oft zeigt sich der Säntis auch noch oder schon im Winterkleid, während euch am Bodenseeufer milde Lüfte umwehen. Bei diesem Anblick wächst die Lust, auch einmal auf diesem Berg zu stehen und die sagenhafte Aussicht auf **sechs verschiedene Länder** und die Schweizer Eisberge zu genießen. Mit der Schwebebahn seid ihr in nur zehn Minuten von der Talstation bei der Schwägalp auf dem großen Aussichtsplateau. Gleich neben dem Berghotel seht ihr im **Steinpark** die vielen Gesteinsarten, die im Lauf von vielen Millionen Jahren diese Gegend geprägt haben und die auf 12 illustrierten Tafeln auf kurzem Weg erklärt werden. Vier weitere **Themenrundwege** machen euch mit den Besonderheiten des Moors, des Waldes, der Alpwirtschaft und dem Zusammenwirken von Mensch und Umwelt am Säntis bekannt; alle zwischen 1,9 – 2,4 km lang.

Das besondere Käseerlebnis

Appenzeller Schaukäserei AG, Dorf 711, 9063 Stein. ✆ 0041/71/3685070, www.schaukaeserei.ch. **Bahn/ Bus:** Zug nach St. Gallen, weiter mit dem Postauto. **Auto:** A1 Ausfahrt 79 Gossau, dann über Herisau und Hundwil. **Zeiten:** Mai – Okt 9 – 18.30, Nov – April bis 17.30 Uhr. **Preise:** Eintritt frei, iPad-Führung ab 10 CHF, Gruppenführung auf Deutsch, Englisch, Französisch, Italienisch 1 Std nach Voranmeldung pauschal 99 CHF; Kinder bis 16 Jahre iPad-Führung 5 CHF.

▶ Noch immer stellen die Sennen den Appenzeller® Käse in echten Dorfkäsereien her. So wie in Stein. In weiten Teilen der Schweiz arbeiten die Sennen sogar abgeschieden auf ihrer Alp. Mit dem Käse ist es wie mit dem Wein: je älter, desto besser. Ein Käse braucht also Zeit, bis er heranreift. Und in dieser Zeit

Hunger & Durst
Höckli/Kessi,
www.schaukaeserei.ch. Mai – Okt 8.30 – 18.30, Nov – April 8.30 – 17.30 Uhr. Gemütliche Gaststube der Appenzeller Schaukäserei mit – natürlich – Käse satt auf der Karte. So 9 – 11 Uhr Frühstücksbuffet.

muss er gut gepflegt werden. Der Senn verwendet für die Pflege des Appenzellers® eine sogenannte Kräutersulz, eine Mischung aus verschiedenen Kräutern, die dem Käse seinen würzigen Geschmack geben. Doch das Geheimnis, woraus diese Sulz genau besteht, hüten wenige Eingeweihte wie einen Schatz. Wichtig für die Zubereitung des Käses ist frische Milch von gesunden Tieren. Hier sind es Kühe, die nur Heu und Gras fressen, für sie das Allerbeste. In der **Appenzeller Schaukäserei** könnt ihr zusehen, wie der berühmte, traditionelle Appenzeller® Käse entsteht. Von der Besuchergalerie aus schaut ihr den Käsern über die Schulter. Bei der **iPad-Führung** könnt ihr alle Stationen der Herstellung interaktiv erleben. Dabei seht ihr zum Beispiel auch den riesigen Käsekeller, in dem bis zu 12.500 Käselaibe gelagert werden. Nach Voranmeldung werden auch **Gruppenführungen** angeboten. Im **Shop** der Käserei könnt ihr Souvenirs, regionale Spezialitäten und natürlich verschiedene Sorten des Appenzellers® kaufen.

Ohne Kuh kein Käse: Das gilt zumindest für den Appenzeller®

© pmv, Katja Faby

Dem Senn über die Schulter schauen

Alpschaukäserei Schwägalp, 9107 Schwägalp. ✆ 0041/71/3656565, www.saentisbahn.ch. **Lage:** In Sichtweite der ↗ Säntisbahn-Talstation. **Bahn/Bus:** ↗ Romanshorn, dann Bahn nach Urnäsch, Anschluss mit Postauto zur Talstation. **Auto:** Landstraße über St. Gallen und Herisau. **Zeiten:** Schauraum und Laden Mai täglich 10 – 16.30, Juni – Sep 9 – 17.30, Okt 10 – 17, Nov 11 – 16 Uhr. **Preise:** Eintritt frei, geführte Besichtigung für 8 – 25 Pers 160 CHF pro Gruppe.

▶ Wenn ihr schon immer einmal wissen wolltet, wie Käse hergestellt wird, dann seid ihr auf der Schwägalp genau richtig. Im Sommer liefern hier rund 50

Hunger & Durst

Gasthaus Passhöhe, Schwägalp. ✆ 0041/71/3641243. www.saentisbahn.ch. Fr 17 – 22, Sa 10 – 22, So 10 – 18 Uhr, an den übrigen Tagen bei schönem Wetter geöffnet, am besten ruft ihr vorher an, Betriebsferien im Nov. Rustikale Appenzeller Gaststube und Sonnenterrasse.

Sennen ihre frische Alpenmilch ab, insgesamt meist rund 6000 Liter, und das jeden Tag. Die Milch wird wie eh und je in Kupferkessel geschüttet und dort zu Käse verarbeitet. Wie das genau funktioniert, wird auf Schautafeln ausführlich dargestellt.

Bis aus der Milch ein richtiger Käse heranreift, vergehen Wochen und Monate. Zunächst wird die Kuhmilch im *Kessi* bei gut 30 Grad mit Lab *dick gelegt.* Die geronnene Masse wird dann mit einem *Käsesäbel* und einer *Käseharfe* zerkleinert, mit einem *Brecher* verrührt und etwa eine dreiviertel Stunde auf gut 50 Grad erhitzt. Schließlich wird der *Bruch* in großen Portionen mit Tüchern gekonnt ausgehoben und in Holzformen zu Laiben gepresst. Nach einigen Stunden wird das nun feste Käserad in Salzlösung eingelegt. Schließlich reift der Käse für viele Wochen im Käsekeller. Dabei wendet und salzt ihn der Senn alle zwei Tage.

Besonders lecker schmecken der preisgekrönte *Schwägalpkäse,* der würzige *Säntiskristallkäse,* das rahmige *Mutschli* und der aromatische *Ziegenkäse.* Auch Butter und Joghurt werden frisch zubereitet. Darüber hinaus könnt ihr während der Alpsaison jeweils vormittags an einer Führung teilnehmen, sofern sich eine Gruppe von 25 – 30 Leuten findet. Zumindest dürft ihr jedoch die rundum gesunden Produkte im urigen Laden probieren, denn: »Chäs und Brot macht d'Wangä rot«, sagen die Einheimischen.

Schoggi zum Sattsehen und Sattessen

Schoggiland Maestrani, Toggenburgerstraße 41, 9230 Flawil. © 0041/71/2283888, www.schoggi-land.ch. **Bahn/Bus:** Bus 860.767 ab Flawil Bhf bis Flawil Maestrani (direkt vor der Fabrik). **Auto:** A1 Ausfahrt Uzwil/Flawil, Richtung Flawil, an Schweidweg-Kreuzung (nach Ortsschild Flawil) geradeaus über Kreuzung Richtung Wattwil, nach 500 m links. **Zeiten:** Shop Mo – Fr 9 – 18, Sa 9 – 12 Uhr, öffentliche Führung Termine ↗ Internetseite, Gruppenführung Mo – Fr 9 – 21.30, Sa 8 – 12

Uhr nach Anmeldung. **Preise:** öffentliche Führung
10 CHF, Gruppenführung 120 CHF pro Gruppe (bis 25
Pers); Kinder ab 6 Jahre öffentliche Führung 7 CHF.

▶ Bei einer **Betriebsführung** in der großen Schokoladenfabrik seht ihr so viel von der braunen Köstlich-
keit auf einmal, wie ihr sie in eurem ganzen Leben
niemals essen könnt. Ihr seht einen Film zur Schoko-
ladenherstellung und nehmt an einem Rundgang
durch die Fabrik teil. Von der 80 m langen Besuchergalerie könnt ihr genau mitverfolgen, wie die feinen
Schoko-Spezialitäten hergestellt werden. Ihr lernt außerdem die Geschichte der Schokoladenproduktion
kennen, erfahrt, woher die Rohwaren kommen und
wie aus der Kakaobohne die Schokoladentafel entsteht. Natürlich dürft ihr zwischendurch auch immer
wieder kosten. Anschließend habt ihr im **Shop** die
Möglichkeit, die schokoladigen Köstlichkeiten zu kaufen. Für Einzelpersonen und Familien (maximal 7 Personen pro anreisende Gruppe) werden **öffentliche
Führungen** angeboten. An ihnen könnt ihr ohne Anmeldung teilnehmen. Tickets bekommt ihr im Shop.
Reist ihr in einer größeren Gruppe an, müsst ihr euch
vorher anmelden. Da bis Frühjahr 2017 größere Um-
baumaßnahmen im Schoggiland stattfinden, schaut
vor eurem Besuch immer auf der Internetseite nach,
ob und wann eine Führung angeboten wird.

SCHWEIZER UFER & KREUZLINGEN

Museen

Wie man früher am Bodensee fischte

Seemuseum, lic.phil. Ursula Steinhauser, Seeweg 3, 8280 Kreuzlingen. ✆ 0041/71/6885242, www.seemuseum.ch. **Bahn/Bus:** ab ↗ Kreuzlingen-Hafen 10 Gehminuten durch den Seeburgpark Richtung Osten, 20 Min ab Sea Life Konstanz. **Rad:** Bodensee-Radweg. **Zeiten:** Okt – Juni Mo, Sa, So 14 – 17 Uhr, Juli – Sep 11 – 17 Uhr. **Preise:** 8 CHF; Kinder 10 – 16 Jahre 5 CHF; Familienkarte (2 Erw, 2 Kinder) 15 CHF.

▶ Das Seemuseum befindet sich in einem alten Giebelhaus im **Seeburgpark,** in der *Kornschütte.* In dem großen Haus von 1680 lagerten die Augustiner-Mönche vom Kloster Kreuzlingen einst ihr Korn ein, das an der damals nahen Bootsanlegestelle verschifft wurde. Seit 1993 dreht sich hier alles um Schifffahrt und Fischerei auf dem Bodensee. In der Dauerausstellung seht ihr über 50 alte Schiffsmodelle, dazu originale Oldtimer-Segelschiffe und Dampfmaschinen. Um zu zeigen, wie mühsam der Fischfang früher war, sind Fischerei-Szenen lebensecht nachgestellt: Da zerren auf einem Kutter Männer in Ölzeug Netze ins Boot oder ihr schaut in eine Fischerwerkstatt. In wechselnden Sonderausstellungen geht es um spannende Naturthemen, bis Sep 2016 z.B. um Fledermäuse. Für Kinder gibt es einen Orientierungslauf mit lustigen Rätseln.

Hunger & Durst

Museumscafé. Mi, Sa, So 13.30 – 17 Uhr.

Zurück in die Zukunft: Kindermuseum

c/o Historisches und Völkerkundemuseum, Museumstraße 50, 9000 St. Gallen. ✆ 0041/71/2420642, www.hvmsg.ch. **Bahn/Bus:** Ab Bhf ↗ St. Gallen Bus 1 Richtung Stephanshorn oder Guggeien, Bus 7 Richtung Neudorf oder Bus 11 Richtung Mörschwil. **Auto:** N1 Ausfahrt 83 St. Gallen-Neudorf, Rorschacher Straße bis Brühltor und rechts in Museumstraße. **Zeiten:** Di – So 10 – 17 Uhr, Oster- und Pfingstmontag geöffnet. **Preise:** 12 CHF; Kinder bis 16 Jahre mit Begleitung eines Erw

Eintritt frei, ohne Begleitung 6 CHF; mit Bodensee-Erlebniskarte.

▶ Das Kindermuseum entführt euch auf eine spannende Zeitreise rund um das Leben von Kindern in der Vergangenheit. Über einen Barfußweg gelangt ihr zu einer alten Jahrmarktsfigur und über Flusssteine hüpft ihr zum Jahreszeitenrad. Lauscht alten Märchen oder besucht ein Jugendzimmer aus den 1950er-Jahren und hört dazu Musik. Wollt ihr einen Brief in die Zukunft schicken – auch das geht im Kindermuseum. Ihr seht, es gibt viel zu entdecken und auszuprobieren. Und bei euren Eltern oder Großeltern wird bestimmt die ein oder andere Erinnerung an die eigene Kindheit wach.

© Historisches und Völkerkundemuseum, Kindermuseum

Staunen im Kindermuseum: Habt ihr auch so ein schönes Puppenhaus?

Dinosaurier und lebende Ameisen ◎

Naturmuseum St. Gallen, Museumstraße 32, 9000 St. Gallen. ℂ 0041/71/2420670, www.naturmuseum-sg.ch. **Bahn/Bus:** Vom Bhf ↗ St. Gallen über Poststraße in die Altstadt und zum Brühltor, Rorschacher Straße überqueren und rechts in Museumstraße. **Auto:** N1 Ausfahrt 83 St. Gallen-Neudorf, Rorschacher Straße bis Brühltor und rechts in Museumstraße. **Zeiten:** Di – So 10 – 17, Mi bis 20 Uhr. **Preise:** 12 CHF; Kinder 7 – 16 Jahre 6 CHF; mit Bodensee-Erlebniskarte und in Begleitung eines Erw gratis.

▶ St. Gallen ist unbedingt einen Tagesausflug wert, doch ihr solltet euch in dieser schönen Stadt auf einige wenige Leckerbissen konzentrieren. Das Angebot an Museen zum Beispiel ist unglaublich groß, und jedes Museum wird von sich behaupten, dass es lebendig ist und somit für Kinder interessant. Doch nur ein Museum hat lebende Tiere zu bieten und noch dazu allerhand Wissenswertes über die Tierwelt und Natur: das Naturmuseum. Hier könnt ihr in

Hunger & Durst

Bäumli, Schmiedgasse 18, St. Gallen. ℂ 0041/71/2221174. www.weinstube-baeumli.ch. Di – Sa ab 10 Uhr. Eins der für die St. Galler Altstadt so typischen *Erststockbeizlis.* Die urgemütlichen Lokale waren früher die Wohnzimmer reicher Stadtbürger.

GALLUS UND DER BÄR

▶ Im Jahr 612 kämpfte sich der Mönch *Gallus* mit seinem Diakon von Arbold tagelang durch dichten Urwald, bis ihnen plötzlich ein brauner Bär gegenüberstand. Der Mönch befahl ihm, Holz ins Feuer zu werfen. Zum Lohn erhielt der Bär Brot und entwich in die Berge. Gallus aber flog ob dieser wundersamen Begegnung in ein Dornengestrüpp, sah dies als göttliche Fügung und errichtete an dieser Stelle eine Einsiedelei, in der er einsam und zurückgezogen lebte. Später entstand hier das weltberühmte **Kloster St. Gallen** und bis heute steht der Bär aufrecht im Stadtwappen.

*Unter **Chlausen** versteht man einen uralten Brauch, über dessen Ursprung und Bedeutung nur Vermutungen möglich sind. Fest steht, dass heute an Silvester und am 13. Jan, dem alten Silvester, im Appenzeller Hinterland die Chläuse umhergehen und der Bevölkerung Glück und Segen für das neue Jahr wünschen. Im Gegenzug erhalten sie Glühwein und mitunter ein Geldgeschenk.*

Schaukästen das Verhalten der Waldameise studieren, beobachten, wie sie Nahrung aufnimmt, sich mit Wasser versorgt und ihre Nester baut. Gleich daneben sind die putzigen kleinen Zwergmäuse zu beobachten. Außerdem taucht ihr in das Leben der Säugetiere und Vögel ein, erforscht die Mikrowelt im Gartentümpel oder versetzt euch in das Leben in einem Wassertropfen. Dazu gibt es Reliefs und ihr erfahrt vieles über das Leben in der Vorzeit sowie über Dino- und Flugsaurier.

Alte Bauernspiele ◎

Appenzeller Brauchtumsmuseum, Dorfplatz 6, 9107 Urnäsch. ✆ 0041/71/3642322, www.museum-urnaesch.ch. **Bahn/Bus:** Appenzellerbahn via Herisau oder Appenzell. **Auto:** N1, Ausfahrt 80 St. Gallen-Winkeln und Landstraße über Herisau. **Zeiten:** April – Okt täglich 9 – 11.30 und 13.30 – 17 Uhr (So nur 13.30 – 17 Uhr), Nov – März Mo – Sa 9 – 11.30 Uhr. **Preise:** 6 CHF; Kinder 6 – 16 Jahre 3 CHF; freier Eintritt mit der Bodensee-Erlebniskarte.

▶ Das Appenzeller Brauchtumsmuseum ist in zwei Häuser aufgeteilt. Das **alte Haus** ist 400 Jahre alt. Im Mittelpunkt steht das lustige Treiben der **Silvesterchläuse.** Aber auch über das bäuerliche Leben der Appenzeller könnt ihr hier viel erfahren. Wie wohnten die Menschen damals? Welche Kleider trugen sie? Was hat es mit der Tradition der Alpfahrt auf sich? All das wird anschaulich dargestellt. In den verwinkelten Räumem mit den schrägen Holzböden fühlt ihr euch direkt in den früheren Alltag der Menschen zurückversetzt. Dazu

Sonderbarer Kopfschmuck und große Schellen: Silvesterchläuse haben schwer zu tragen
© Appenzeller Brauchtumsmuseum

gehörte natürlich auch das Arbeiten. Die Werkstätten von Weissküfer, Schellenschmied und Riemensattler zeigen, wie die Menschen früher ihr Geld verdienten. Auch alte Musikinstrumente werden vorgestellt. Versucht euch doch selbst einmal am Hackbrett oder beim Talerschwingen und hört, welche Töne die Instrumente von sich geben. Direkt mit dem alten Haus verbunden ist das im klassizistischen Stil erbaute **neue Haus.** Hier finden wechselnde Sonderausstellungen statt. Informiert euch auf der Internetseite, was es gerade zu sehen gibt.

Hinauf auf den Turm und zurück in die Geschichte ◎

Historisches Museum, Hans Geisser, Schloss Arbon, 9320 Arbon. ✆ 0041/71/4461058, www.museum-arbon.ch. **Bahn/Bus:** Bhf ↗ Arbon, über Uferpromenade. **Rad:** Am Bodensee-Radweg. **Zeiten:** Mai – Sep Di – So 14 – 17 Uhr, Okt, Nov, März und April So 14 – 17 Uhr, für Gruppen nach Anmeldung. **Preise:** 6 CHF, Gruppenführung 80 CHF; Kinder bis 16 Jahre frei; mit Bodensee-Erlebniskarte gratis.

▶ Der eckige Schlossturm von Arbon thront weit sichtbar hoch über der Stadt. Um in die Turmstube zu gelangen, müsst ihr tüchtig Treppen steigen. Während des Aufstiegs erfahrt ihr einiges über Waffen,

Zwischen Schlosshafen und Schloss findet ihr in der Nähe der Galluskapelle einen **Spielplatz.** Doch auch auf den großen Wiesen am Bodensee-Radweg könnt ihr euch nach Belieben austoben.

die Wasserversorgung, das Jahrhundert-Hochwasser 1999 und die Schlossgeschichte. Geschichte ist auch das Hauptthema im hinteren Schlossteil. Selbst das *Neue Schloss* ist mit 500 Jahren schon recht alt, doch noch älter – zum Teil über 5000 Jahre – sind manche Ausstellungsstücke: zum Beispiel die Gefäße, die von Menschen in der Jungsteinzeit verwendet wurden. Auch eine Siedlung aus Pfahlbauten ist zu bestaunen. Der Rundgang führt euch schließlich bis in die Zeit, als es die ersten Maschinen und Automobile gab.

Museum im Kornhaus

9400 Rorschach. ✆ 0041/71/8414062, www.museum-rorschach.ch. **Lage:** Hafen Rorschach. **Bahn/Bus:** Vom Hafenbahnhof wenige Schritte zu Fuß, vom Busbhf/Stadtzentrum 2 Min Gehzeit. **Auto:** Parken in der Innenstadt oder an der Seeuferanlage. **Rad:** Am Bodensee- und Rhein-Radweg. **Zeiten:** April – Okt 10 – 17 Uhr, für Schulen und Gruppen ab 10 Pers nach Voranmeldung auch außerhalb der Öffnungszeiten. **Preise:** 9 CHF; Kinder 6 – 12 Jahre 4 CHF, Schüler über 16 Jahre 6 CHF.

▶ Das stattliche Kornhaus aus dem Jahr 1746 ist bis heute das Wahrzeichen von Rorschach. Bis 1908 lagerten hier noch Linnen (Leinentuch) und Getreide aus Süddeutschland. Heute ist im Kornspeicher, von dem die Einheimischen sagen, er sei der schönste der gesamten Schweiz, ein Erlebnismuseum untergebracht.

Anhand von Ausstellungsstücken wie Funden und authentischen Nachbildungen lernt ihr das Leben am Bodensee vor sehr langer Zeit kennen. Ihr seht, wie die Menschen zur Stein- und Bronzezeit wohnten, wie ihre Häuser eingerichtet waren und welche Werkzeuge sie nutzten. Eine weitere Ausstellung beschäftigt sich mit der letzten österreichischen Kaiserin **Zita von Bourbon-Parma,** die ihren Lebensabend in der Schweiz auf Schloss Wartegg verbrachte. Es gibt Ein-

🦉 Mehr zu Österreich erfahrt ihr in *22 Wanderungen in & um Wien* von Franz Wille, ISBN 978-3-89859-328-1, 16 €, pmv.

🦉 *Zita von Bourbon-Parma lebte 1892 – 1989. Sie war die Ehefrau Karls I., der 1916 – 1918 letzter Kaiser von Österreich war.*

richtungsgegenstände, Schmuck und Kleidungsstücke aus der Zeit der Monarchie zu sehen. Das Besondere am Museum sind die vielen Mitmachstationen. Überall könnt ihr experimentieren. Wie haben sich die Menschen früher verständigt? Kannten sie schon unsere heutige Schrift? Im *Scriptorium* könnt ihr, wie einst unsere Vorfahren, mit Feder und Tinte schreiben. Im Bereich *Optik-Illusionen* geht es um Sehen und Wahrnehmung. Ist das, was wir sehen wirklich Realität oder lassen sich unsere Augen täuschen? Probiert es aus!

Märchenhaftes Haus nach Hundertwasser

Markthalle Altenrhein nach Idee und Konzept von Friedensreich Hundertwasser, Knotternstraße 2, 9422 Staad. ☎ 0041/71/8558185, www.markthalle-altenrhein.ch. **Bahn/Bus:** Vom Bahnhofplatz ↗ Rorschach mit dem Postauto bis Markthalle. **Auto:** N1 Ausfahrt 85 Rheineck/Flugplatz, 2 km. **Zeiten:** April – Okt täglich 10 – 17.30 Uhr, Nov – März Sa und So 13 – 17.30 Uhr. **Preise:** 5 CHF; Kinder 7 – 16 Jahre 2 CHF.

▶ *Friedrich Stowasser* war ein ungewöhnlicher Mensch, der die Fantasie in die Gegenwart holen wollte. Deswegen nahm er den Namen **Friedensreich Hundertwasser** an, später nannte er sich auch noch *Dunkelbunt* und *Regentag*. Geboren wurde er 1928 in Wien, zuletzt gelebt hat er in Neuseeland, wo er nach seinem Tod im Februar 2000 auch begraben ist. Als junger Mann fing er zu malen an, seine starken Farben und Formen waren z.T. von seinen vielen Reisen inspiriert, die ihn in 1961 bis nach Japan führten. Ab 1970 begann er, seine

Hunger & Durst

Jausestube in der Markthalle, Knotternstraße 2, Staad. ☎ 0041/71/8500900. www.markthalle-altenrhein.ch. Ab 8 Uhr. In der kleinen Jausenstube könnt ihr Kuchen oder Pizza essen und etwas dazu trinken. Nicht weit ist der Souvenirladen, in dem es natürlich viele bunte Sachen zu kaufen gibt.

Hier möchte man am liebsten jeden Tag einkaufen: Die Hundertwasser-Markthalle

© Hundertwasser-Haus

Ideen auch in Architektur umzusetzen. Die Natur war für ihn dabei die wichtigste Formengeberin. Keine Mauer, kein Dach und kein Fenster durfte gerade sein. Mit ihren Türmen, schiefen Säulen, bunten Mosaiken und farbigen Wänden erscheinen seine Häuser wie aus einer Märchenwelt. Die **Markthalle** wird euch deshalb sicher auf Anhieb gefallen. Von außen ähnelt sie einer Burg mit vielen bunten Fenstern. Im Inneren verzaubert eine bunte Flaschenwand. Hundertwasser war ein Naturfreund, er wollte Frieden, Freude, Schönheit und vor allem Wohlbefinden erzeugen. Und deshalb könnt ihr beim Rundgang auf den Türen lesen: *Das Wichtigste im Haus bist Du lieber Gast.*

FESTKALENDER SCHWEIZER UFER & KREUZLINGEN

April: Sa, Mitte/Ende April: Kreuzlingen: **Flottensternfahrt** der BSB zum Saisonauftakt, www.bsb-online.com.

Mai: Sa nach Pfingsten, Arbon: **Internationales Kulturenfest Arbon,** buntes Bühnenprogramm verschiedener Nationen, www.ika-arbon.ch.

Alle 3 Jahre, meist Mai oder Juni, St. Gallen: **Kinderfest** großes traditionelles Fest (seit 1824) mit Festumzug und Bühnenprogramm der Schulen auf der Kinderfestwiese, nächster Termin: 2018.

Juni: Ein Sa im Juni, Romanshorn: **Nationenfest,** verschiedene Nationen präsentieren Spezialitäten, Tanz- und Showeinlagen. www.nationenfest.ch.

August: 2. Sa (13. Aug 2016), Kreuzlingen: ↗ **Seenachtfest.**

Mitte Aug, Rorschach: **Sandskulpturenfestival,** 110 Künstlerteams aus aller Welt treten gegeneinander an und formen meterhohe Sandfiguren, die noch bis Mitte Sep zu bewundern sind. www.sandskulpturen.ch.

UNTERSEE & GNADENSEE

Im Vergleich zum richtigen Bodensee verläuft das Leben am Unter- und Gnadensee weitaus ruhiger und beschaulicher. Die beiden westlichen Ausläufer des großen Bruders sind für ihr besonders mildes Klima mit hoher Sonnenscheindauer bekannt. Das Wasser schlägt keine großen Wellen und ist wärmer als im Ostteil des Schwäbischen Meeres.

Zwischen den beiden lang gestreckten Seen liegt die *Insel Reichenau,* ein einziger großer Obst- und Gemüsegarten. Die Grenze zwischen Deutschland und der Schweiz wird kaum wahrgenommen. Und weil alles recht dicht beieinander liegt, wirkt die Region auf ihre Besucher richtig heimelig. Die stellenweise noch unberührte Natur lässt sich am besten zu Fuß, mit dem Fahrrad oder in einem Kanu erkunden.

Strandbäder

Strandbad Steckborn

Seestraße 188, 8266 Steckborn. ✆ 0041/52/7622085, www.strandbad-steckborn.ch. **Bahn/Bus:** ↗ Steckborn. **Auto:** Am westlichen Ortsrand an der Straße Richtung Stein am Rhein, Parkplätze gebührenpflichtig. **Zeiten:** Mai, Juni, Sep 8.30 – 21, Juli, Aug 8.30 – 22 Uhr. **Preise:** Eintritt frei.

▶ Direkt beim ↗ Campingplatz liegt das Strandbad. Es gibt dort Spiel- und Liegewiesen sowie Spielgeräte für Kinder. Der Einstieg in den See ist an dieser Stelle sehr flach und damit auch gut für kleine Wasserflöhe geeignet. Sanitäre Einrichtungen sind vorhanden. Für den kleinen Hunger und Durst zwischendurch sorgt ein Kiosk.

Seebad Mettnau

Mettnaustraße 2, 78315 Radolfzell. ✆ 07732/10548, www.radolfzell-tourismus.de. **Bahn/Bus:** ↗ Radolfzell, vom Bhf Richtung Osten auf der Scheffelstraße und von dort rechts in die Mettnaustraße, 500 m. **Zeiten:** Ende

NATUR-GENUSS PUR

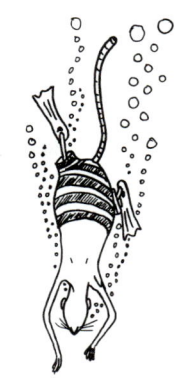

TIPPS FÜR WASSER-RATTEN

 In einen zünftigen Picknickkorb gehören Getränke (für jeden 0,5 – 1 l), belegte Brote, Salate oder kaltes gegrilltes Hühnchen – und ein Spiel für hinterher.

Größte europäische Wildkatze: Der Luchs
© Wild- und Freizeitpark Allensbach

 Das **Strandbad Mettnau** befindet sich im hinteren Bereich der Halbinsel in der Strandbadstraße 100. Zeiten und Eintritt wie Seebad. Tischtennis, Boccia, Beachvolleyball, Spielplatz, Restaurant, Kiosk.

Hunger & Durst
Café am Rathaus, Rathausplatz 8a, Allensbach. ✆ 07533/9359907. Mo, Di, Do – Sa 8 – 17, So 9 – 17 Uhr.

Hunger & Durst
Strandbad-Restaurant, Strandweg 5, Reichenau. ✆ 07534/9952-60. www.strandbad-reichenau.de. April – Nov ab 11 Uhr. Pizza, Flammkuchen, Nudeln, Fleisch- und Fischgerichte, Salat, Kuchen, Eis.

 April – Sep 8 – 21 Uhr. **Preise:** 2,50 €, 10er-Karte 20 €; Kinder 6 – 17 Jahre 1,60, 10er-Karte 12 €.

▶ Das Seebad befindet sich am Anfang der Halbinsel Mettnau in Fußnähe zur Altstadt von Radolfzell. Hier könnt ihr direkt in den Bodensee springen. Für kleine Wasserflöhe gibt es ein separates Kinderbecken, eine Pinguindusche und an Land einen Spielplatz. Im Bistro oder am Kiosk könnt ihr euch stärken.

Strandbad Allensbach
Camping Am See – Campingplatz Allensbach, Strandweg 34, 78476 Allensbach. ✆ 07533/9976565, www.campingamsee.com. **Bahn/Bus:** ↗ Allensbach. **Auto:** Am östlichen Ortsende. **Zeiten:** Ostern – Mitte Sep 9 – 19 Uhr. **Preise:** Eintritt frei.

▶ An diesem naturbelassenen Strand am Bodensee könnt ihr prima baden, Sandburgen bauen, auf dem Spielplatz herumtollen oder euch einfach auf der Liegewiese ausruhen. An einem Kiosk könnt ihr Hunger und Durst stillen. Duschen und WC gibt es auch.

Strandbad auf der Insel Reichenau
78479 Reichenau. ✆ 07534/7448, www.reichenau-tourismus.de. **Bahn/Bus:** ↗ Reichenau. **Rad:** An der Nordseite der Insel, nur wenige Min vom Münster St. Maria und Markus über die Strandbadstraße. **Zeiten:** Mitte Mai – Mitte Sep 9 – 18.30 Uhr. **Preise:** 2 €; Kinder 6 – 14 Jahre 0,50 €.

▶ Auf der Insel Reichenau könnt ihr in der Gnadenseebucht schwimmen. Es gibt eine große Liegewiese, einen Spielplatz und ein Restaurant.

Kanu & Boot fahren

Wasserwandern: Mit dem Kanu den Untersee erkunden
▶ Der Untersee ist ideal zum Kanufahren geeignet, denn hier gibt es bei schönem Wetter so gut wie kei-

ne Wellen. Es macht großen Spaß, gemütlich über das Wasser zu gleiten und die Landschaft zu betrachten. Zur Sicherheit erhält jeder eine Schwimmweste. Das Paddeln ist recht einfach, der Bootsverleiher zeigt euch gern, wie es geht. Er sagt euch auch, in welche Richtung ihr fahren müsst und wo ihr überall anlegen könnt.

Paddeln auf dem Untersee: Das geht in die Arme
© pmv, Katja Faby

Tourenvorschläge ab Radolfzell:

Bootsverleih Radolfzell, Rudi Albiez, Karl-Wolf-Straße 9, 78315 Radolfzell. ☎ 07732/56720, Handy 0173/3105555. www.bootsvermietung-radolfzell.de. **Lage:** An der Seepromenade. **Bahn/Bus:** ↗ Radolfzell. **Zeiten:** 15. März – Sep Mo – Sa 11 – 21, So 9 – 21 Uhr. **Preise:** Ruderboot 10 €, Tretboot 14 €, je max. 3 Pers für 1 Std, Elektroboot max. 6 Pers 40 € pro Std, Kanadier 3 – 4 Pers 12 € pro Std, 2er-Kajak 10 € pro Std, Segelboot 1 – 4 Pers ab 50 € pro Std.

Hier könnt ihr Ruder- Tret- und Elektroboote, Kanus, Kajaks und Segelboote mieten. Wir haben für euch folgende Tourenvorschläge:

▶ Von Radolfzell zur Insel Reichenau, Gesamtstrecke etwa 8 km, Dauer etwa 2,5 Stunden.

▶ Von Radolfzell nach Horn, Gesamtstrecke etwa 10,5 km, Dauer etwa 3,5 Stunden.

Tourenvorschläge ab Wangen:

Bootsstüble Wangen, Seeweg 13, 78337 Öhningen-Wangen. ☎ 07735/440662, www.bootsstueble-wangen.de. **Bahn/Bus:** Bus ab Bhf ↗ Radolfzell und Singen. **Preise:** Kanu für 2 Erw und 2 Kinder 48 € pro Tag.

Damit ihr keinen Sonnenbrand bekommt, zieht ihr euch am besten ein langärmeliges T-Shirt an und setzt einen Sonnenhut auf.

UNTERSEE & GNADENSEE

- ▶ Zur Insel Reichenau, Gesamtstrecke circa 9 km, Dauer etwa 3 Std.
- ▶ Nach Horn, Gesamtstrecke circa 5,5 km, Dauer etwa 1,5 Std.
- ▶ Nach Radolfzell, Gesamtstrecke etwa 15 km, Dauer etwa 5 Std.
- ▶ Von Wangen nach Steckborn, Gesamtstrecke circa 2 km, Dauer etwa 45 Min.

Tourenvorschläge ab der Insel Reichenau:

Freizeitcenter Reichenau, Mark Blain, Zum Sandseele 1, 78479 Reichenau. ✆ 07534/9958777, www.freizeitcenter-reichenau.de. **Bahn/Bus:** ↗ Reichenau. **Zeiten:** April – Oktober. **Preise:** 4er-Kanu 5 Std 60 €.

- ▶ Rund um die Insel Reichenau, Gesamtstrecke circa 10 km, Dauer etwa 3,5 Std.
- ▶ Zur Halbinsel Mettnau, Gesamtstrecke circa 12 km, Dauer etwa 4 Std.

Im Indianerboot unterwegs

Bootsstüble Wangen, Seeweg 13, 78337 Öhningen-Wangen. ✆ 07735/440662, www.bootsstueble-wangen.de. **Bahn/Bus:** Bus ab Bhf ↗ Radolfzell und Singen, circa 1,5 km auf der Hauptstraße Richtung Gaienhofen. **Zeiten:** Termine bei der Tourist-Information Wangen oder im Bootsstüble. **Preise:** Kinder 5 – 12 Jahre 12,50 €; Bruder oder Schwester zahlen nur 8 €.

- ▶ Im Rahmen des Kinderferienprogramms geht es geschminkt auf **Indianertour.** Häuptling *Schnelles Paddel* erkundet mit seinen Brüdern und Schwestern unbekannte Gewässer. Zum Schluss kann jeder am Lagerfeuer seine Grillwurst braten und bekommt ein Getränk dazu. Nach ungefähr 2,5 Stunden seid ihr wieder zurück.

Bereits vor 5000 Jahren paddelten die ersten **Yagan-Indianer** auf der Suche nach Nahrung in einfachen Kanus aus Buchenrinde durch die Fjorde an der Südspitze Südamerikas.

Schiffsfahrten

Leinen los auf Untersee & Rhein

Schweizerische Schifffahrtsgesellschaft Untersee und Rhein, Freier Platz 8, 8200 Schaffhausen. ✆ 0041/52/6340888, www.urh.ch. **Zeiten:** April Sa, So und Fei, Mai – Okt täglich. **Preise:** je nach Strecke, z.B. Konstanz – Stein am Rhein 33 CHF; 6 – 16 Jahre 50 % auf Erwachsenenpreis; Tageskarte für beliebige Fahrten 46 CHF, Fahrrad jeweils halber Preis (max. 16 CHF).

▶ Die Fahrt führt euch von **Konstanz** bis nach **Schaffhausen.** An fast allen Orten könnt ihr unterwegs Halt machen und zum Beispiel das ↗ *Wollmatinger Ried,* die ↗ *Insel Reichenau* oder einen der Badeplätze besuchen. Spannend ist die Brückendurchfahrt bei *Diessenhofen.* Die Holzbrücke über dem Rhein ist so niedrig, dass der Kapitän bei der Durchfahrt den Kopf einziehen muss.

Köpfe einziehen: Brückendurchfahrt bei Diessenhofen
© Schweizerische Schifffahrtsgesellschaft

Mit der Bodensee Kinderkarte für 8 CHF fahren Kinder in Begleitung der Eltern oder Großeltern gratis.

Mit Sonnenkraft über den Untersee

Bodensee-Solarschifffahrt, Fritz-Reichle-Ring 4, 78315 Radolfzell. ✆ 07732/9391139, Handy 0151/52748599. www.solarfaehre.de. **Bahn/Bus:** ↗ Radolfzell. **Zeiten:** April – Okt. **Preise:** Sonnenuntergangsfahrt 12 € inkl. Getränk.

▶ 1999 begann auf dem Bodensee eine neue Ära der Schifffahrt, als die Solarfähre *Helio* ihren Betrieb aufnahm. Lautlos und abgasfrei gleitet das Schiff seitdem übers Wasser, angetrieben von einem Elektromotor, dessen Batterien durch Solarzellen aufgeladen werden. Die Helio ist behindertengerecht gebaut. Ihr könnt mit der Helio verschiedene Rund- und

Mit dem Solarboot *Mettnausonne* könnt ihr auf einer Sonderfahrt unter fachkundiger Führung der NABU-Gruppe Konstanz verschiedene Naturschutzgebiete am Untersee erkunden. Max. 10 Pers, 150 € für 1,5 Std.

Themenfahrten auf dem Untersee unternehmen. Toll ist zum Beispiel die Sonnenuntergangsfahrt. Dabei könnt ihr vom See aus den Sonnenuntergang beobachten. Tickets bekommt ihr bei der ↗ *Tourist-Info*.

Die Hörifähre

Schifffahrt Lang, Harald Lang, Erbringstraße 24, 78343 Gaienhofen-Horn. ℗ 07735/8891, Handy 0171/6817427. www.schiffahrtlang.de. **Bahn/Bus:** ↗ Gaienhofen. **Zeiten:** Mai, Juni jeden So, Juli – Mitte Sep Di, Do und So vormittags, mittags und nachmittags je eine Fahrt. **Preise:** 5 €/6 CHF, Rad 2,50 €/3 CHF; Kinder bis 6 Jahre frei, 7 – 14 Jahre 3 €/4 CHF; mit Gästekarte Erw 4 €/5 CHF.

▶ Kapitän *Harald Lang* verbindet an drei Tagen in der Woche mit seinem Motorschiff *Liberty* die Orte **Horn, Berlingen, Gaienhofen** und **Steckborn** am Untersee miteinander. Eure Fahrräder könnt ihr auch mitnehmen. Zudem macht Herr Lang etliche Sonderfahrten. Auf der MS *Liberty* werden Getränke und Snacks serviert. Die Termine und Preise findet ihr auf der Internetseite.

FRISCHE LUFT & SPORT

Radeln & wandern

Rad- oder Wandertour zum Bisongehege

78315 Radolfzell-Markelfingen. www.bisonstube-boden-wald.de. **Strecke:** Markelfingen – Mindelsee – Möggingen – Liggeringen – Bisongehege. **Länge:** 9 km, 1 Std per Rad, 2 Std zu Fuß; es geht stets leicht bergan, dafür auf dem Rückweg bergab. **Bahn/Bus:** ↗ Markelfingen oder ↗ Radolfzell, dann insgesamt ca. 13 km.

▶ Ihr startet in **Markelfingen** am Bahnhof und radelt oder geht zunächst auf der Dorfstraße Richtung Nordosten aus dem Ort heraus. Ihr überquert die Kaltbrunner Straße, kommt in den Schwanenweg, geht noch immer geradeaus (Am Krähenhag), überquert die B33 und seid nun zwischen Wald und Flur. Ihr nehmt gleich den ersten Abzweig nach links, der euch an der Nordwestspitze des ↗ **Mindelsees** vorbeiführt; dafür bei folgenden Abzweigungen eher rechts halten. Am Seeende knickt der Weg nach links und führt durch die Felder nach **Möggingen.** Ihr stoßt auf die Liggeringer Straße, der ihr nach rechts aus dem Ort heraus folgt. Am Waldrand entlang trefft ihr auf die L220, der ihr nach rechts bergan nach **Liggeringen** folgt. Bevor die Bodanrückstraße nach rechts abbiegt, biegt ihr links in die Dettelbachstraße ein und radelt geradeaus aus dem Ort heraus. An der ersten Kreuzung auf der Flur (bei einem Gewächshaus) biegt ihr rechts ab. Nun geht es in den **Bodanrückwald** hinein. Im Wald biegt ihr links ab und radelt nun einen gewundenen Weg durch den Wald. Sobald er endet, seht ihr vielleicht schon die Bisons, die auf den Wiesen rund um das beliebte **Ausflugslokal** friedlich grasen. Die rund 20 riesenhaften Tiere könnt ihr kostenlos bestaunen.

Könnt ihr vom Biergarten aus beobachten: Bisons
© pmv, Annette Sievers

Radtour durchs Naturschutzgebiet Mindelsee zum Wild- und Freizeitpark

BUND-Naturschutzzentrum Möggingen, Mühlbachstraße 2, 78315 Radolfzell-Möggingen. ℂ 07732/1507-0, www.bund-bawue.de. **Strecke:** Allensbach – Markelfingen – Möggingen – Wild- und Freizeitpark – Kaltbrunn – Allensbach. **Länge:** 24 km, reine Fahrzeit etwa 2,5 Std. **Bahn/Bus:** ↗ Allensbach. **Zeiten:** Naturschutzzentrum Mo – Fr 9 – 17 Uhr, naturkundliche Führungen für Gruppen nach Vereinbarung, ↗ Internetseite.

▶ Die Tour führt zunächst von **Allensbach** auf dem Bodensee-Rundwanderweg nordwestlich nach **Mar-**

Hunger & Durst
Bisonstube Bodenwald, Hofgut Bodenwald 1, Radolfzell. ℂ 07773/ 5090. www.bisonstubebodenwald.de. April – Okt Mi – Mo 12 – 22, Nov – März Fr ab 17, Sa ab 15, So ab 12 Uhr. Deftige Speisen, Most und Saft, Kuchen, im Biergarten z.T. mit Selbstbedienung. Grillstelle, Spielplatz, kleiner Streichelzoo.

Besonders im Sommer ist die schattige Wanderrunde um den See herrlich.

Radverleih in Allensbach im **Radhaus,** Von-Steinbeiss-Straße 2, im Gewerbegebiet, ✆ 07533/1218, Erw 8,50 €, Kinder 6 € pro Tag.

Bioladen Müllerhof, Markelfinger Straße 12, Allensbach-Kaltbrunn. ✆ 07533/5729. www.biohof-mueller.de. Mi 9 – 12 und 16 – 18, Fr 9 – 18.30 Uhr. Obst, Gemüse, Milch, Milchprodukte, Brot, Fleisch, Wurst, Eier und Säfte.

Für den Grenzübergang in die Schweiz an den Ausweis denken.

Ihr könnt von Stein am Rhein auch am südlichen Ufer des Untersees zurückradeln und in Steckborn die ↗ Solarfähre nach Hemmenhofen nehmen.

kelfingen. Dort biegt ihr an der großen Kreuzung nach rechts ab in Richtung Langenrain. Sobald ihr unter der großen Brücke hindurch seid, nehmt ihr den ersten Weg nach links und radelt auf dem Mindelsee-Weg nach Möggingen. Unterwegs kommt ihr durch das schöne **Naturschutzgebiet Mindelsee.** Es handelt sich um einen Gletscherzungen-See mit einem Riedgürtel. In seinem Schilf gibt es mit etwas Glück und Geduld sogar seltene Vogelarten wie die braune Moorente zu sehen.

In **Möggingen** müsst ihr auf der Hauptstraße rechts und dann sofort noch mal rechts auf den Dürrhofweg abbiegen, der ganz schön steil bergauf geht. Oben habt ihr dann einen schönen Blick auf den *Mindelsee* und das Naturschutzgebiet, durch das ihr geradelt seid.

Am **Hirtenhof** fahrt ihr zunächst links und gleich wieder rechts auf einem Forstweg durch den Wald zum **Stöckenhof.** Das restliche Stück bis zum **Wild- und Freizeitpark** geht es dann fast nur noch bergab. Anschließend kommt ihr über **Kaltbrunn** wieder nach **Allensbach** zurück.

Radeln am Untersee

78343 Gaienhofen. **Strecke:** Gaienhofen – Stein am Rhein – Rheinfall/Schaffhausen. **Länge:** 60 km bis Schaffhausen und zurück, reine Fahrzeit 5 – 6 Std, bei Rückfahrt mit dem Schiff nur 2 – 3 Std. **Bahn/Bus:** ↗ Gaienhofen. **Auto:** Von Gaienhofen etwa 7 km Richtung Süden auf der Landstraße, Parkplatz beim Rathaus.

▶ Von **Gaienhofen** bis Stein am Rhein müsst ihr nur der Beschilderung *Bodensee-Radweg* bzw. den Hinweisschildern *Stein am Rhein* folgen. Anfangs verläuft die Tour noch auf der Landstraße, deshalb müssen auch die kleinen Radler Erfahrung im Straßenverkehr haben. In **Stein am Rhein,** das ihr etwa nach einer Stunde erreicht, könnt ihr eine Pause einlegen und euch dann entscheiden, ob ihr die noch einmal doppelt so lange Strecke bis nach Schaffhausen noch schafft oder lieber noch eine Weile durch die Gassen von Stein am Rhein bummeln wollt.

Zur Weiterfahrt nach **Schaffhausen** könnt ihr den Wegweisern der Velo-landroute 2 Rhein folgen. Wer danach noch fit ist, kann den ganzen Weg wieder zurückradeln. Alle anderen schieben ihr Rad auf das Schiff und lassen dort auf der Rückfahrt die Landschaft ohne weitere Anstrengung an sich vorbeiziehen. Ihr könnt sowohl in Hemmenhofen als auch in Gaienhofen aussteigen.

Wo bleiben denn die anderen? Finja ist schon mal vorgeradelt

© pmv, Karolin Küntzel

Der Steckborner Rundweg: Einer der schönsten am Bodensee

8266 Steckborn. **Länge:** 12 km, reine Gehzeit etwa 3 Std. **Bahn/Bus:** ↗ Steckborn.

▶ Der gelb/blau markierte Wanderweg beginnt direkt am **Bahnhof Steckborn** und führt am Bootshafen vorbei in Richtung Westen zur **Feldbachhalbinsel**, wo ihr bei den Freizeitanlagen gleich die erste Pause einlegen könnt. Von dort folgt der Weg ein Stück dem Speckbach bis zur **Weiermühle.** Er steigt nun in Richtung Wald leicht an; bei der *Feuerstelle Hard* habt ihr einen sehr schönen Blick auf den See. Vom Waldrand verläuft der Weg leicht abfallend durch Wiesen und Felder hinunter zur *Walch* und steigt dann wieder etwas an bis zur *Feuerstelle Härdli,* wo ihr bis ans Ende des Untersees in Stein am Rhein schauen könnt. Wenn ihr hungrig seid, könnt ihr hier euren Picknick-korb plündern. Vorbei an den *Gehöften Dietenhausen* und *Höfli* kommt ihr dann zur Rennentalstraße. Dort führt der Weg fast in entgegengesetzter Richtung über die Anhöhe **Gänsingen** nach **Steckborn** zurück.

 Velo-Martin, Hauptstraße 120, Gaienhofen-Horn. ✆ 07735/3842. März – Okt Mo – Sa 9 – 12, Mo, Di, Do, Fr auch 14.30 – 18 Uhr. Fahrräder für Erw und Kinder.

Hunger & Durst

Gasthaus Hirschen, Seestraße 67, Berlingen. ✆ 0041/52/ 7611306. Do – Mo 11 – 23 Uhr. Regionale Speisen, hauseigene Metzgerei, frische Fische vom See. 1 km östlich von Steckborn.

Ritter spielen & grillen: Wanderung zur Ruine Neuburg

8266 Steckborn. **Strecke:** Steckborn – Ruine Neuburg – Steckborn. **Länge:** 6 km, reine Gehzeit etwa 1,5 Std. **Bahn/Bus:** ↗ Steckborn.

▶ Am **Bahnhof Steckborn** beginnt die Gelb markierte Route zur Ruine Neuburg. An der Feldbachhalbinsel vorbei wandert ihr zunächst zur *Weiermühle* und weiter der Bahnlinie entlang nach **Glarisegg.** Dort steigt ihr durch den Wald zur **Ruine Neuburg** hinauf, wo ihr einen idealen Platz zum Ritter spielen findet. Ihr könnt dort auch grillen. Zurück nach Steckborn kommt ihr auf dem gleichen Weg, den ihr gekommen seid, oder ihr wandert durch den Wald weiter nach **Mammern** und nehmt von dort das Schiff. Zeitlich kommt das etwa auf das Gleiche heraus.

*Die Fisch- und Güggeli-Spezialitäten der Mammerer Gaststätten sind überregional bekannt. Findet ihr heraus, was **Güggeli** sein könnten?*

Die Insel Reichenau erkunden

78479 Reichenau. ✆ 07534/92070, www.reichenau-tourismus.de. **Länge:** Zu Fuß ist die Insel in 4 Std umrundet. **Bahn/Bus:** ↗ Reichenau.

MIT KINDERN RICHTIG WANDERN

Damit das Wandern zum Erlebnis wird, hier ein paar Tipps:

▶ Das gemeinsame Erleben steht im Vordergrund.

▶ Tempo und Entfernung werden vom schwächsten Mitglied der Gruppe bestimmt.

▶ Ziele setzen: das Picknick auf der großen Wiese, die Burg, ein Bach, ein Wildgehege etc.

▶ Zum Warmwerden zunächst ein weites Stück ganz locker laufen, sonst gibt's Muskelkater.

▶ Zwischendurch auf Besonderheiten am Wegesrand aufmerksam machen oder sich etwas genauer anschauen: Fische in einem Teich, einen Ameisenhaufen, Pilze.

▶ Den Ausflug unter ein Thema stellen: Wir gucken nach Vögeln, suchen den kleinsten, größten oder schönsten Baum oder einen geheimnisvollen Gegenstand (z.B. ein leeres Schneckenhaus).

▶ Seit 2000 ist die Insel Reichenau Weltkulturerbe der UNESCO. Das 724 gegründete Benediktinerkloster ist seit dem Mittelalter berühmt für seine Buchmalerei. Ohne Buchdruck oder Fotografie mussten die Bücher damals mit der Hand geschrieben und bemalt werden. Die Reichenauer Mönche konnten dies besonders gut, wovon ihr euch im Museum selbst überzeugen könnt. Das Münster **St. Maria und Markus** ist ein beeindruckendes Beispiel romanischer Baukunst. Im Klosterhof findet ihr zwei Sonnenuhren, eine für vormittags und eine für nachmittags, die je nach Sonnenstand die Ortszeit anzeigen.

Für Familien mit kleinen Kindern ist die Insel insofern zu empfehlen, als sich hier der Autoverkehr in Grenzen hält. Es gibt einen gut markierten **Uferwanderweg** über den fast alle markanten Punkte der 4,5 km langen und 1,5 km breiten Bodensee-Insel zu erreichen sind. Unterwegs gibt es mehrere **Bademöglichkeiten.**

Haupterwerb der Insulaner ist neben dem Tourismus der Gemüseanbau, was unschwer an den unzähligen großen Feldern mit Salat, Blumenkohl, Gurken, Tomaten, Radieschen, Rettich, Schnittlauch oder Petersilie zu erkennen ist. Diese Produkte, die zum Teil auch kontrolliert biologisch angebaut sind, können überall frisch geerntet eingekauft werden.

 Einen Fahrradverleih gibt es auf der Insel Reichenau beim Freizeitcenter Reichenau beim Campingplatz Sandseele, ✆ 0177/8731784 (Erw 12, Kinder 10 € pro Tag) oder bei Herrn Koch, Thurgauer Weg, ✆ 07534/377(ab 12 € pro Tag, auch Kinderräder und Kindersitze).

Spielen & klettern

Wasser marsch auf dem Wasserspielplatz Radolfzell

78315 Radolfzell. www.radolfzell.de. **Lage:** An der Seepromenade. **Bahn/Bus:** ↗ Radolfzell. **Zeiten:** Wasserlauf April – Okt in Betrieb.

▶ Seit Juni 2015 gibt es an der Seepromenade einen schön angelegten Wasserspielplatz. April – Okt fließt das Wasser acht Stunden am Tag durch zwei Spielbäche mit Fontänen und Terrassen. Ihr könnt

den Wasserlauf über Holzstämme oder Furtsteine überqueren, matschen, rutschen oder das Wasser stauen. Während ihr euch austobt, finden eure Eltern auf den Sitzgelegenheiten aus Holz und Stein ein Plätzchen zum Entspannen.

Klettern lernen: Kletterwerk Radolfzell

DAV-Kletterzentrum Bodensee der Sektion Konstanz, Werner-Messmer-Straße 12, 78315 Radolfzell. ✆ 07732/959848, www.kletterwerk.de. **Bahn/Bus:** 10 Min Fußweg vom Bhf Radolfzell (Richtung TKM/ Milchwerk) oder von Stockach mit dem Seehäsle bis Haselbrunn, dann 3 Min Fußweg. **Auto:** ➚ Radolfzell, Beschilderung TKM/Milchwerk folgen. **Zeiten:** Mo, Mi, Fr 15 – 22.30, Di, Do 9 – 22.30, Sa, So, Fei 10 – 21 Uhr, Schnupperkurs 1,5 Std nach Anmeldung Sa 14.30, Di 19, in den Ferien (BaWü) auch Di, Do 9.30 Uhr. **Preise:** Bouldern 10,50 €, Klettern und Bouldern 13,50 €, Schnupperkurs 20 €; Kinder bis 5 Jahre in Begleitung eines zahlenden Erw Seilklettern und Bouldern kostenfrei, Kinder 6 – 18 Jahre Bouldern 7 €, Klettern und Bouldern 10 €, Schnupperkurs bis 15 Jahre 17,50 €; 10er-Karte (11 Eintritte zum Preis von 10), Ermäßigung für DAV-Mitglieder.

▶ Seid ihr über 6 Jahre alt und wollt klettern lernen? Dann kommt zum Schnupperklettern (Info und Anmeldung: ✆ 0151/58390565, schnupperklettern@dav-konstanz. de) oder nehmt am Klettertreff teil, der alle zwei Wochen stattfindet. Kletterkurse werden für Jugendliche ab 14 Jahre angeboten. Geübten Kletterern stehen eine Außenanlage sowie zwei Kletterhallen zur Verfügung. Au-

Klettern macht Spaß: Im Kletterwerk Radolfzell könnt ihr es lernen
© Michael Dörfer

ßerdem gibt es einen Boulder- und einen Slackline-bereich. Jugendliche 14 – 18 Jahre dürfen nur mit Einverständniserklärung der Eltern alleine klettern. Für Kinder gibt es einen eigenen Bereich. Hier könnt ihr bouldern oder euch an einfachen Kletterrouten versuchen.

Berolino Kinderwelt

Zeppelinstraße 1, 78256 Steißlingen. ✆ 07738/938040, www.berolino-kinderwelt.de. **Bahn/Bus:** Bus 7363 Singen – Steißlingen Hard-Süd. **Auto:** B33 Ausfahrt Steißlingen, dann 200 m Richtung Steißlingen, beim Kreisel Richtung Industriegebiet Hard-Süd. **Zeiten:** in den Ferien täglich 10 – 19 Uhr, sonst Mo und Fr 14 – 19, Sa, So und Fei 10 – 19 Uhr. **Preise:** 3 €; Kinder bis 3 Jahre 2,50 €, bis 18 Jahre in den Ferien und am Wochenende 9 €, sonst 7,50 €; Familienrabatt ab 2 Erw und 2 Kinder 2 €.

▶ Hier könnt ihr euch mal so richtig austoben: Zum Beispiel am 7 m hohen Kletterlabyrinth mit Riesen-Wellenrutsche, Spiralrutsche, Hängebrücke, Wellentunnel, Ballschusskanonen und Trampolin. Auf dem Airtrail könnt ihr euch wie ein Äffchen im Wald von Stamm zu Stamm hangeln. Daneben gibt es eine Elektrokartbahn, einen 6 m hohen Kletter-Vulkan sowie verschiedene Fahrzeuge zum Herumfahren. Außerdem könnt ihr Airhockey Tischkicker und Tischtennis spielen. Für die ganz Kleinen gibt es einen abgetrennten Bereich mit Mini-Hüpfburg und Lego-Soft-Baustelle.

Tiere & Natur entdecken

Wild- und Freizeitpark Allensbach

Gemeinmärk 7, 78476 Allensbach. ✆ 07533/931619, www.wildundfreizeitpark.de. **Bahn/Bus:** Mai – Mitte Sep jede Std mit Bus 8 ab Bhf ⬈ Radolfzell direkt zum Park. **Auto:** B33 Konstanz – Radolfzell in Allensbach-

Vergesst nicht, euch Socken mitzubringen. Ihr dürft weder barfuß noch mit Schuhen in die Halle.

Hunger & Durst

Im Bistro gleich nebenan gibt es Pizza, Spaghetti, Schnitzel oder auch etwas Süßes.

UMWELT ER-FORSCHEN

Stammt ursprünglich aus Ostasien: Sikahirsch im Tierpark Allensbach
© Wild- und Freizeitpark Allensbach

Happy Birthday!
Geburtstagskinder erhalten bei Vorlage des Ausweises freien Eintritt im Wild- und Freizeitpark.

Hunger & Durst
La Piazza, Münsterplatz 38, im Haus zum Thiergarten, Schaffhausen. ℡ 0041/52/6203030. www.lapiazza-restaurant.ch. 9 – 24 Uhr. Hier gibt es Italienische und Schweizer Spezialitäten sowie eine Spielecke für die Kleinen.

Mitte Richtung Kaltbrunn. Vom nördlichen Bodenseeufer Fähre von Meersburg nach Konstanz. **Rad:** 5 km beschilderter Radweg von Allensbach. **Zeiten:** Kassenzeiten Mai – Sep 9 – 17, Okt – April 10 – 17 Uhr, Park bis 19.30 Uhr geöffnet. **Preise:** 9,50 €; Kinder 3 – 14 Jahre 7,50 €; Schüler, Studenten 9 €, Familienkarte (2 Erw, 2 Kinder) 32 €, jedes weitere Kind 7 €, Kindergruppen ab 15 Pers 7 € pro Kind, 1 Begleitperson frei.

▶ Auf dem weitläufigen Gelände, das sich über Wiesen und Wälder erstreckt, könnt ihr in Gehegen mehr als 300 Wildtiere hautnah erleben. Rot- und Muffelwild, Wisente, Bären und Damwild, aber auch Steinböcke, Esel und Luchse gibt es zu sehen. Mehr über die heimatliche Natur erfahrt ihr im *Grünen Klassenzimmer.* Hier könnt ihr über 600 Pflanzen, ein Wildbienenhotel und eine große Kräuterspirale bestaunen. Neben den Tieren und Pflanzen gibt es zahlreiche weitere Attraktionen. Zum Beispiel saust ihr mit dem Nautic-Jet aus 8 m Höhe ins Wasser. Oder ihr liefert euch ein spannendes Kettcar-Rennen.

Der Rheinfall: Ausflug zum größten Wasserfall Europas

8212 Neuhausen am Rheinfall. ℡ 0041/52/6204911, www.rheinfall.ch. **Bahn/Bus:** Stündlich Bahn von Kreuzlingen über Stein am Rhein, Trolleybus 1 zum Rheinfall. Bus auch ab Schiffsanleger Schaffhausen. Oder RB von Winterthur bis Bhf Schloss Laufen. **Auto:** Von Kreuzlingen N13 über Stein am Rhein nach Neuhausen. Vom nördlichen Bodenseeufer ab Stockach A98, in Schaffhausen beschildert. **Rad:** Aus Richtung Untersee Bodensee-Rundweg bis Stein am Rhein, dann Velolandroute 2 Rhein. **Zeiten:** vom nördlichen Ufer ganzjährig frei zugänglich. **Preise:** Parken am nördlichen Ufer 2 Std 5 CHF, ab 2 Std 2 CHF pro Std, Reisebus bis 1 Std 40 CHF, ab 2 Std 10 CHF pro Std.

▶ Könnt ihr euch das Getöse vorstellen? An einer Felskante bei Neuhausen im Kanton Schaffhausen stürzt der Rhein, den ihr zuvor noch als gemächlich

dahinfließendes Gewässer erlebt habt, auf einen Schlag 23 m in die Tiefe. Auf der Aussichtsplattform versteht ihr vor lauter Lärm euer eigenes Wort nicht mehr. Von der aufspritzenden Gischt wird man mit der Zeit ganz nass. Auf den Informationstafeln könnt ihr nachlesen, wie viel Liter Wasser in einer Sekunde über den Fels rauschen.

Wenn ihr den Rheinfall von allen Seiten erkunden wollt, beginnt ihr am besten beim **Schlösschen Wörth** und steigt links vom Rheinfall die Treppenstufen hinauf. Über die Eisenbahnbrücke wechselt ihr das Ufer und seht jetzt das Spektakel von der südlichen Seite. Hier kommt man ganz nahe an die Wassermassen heran. Wer genügend Zeit hat, kann sich auch vom Schlösschen Wörth aus mit dem Boot direkt an den Wasserfall heranfahren lassen. Wenn die Sonne scheint, seht ihr sehr wahrscheinlich einen schönen Regenbogen.

Das Naturschutzgebiet Mettnau

NABU, Führungen ab Info-Pavillon, Güttinger Straße 9, 78315 Radolfzell. ✆ 07732/12339, www.nabu-mett-nau.de. **Bahn/Bus:** ↗ Radolfzell, ab Bhf Stadtbus 5 bis Strandbad (mit Gästekarte kostenlos). **Auto:** Strandbadstraße bis Halbinsel Mettnau, Parkplatz am Strandbad. **Zeiten:** Führungen laut Veranstaltungsprogramm

So ein Rheinfall: Hier müsst ihr schreien, wenn ihr euer eigenes Wort verstehen wollt
© Tourismus Stein am Rhein

oder nach Absprache. **Preise:** Führung 4 €; Kinder kostenlos.

Die **Halbinsel Mettnau** südlich von Radolfzell ist ein einzigartiges Naturschutzgebiet. Auf den **Streuwiesen** wachsen zahlreiche Orchideenarten und im Schilf finden Vögel und Enten einen ungestörten Brutplatz. Die Mitarbeiter des NABU Radolfzell-Singen-Stockach bieten regelmäßig **Führungen** und Themenwanderungen durch das Untersee-Gebiet an. Auf der Internetseite könnt ihr euch den aktuellen Veranstaltungskalender ansehen. Für Gruppen ab 10 Personen sind nach Absprache auch individuelle Führungen möglich. Wollt ihr noch mehr zum Thema Naturschutz erfahren, dann besucht das ↗ *NABU-Zentrum Wollmatinger Ried.*

Der Name **Streuwiese** – oder Streuobstwiese, wenn Bäume darauf stehen – kommt daher, dass die feuchten Wiesen erst sehr spät im Jahr gemäht und das Erntegut in die Ställe eingestreut wird.

Das Naturschutzgebiet Wollmatinger Ried

NABU-Zentrum, Kindlebildstraße 87, 78479 Reichenau. ✆ 07531/78870, www.nabu-wollmatingerried.de. **Lage:** Im alten Bahnhof. **Bahn/Bus:** Direkt am Bhf ↗ Reichenau mit halbstündlicher Verbindung nach Radolfzell und Konstanz. **Auto:** An der B33 Konstanz – Radolfzell genau dort, wo der Damm zur Insel Reichenau beginnt. **Rad:** Radweg entlang der Bahnlinie. **Zeiten:** ganzjährig Mo – Fr 9 – 12 und 14 – 17 Uhr, April – Sep auch Sa, So, Fei 13 – 15.30 Uhr. **Preise:** große Riedwanderung 8 €; Kinder 5 €; Familie 2 Erw, 2 Kinder 15 €, ermäßigt für Nabu-Mitglieder.

Die NABU-Mitarbeiter freuen sich über jeden, der bei der Riedpflege mithilft. Dabei seid ihr einen ganzen Tag lang an der frischen Luft und bekommt zum Dank für eure Hilfe eine zünftige Brotzeit.

Zigtausend Wasservögel rasten im Herbst in den nahrungsreichen Flachwasserzonen des Wollmatinger Rieds. Dann geht es dort ganz schön laut zu. Wenn ihr auf dem Gottlieber Weg oder dem Reichenauer Damm ein Stück wandert, könnt ihr auch zahlreiche Frösche hören und Schmetterlinge sowie Libellen beobachten. Außerhalb dieser Wege darf das Ried nicht betreten werden, um die Vögel nicht zu stören. Charakteristisch für das Ried ist der allmähliche Übergang vom Land zum Wasser.

Im **Naturschutzentrum** im alten Bahnhof könnt ihr euch ausführlich über die Lebensräume der Tiere und Pflanzen im Wollmatinger Ried informieren. Der Besuch ist kostenlos. Die NABU-Mitarbeiter bieten tolle Entdecker-Expeditionen oder Kanutouren für Familien und Kinder an.

Bahnen, Burgen & Schlösser

Mit der Liliputbahn am Rheinufer entlang

SLB Steiner Liliputbahn Verein, Heiri Wanner, 8260 Stein am Rhein. ✆ 0041/79/6027594, www.steiner-liliputbahn.ch. **Lage:** Westlich des Städtchens bei der Schiffsanlegestelle. **Bahn/Bus:** Vom Bhf ↗ Stein am Rhein Bus der SBG bis Untertor. Von dort etwa 100 m Richtung Rhein. **Zeiten:** April – Juni und Mitte Aug – Mitte Sep So, Fei 11 – 17 Uhr, Juli/Sommerferien und Mitte Sep – Mitte Okt/Herbstferien Mi, Sa, So, Fei 11 – 17 Uhr. **Preise:** 4 CHF; Kinder 2 – 16 Jahre 2,50 CHF, 10 Fahrten 20 CHF.

▶ Mit der **Modellbahn** fahrt ihr 10 Minuten von der Schifflände am Rhein entlang, durch den Stadtgarten und den Tunnel beim Lokschuppen und wieder zurück zum Bahnhof. Verschiedene Lokomotiven bringen euch pustend und schnaubend voran. Ihr sitzt alle hintereinander im Freien und lasst euch den Wind um die Ohren wehen.

Napoleonmuseum Thurgau Schloss Arenenberg ◎

Schloss und Park Arenenberg, 8268 Salenstein. ✆ 0041/58/3457410, www.napoleonmuseum.ch. **Bahn/Bus:** Bahn von ↗ Kreuzlingen oder ↗ Schaffhausen stündlich zum Bhf Mannenbach, dann dem Fußweg folgen. **Auto:** Von Kreuzlingen nach Ermatingen, dort am Ortsausgang links. Von Schaffhausen kommend in Mannenbach beim Bhf rechts ab, Parkplätze direkt am Schloss. Überall braune Hinweisschilder.

HANDWERK UND GESCHICHTE

🦉 *Die Loks und Wagen der* **Modellbahn** *sind im Maßstab 1:4 gebaut. Das bedeutet, dass die Lokomotive viermal so klein ist wie im Original. Statt ursprünglich 10 m ist das Modell daher nur noch 2,5 m lang.*

Schönheitsschau im kaiserlichen Schloss: Badezimmer des Kaisers
© Napoleonmuseum Thurgau, Pressestelle PR2

🦉 *Napoleon Bonaparte (1769 – 1821) war französischer Feldherr und 1804 – 1815 Kaiser von Frankreich.*

Hunger & Durst
Bistro Louis Napoléon, Arenenberg 1, Salenstein. ✆ 0041/71/ 6633333. www.arenenberg.ch. Di – Fr 11 – 18 Uhr, Sa, So, Fei 10 – 18 Uhr. Hier gibt es gute Speisen der Region. Tagesmenü 16,50 CHF.

Rad: Auf der Velolandroute 2 Rhein in Mannenbach circa 2 km zum Schloss hinauf. **Zeiten:** Di – So 10 – 17 Uhr, Mitte April – Mitte Okt auch Mo 13 – 17 Uhr. **Preise:** 12 CHF; Kinder 6 – 16 Jahre 5 CHF, Kinderführung (1,5 Std, max. 12 Kinder) 18 CHF; mit Bodensee-Erlebniskarte frei; Familien 2 Erw, 2 Kinder 26 CHF, Studenten und Gruppen ab 10 Pers 10 CHF. **Infos:** Anmeldung Kinder-Führung telefonisch oder unter reservation.nap@tg.ch.

▶ Nicht weit von Konstanz entfernt liegt auf einer Anhöhe das Napoleonmuseum Schloss Arenenberg am Untersee. Wollt ihr die Museumsräume betreten, müsst ihr erst einmal Pantoffeln über die Schuhe ziehen, weil der Boden so kostbar ist, dass er nicht beschädigt werden darf. Dann kann's losgehen. Ihr könnt euch wie Gäste der Königin fühlen, denn *Hortense de Beauharnais,* die Stieftochter von Kaiser **Napoleon I.,** lebte 1815 – 1837 in diesem Schloss. Nach ihrem Tod verkaufte ihr Sohn Louis das Anwesen, erwarb es jedoch später, als Kaiser *Napoleon III.* wieder zurück.

Auf eurem Rundgang seht ihr historische Möbel, Gemälde, Bücher, Geschirr und sogar das alte Spielzeug des Prinzen und bekommt so einen spannenden Einblick ins Leben der ehemaligen Schlossbewohner. Es gibt viele Details zu entdecken. Wozu dienten zum Beispiel die Zahlen an der Wand, knapp unterhalb der Decke, die ihr im Eingang seht? Und wozu die Löcher auf dem Zifferblatt der Uhren? Wollt ihr mit Haut und Haar in die Welt von Königen und Rittern eintauchen, könnt ihr So an einer **Kinderführung** teilnehmen (für Kinder 6 – 12 Jahre). Dann bewegt ihr euch auf den Spuren des jungen Ritters *Louis Napoleon,* wandelt in historischen Kostümen durchs Schloss oder mit Helm und Taschenlampe durch den Park.

Oben auf dem Vulkankegel ◎

Festungsruine Hohentwiel, 78224 Singen. ✆ 07731/ 69178, www.festungsruine-hohentwiel.de. **Bahn/Bus:** Anruf-Sammeltaxi täglich im 30-Min-Takt zwischen Bhf ↗ Singen und Infozentrum Hohentwiel, ✆ 07731/ 69933, Erw 1,70 €, Kinder 0,70 €. **Auto:** Vom Zentrum auf Schaffhausener Straße Richtung Schaffhausen, noch in der Stadt rechts in Hohentwielstraße. **Zeiten:** April – Mitte Sep 9 – 19.30 Uhr, Mitte Sep – Okt 10 – 18 Uhr, Nov – März 10 – 16 Uhr, letzter Einlass 1 Std vor Schließung. **Preise:** 4 €, mit Führung 7 €; Kinder ab 6 – 14 Jahre 2 €, Führung frei; Schüler, Studenten bis 28 Jahre 2 €, mit Führung 5 €, Familienkarte (2 Erw, 2 Kinder) 10 €, mit Führung 16 €, Führung für Schulklassen 2 € pro Person; mit Bodensee-Erlebniskarte frei.

▶ Oben auf dem **Hegau-Vulkan** Hohentwiel wurde 914 die Festung von schwäbischen Adligen erbaut und im Laufe der Jahrhunderte immer wieder verändert. Heute ist nur noch eine gut erhaltene Ruine zu besichtigen, im **Infozentrum** steht jedoch ein originalgetreues Modell, das zeigt, wie es Mitte des 18. Jahrhunderts dort oben ausgesehen hat. Es macht großen Spaß, zwischen den alten Mauern herumzugehen und zu erfahren, was früher darin untergebracht war. Außerdem habt ihr vom Turm eine sehr schöne Aussicht. April – 3. Okt werden So, Fei um 11 und 14 Uhr Führungen durch die Ruine angeboten.

Museen & Stadtführungen

Museum Lindwurm ◎

Unterstadt 18, 8260 Stein am Rhein. ✆ 0041/52/ 7412512, www.museum-lindwurm.ch. **Bahn/Bus:** ↗ Stein am Rhein. **Zeiten:** März – Okt 10 – 17 Uhr.

*Obwohl der Hohentwiel ein **Vulkanberg** ist, braucht ihr keine Angst zu haben, denn der letzte Vulkanausbruch liegt schon über 10 Mio Jahre zurück.*

*In der **Biedermeierzeit** (1815 – 1848) besannen sich die Bürger auf ein idyllisches Familienleben. Kein Wunder, hatten bis 1815 die Kriege des Kaisers Napoleon für alles andere als Ruhe und Frieden in Europa gesorgt.*

Preise: 5 CHF/€; Schüler und Studenten 3 CHF/€, Familien 10 CHF/€, Rabatt mit Schweizer Museumspass, Raiffeisen-Karte, Donau-Touristik-Karte und Bodensee-Erlebniskarte.

▶ Ein Drache ziert die schöne Empire-Fassade – willkommen im Museum Lindwurm! Hier reist ihr ins 19. Jahrhundert und seht, wie eine gutbürgerliche Familie um 1850 wohnte und wie die Arbeiter. Vom felsigen Vorratskeller über den eleganten **Biedermeier-Salon** führt euch der Rundgang zum Kuhstall, zu den Gesindekammern und zur Kornschütte. Im Kinderzimmer dürft ihr mit historischem Spielzeug spielen, auf Strohsäcken Probe liegen oder schwere Leinenkittel und derbe Arbeitsschuhe anziehen.

Von der Steinzeit bis zu den Alemannen

Archäologisches Hegau-Museum Singen, Am Schlossgarten 2, 78224 Singen. ✆ 07731/85267, www.hegau-museum.de. **Lage:** Im Zentrum neben dem Rathaus. **Bahn/Bus:** Zu Fuß vom Hbf ↗ Singen in circa 10 Min. **Auto:** Parkhaus Rathaus. **Zeiten:** Di – Sa 14 – 18, So und Fei 14 – 17 Uhr. **Preise:** Eintritt frei, Führung 3,50 €; Kinder und Jugendliche 2 €; Führungen und Aktionen 3,50 €, Kinder 2 €.

Tauschieren ist eine alemannische Schmuckkunst, dabei werden Metalle wie Gürtelschnallen mit einem anderen schönen Metall verziert.

▶ Im Singener Schloss untergebracht, zeigt das Museum in einer archäologischen Sammlung das Leben der Menschen von der Steinzeit bis ins frühe Mittelalter. Dank der zentralen Lage des Hegaus in der Mitte Europas ist die Region bereits seit 16.000 Jahren besiedelt. Lebensgroße Modelle versetzen euch zurück in diese Zeit vor tausenden Jahren. An Mitmach-Stationen könnt ihr z.B. Feuersteinmesser ausprobieren, Getreidekörner von Hand zu Mehl mahlen oder in die Kleidung verschiedener Epochen zu schlüpfen. Eine gemütliche Leseecke lädt zum Schmökern ein. Nach Anmeldung könnt ihr an einer interaktiven Führung (ab 3 Jahre) teilnehmen und wie die Steinzeitmenschen Knochen bearbeiten oder ein römisches Mühle-Spiel herstellen (ab 7 Jahre).

Besuch bei einem Schriftsteller ◎

Hesse Museum, Kapellenstraße 8, 78343 Gaienhofen. ℡ 07735/440949, 440947. www.hesse-museum-gaienhofen.de. **Bahn/Bus:** ↗ Gaienhofen, im Zentrum an der Hauptstraße. **Zeiten:** 15. März – Okt Di – So 10 – 17 Uhr, Nov – Mitte März Fr und Sa 14 – 17 und So 10 – 17 Uhr, Führungen Mai – Okt 14.30 Uhr. **Preise:** 5 €, Führung 7 €; Kinder 6 – 14 Jahre 2 €; mit Bodensee-Erlebniskarte gratis, Gruppenführung 40 € zzgl. Eintritt pro Person.

▶ Das Hermann-Hesse-Höri-Museum im ehemaligen Schul- und Rathaus beherbergt eine Gemäldegalerie mit Werken zahlreicher Künstler der Halbinsel Höri. Eine moderne Ausstellung informiert euch außerdem über Leben und Werk des Schriftstellers **Hermann Hesse** (1877 – 1962). Er lebte 1904 – 1912 im Nachbarhaus, das ihr auch besichtigen könnt. Im Obergeschoss des Museums ist eine Abteilung über Pfahlbausiedlungen der Jungsteinzeit am Untersee untergebracht.

Wer den Code zur Museumsschatzkiste knacken und eine Überraschung erleben will, braucht sich von dem Spiel nur durch die Räume führen zu lassen …

🦉 *Im August 1904 bezieht* **Hermann Hesse** *mit seiner Frau Maria Bernoulli das einfache Bauernhaus am Kapellenberg in Gaienhofen. Hier schreibt er seine ersten erfolgreichen Romane wie z.B. »Gertrud« oder »Knulp«.*

Kinderführung mit Leo und Titus

Tourismus Stein am Rhein, Oberstadt 3, 8260 Stein am Rhein. ℡ 0041/52/6324032, www.steinamrhein.ch. **Bahn/Bus:** ↗ Stein am Rhein. **Zeiten:** Termine bei Tourist-Info erfragen, Dauer etwa 1 Std. **Preise:** Kinder bis 3. Klasse in Gruppe bis 30 Pers 195 CHF.

▶ Die Tourist-Info bietet für Kinder gleich zwei spannende Stadtführungen an:

Mit **Leo,** dem Jungen aus Stein am Rhein, der dort im Mittelalter lebte, lernt ihr die verschiedenen Berufe kennen, die es heute nicht mehr so oft oder gar nicht mehr gibt. Ihr erfahrt etwas über die verschiedenen Bevölkerungsschichten wie Bauern, Kaufleute, Ritter und Adlige und lernt Spiele kennen, die Kinder im Mittelalter gespielt haben.

Schön angemalt: Häuser in Stein am Rhein
© Tourismus Stein am Rhein

Hunger & Durst

Spaghetteria Wasserfels, Schiffslände 8, Stein am Rhein. ℡ 0041/52/7412236. www.wasserfels.ch/index.html. Ab 9 Uhr. Meterlange Spaghetti ab 12,50 CHF, hausgemachte Pizza ab 16,50 CHF.

Auf eurem Rundgang mit **Titus,** der cleveren und abenteuerlustigen Maus, erlebt ihr gemeinsam so manches Abenteuer. Auf der Burg kann Titus dem gefährlichen Falken *Friederich* entfliehen, kommt ans Rheinufer und entdeckt die Stadt hinter der hohen Mauer. Da lauern nicht nur Gefahren wie Katzen und Ochsenkarren, es gibt auch Fischer, Handwerker und Händler bei ihrer Arbeit zu beobachten.

FESTKALENDER UNTERSEE & GNADENSEE

Mai: Ende/Anfang Juni, Fr, Radolfzell-Markelfingen: **Kinderfest** auf dem Campingplatz Markelfingen, 14 – 18 Uhr.

Juni: Ende, Fr – So, Singen am Hohentwiel: **Stadtfest** mit Unterhaltung für Klein und Groß.

Juli: 1. Sa, Radolfzell: **Ein Herz für Kinder Aktionstag,** Spiel, Spaß und Unterhaltung für die ganze Familie in der Innenstadt, 9 – 14 Uhr.

3. Wochenende, Fr – Mo, Radolfzell: traditionelles **Hausherrenfest** zu Ehren der drei heiligen Hausherren von Radolfzell, mit Kinderprogramm, Mo große Wasser-Prozession (mit Blumenkränzen geschmückte Boote kommen um 8 Uhr in Radolfzell an).

3. Sa, Allensbach: **Gnadenseeschwimmen,** Treffpunkt: Strandbad Allensbach.

August: 1. Aug, Stein am Rhein: **Schweizer Nationalfeiertag,** großes Feuerwerk. www.steinamrhein.ch.

1. Sa, Radolfzell: **Erlebnissamstag Ente Ahoi,** mit *Enten*-Rennen, Märkten, Musik- und Kinderprogramm, 10 – 18 Uhr.

1. Wochenende, Fr – So, Insel Reichenau: **Wein- und Fischerfest.**

September: 1. Sa, Radolfzell: **Altstadtfest** mit Kinderflohmarkt.

ORTE, INFO & VERKEHR

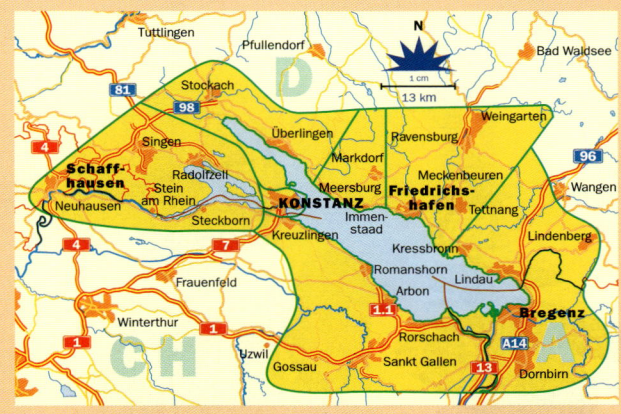

In dieser Griffmarke stehen alle hilfreichen Adressen, mit denen ihr euren Urlaub besser organisieren könnt: Im ersten Kapitel sind Informationsstellen mit ihren Öffnungszeiten und ihrem Angebot zu finden, darunter grundlegende Hinweise und Anfahrten zu den genannten Orten, aber auch weiterführende Internet-Links. In der Mitte der Griffmarke stehen unter anderem wichtige Informationen zu Ermäßigungen mit der Bodensee-Erlebniskarte und die Kurzbeschreibung einer Radtour um den ganzen See!

Im letzten Kapitel sind die kinderfreundlichen Unterkünfte aufgeführt, die uns während unserer Vor-Ort-Recherche aufgefallen sind. Weitere Unterkunftsadressen sind bei den örtlichen Touristen-Informationen zu erfragen oder über deren Internetseite zu finden. Für einen Aufenthalt im Sommer ist lange Vorausreservierung anzuraten, besonders nah am See.

Internetportale

Bodensee-Vorarlberg Tourismus

Römerstraße 2, 6901 Bregenz. ✆ 0043/05574/43443-0, www.bodensee-vorarlberg.com. **Bahn/Bus:**
➚ Bregenz. Anlegestelle der Bodensee-Schifffahrt
➚ Bregenz. **Zeiten:** Mo – Sa 8 – 18 Uhr.
▶ Buchungszentrale für Unterkünfte jeder Art und Pauschalangebote zu Kultur- und Sportveranstaltungen.

Konstanz

Tourist-Information Konstanz GmbH, Bahnhofsplatz 43, 78462 Konstanz-Altstadt. ✆ 07531/133030, www.konstanz-tourismus.de. **Bahn/Bus:** IRE, RE, SBB Offenburg – Singen – Konstanz, IR, R, S Weinfelden – Kreuzlingen – Konstanz etwa stündlich. Anlegestelle der Bodensee-Schifffahrt Bregenz – Friedrichshafen – Konstanz 17. April bis Mitte Okt, Überlingen – Meers-

Geht noch einer? Steinburgen bauen in Immenstaad

ORTE, INFO & VERKEHR

 Den **Bodensee Gästepass** bekommt ihr von eurer Übernachtungsstelle in 21 Orten ausgehändigt. Mit ihm erhaltet ihr Rabatte oder sogar kostenlose Leistungen wie z.B. Busfahrten. Infos unter ✆ 07531/ 909490, www.bodensee.eu.

Hunger & Durst
Eiscafé Da Toni, Rosgartenstraße 13, Konstanz. ✆ 07531/ 917623. Super Eis, vielleicht das beste in der Stadt.

burg – Konstanz 17. April – Mitte Okt etwa stündlich, Radolfzell – Konstanz – Reichenau 10. April – Mitte Sep etwa stündlich bzw. Schaffhausen – Konstanz – Kreuzlingen 10. April – Mitte Okt 4 x pro Tag. **Auto:** Aus Richtung Stuttgart – Singen über A81 und B33, aus Richtung München A96 Ausfahrt 2 Lindau, weiter über B31 bis Meersburg und mit Autofähre nach Konstanz, von Ulm B30 nach Meersburg, aus der Schweiz N1 bzw. N7 über Kreuzlingen nach Konstanz. **Rad:** Am Bodensee-Radweg, von der Schweizer Seite über Velolandroute 2 Rhein. Vom deutschen Ufer entweder bis Meersburg radeln und weiter mit Autofähre oder Überlinger See umrunden. **Zeiten:** April – Okt Mo – Fr 9 – 18.30, Sa 9 – 16, So 10 – 13 Uhr, Nov – März Mo – Fr 9.30 – 18, an Adventssamstagen 10 – 16 Uhr.

▶ Die mit über 83.000 Einwohnern größte Stadt am Bodensee bietet zahlreiche Museen und Attraktionen für seine Besucher; aktuell viel zur Geschichte des Konzils, das hier vor 600 Jahren tagte. In der historischen **Altstadt** kann man in den engen Gassen bummeln. Optimal sind die Ausflugsmöglichkeiten, im Konstanzer **Hafen** starten die Schifffahrtslinien Richtung Bodensee, Untersee und Überlinger See.

Überlinger See & Mainau

Bodman-Ludwigshafen
Tourist-Information Bodman-Ludwigshafen, Hafenstraße 5, 78351 Bodman-Ludwigshafen-Ludwigshafen. ✆ 07773/9300-40, www.bodenseepur.de. **Bahn/Bus:** RE, RB Radolfzell – Ludwigshafen – Friedrichshafen – Lindau etwa stündlich. Anlegestelle der Bodensee-Schifffahrt in Richtung Ludwigshafen – Sipplingen – Mariaschlucht – Überlingen. **Auto:** Auf der A98 Ausfahrt 12 oder 13 Stockach, dann etwa 7 km Landstraße. **Rad:** Bodensee-Radweg. **Zeiten:** April – Sep Mo – Fr 9 – 12 und 14 – 17 Uhr, in den Sommerferien auch Sa 10 – 12 Uhr, Okt – März Mo – Fr 9 – 12 Uhr.

▶ **Bodman** am westlichen Ufer des Überlinger Sees ist sehr ruhig, da es keinen Durchgangsverkehr gibt. Für Familien mit Kindern ist die Gegend besonders zu empfehlen, da hier das Ufer des Bodensees sehr flach ist und die Kleinen deshalb problemlos im Wasser planschen können. Im Teilort **Ludwigshafen** der Doppelgemeinde Bodman-Ludwigshafen geht es um einiges reger zu. Es gibt deutlich mehr Restaurants und Läden, auch die Verkehrsanbindung ist besser.

Mit der Gästekarte fahrt ihr im Landkreis Konstanz kostenlos Bahn und Bus. Die meisten Gastgeber in Bodman holen ihre Gäste vom Bhf Ludwigshafen ab.

Insel Mainau

Mainau GmbH, 78465 Insel Mainau. ✆ 07531/303-0, www.mainau.de. **Bahn/Bus:** Ab Hbf ↗ Konstanz Stadtbus 4 etwa halbstündlich. Anlegestelle der Bodensee-Schifffahrt Konstanz – Mainau – Friedrichshafen – Lindau – Bregenz Mitte April – Juni und Mitte Sep – Okt etwa 6 x pro Tag; Juli – Mitte Sep etwa stündlich bzw. Rorschach – Langenargen – Kreuzlingen – Mainau – Meersburg etwa 3 x pro Tag. **Auto:** Von Konstanz etwa 5 km auf der Landstraße Richtung Norden, ausreichend gebührenpflichtige Parkplätze vor der Insel. **Rad:** Bodensee-Radweg. **Zeiten:** ganzjährig von Sonnenauf- bis -untergang.

▶ Bedingt durch das milde Seeklima herrschen auf der Insel Mainau das ganze Jahr über angenehme Temperaturen, selbst im Winter sinkt das Thermome-

Herrlich anzusehen: Barockschloss auf der Insel Mainau

ORTE, INFO & VERKEHR

ter selten unter null Grad. Von Frühjahr bis Herbst verwandelt sich der größte Teil der Insel in ein Blumenmeer, dazwischen liegen großzügige Parkanlagen, das barocke Schloss, die Kirche sowie überdachte Anlagen wie das Schmetterlings- und das Palmenhaus. Für Kinder gibt es einen Bauernhof mit Streichelzoo, Ponyreiten und mehrere Spielplätze.

Überlingen

Tourist-Information Überlingen, Landungsplatz 5, 88662 Überlingen. ✆ 07551/9471522, www.ueberlingen-bodensee.de. **Bahn/Bus:** RE, RB Radolfzell – Überlingen – Friedrichshafen – Lindau etwa stündlich bzw. Ulm/Lindau – Friedrichshafen – Überlingen – Basel etwa 6 x pro Tag. DB-Carsharing-Station. Stadtbus 7392 ab ↗ Stockach, 7389 ab ↗ Ludwigshafen und 7395 ab ↗ Friedrichshafen über Immenstaad, Hagnau, Meersburg, Uhldingen. Anlegestelle der Bodensee-Schifffahrt Ludwigshafen – Sipplingen – Marienschlucht – Überlingen bzw. Konstanz – Meersburg – Mainau – Überlingen etwa stündlich. Ganzjährig Schiffsverbindung Überlingen – Wallhausen. **Auto:** Aus Richtung Stuttgart über A81 und A98, aus Richtung Ulm und München nach Friedrichshafen und weiter auf B31 bis Überlingen. **Rad:** Am Bodensee-Radweg. **Zeiten:** Okt – Mitte März Mo – Mi, Fr 9 – 12.30, 14 – 16.30, Do 9 – 12.30 und 14 – 18 Uhr, Mitte März – Juni Mo – Fr 9 – 18, Sa 9 – 12 Uhr, Juli – Sep Mo – Fr 9 – 18, Sa 9 – 13 Uhr.
▶ Die Stadt, die dem Überlinger See ihren Namen gab, ist in erster Linie als **Kneippheilbad** bekannt. Drei Strandbäder bieten Familien mit Kindern Abwechslung. Auch die zahlreichen Ausflugsmöglichkeiten und vielseitige Kinderprogramme während der Pfingst- und Sommerferien machen den Ort für den Familienurlaub interessant.

Uhldingen-Mühlhofen

Tourist-Information Uhldingen-Mühlhofen, Ehbachstraße 1, 88690 Uhldingen-Mühlhofen-Unteruhldingen.

*Überlingen wurde u.a. gemeinsam mit der ↗ Bodensee-Therme beim Landeswettbewerb Familien-Ferien Baden-Württemberg als **familienfreundlicher Ferienort** ausgezeichnet.*

eBike-Verleih M. Rohrschneider, Bodanstraße 8, Uhldingen-Mühlhofen. ✆ 07556/8059. Fahrrad-, eBike-Verleih pro Tag 17 €, Fahrradwerkstatt; außerdem 1 FeWo für 4 Pers.

✆ 07556/92160, www.seeferien.com. **Bahn/Bus:** S ↗ Radolfzell, S ↗ Lindau, Bhf im Ortsteil Oberuhldingen, RB Richtung Singen/Stuttgart, Friedrichshafen/Ulm und Lindau/München im Stundentakt. **Auto:** An der B31 etwa auf halber Strecke zwischen Überlingen und Meersburg. **Rad:** Bodensee-Radweg. **Zeiten:** Mitte März – 6. Nov Mo – Fr 9 – 13 und 14 – 17 Uhr, 2. Mai – 11. Sep zusätzlich Sa, Fei 10 – 13 und Juli – 11. Sep auch So 9 – 13, 7. Nov – Mitte März Mo – Fr 9 – 12 Uhr.

▶ Umgeben von Weinbergen, Wäldern und Obstwiesen liegt Unteruhldingen direkt am See und ist somit für Touristen am interessantesten. Hauptattraktion sind die weltweit bekannten **Pfahlbauten** und die **Wallfahrtskirche Birnau.**

Meersburg – Immenstaad

Immenstaad

Tourist-Information Immenstaad, Frau Stegmann, Dr.-Zimmermann-Straße 1, 88090 Immenstaad. ✆ 07545/201-3700, www.immenstaad-tourismus.de. **Lage:** Im Rathaus. **Bahn/Bus:** Ab ↗ Friedrichshafen Bus 7394 und 7395, von ↗ Überlingen 7395. Innerhalb von Immenstaad Ortsbus zwischen allen wichtigen Punkten. Anlegestelle der Bodensee-Schifffahrt Konstanz – Mainau – Immenstaad – Lindau – Bregenz Mitte April – Mitte Okt, je nach Saison 10 – 18 Uhr etwa 5 – 8 x täglich. **Auto:** Immenstaad liegt an der B31 etwa auf halber Strecke zwischen Meersburg und Friedrichshafen. **Rad:** Bodensee-Radweg. **Zeiten:** Anfang Hauptsaison Mai – Sep Mo – Fr 9 – 12.30 und 13.30 – 18, Sa 9.30 – 12.30 Uhr (Juli, Aug auch 13.30 – 17 Uhr, Nebensaison Ende März – April und

Gleichgewicht halten: Laufbretter im Abenteuerpark
© AbenteuerPark Immenstaad

Auf der Internet-seite der Tourist-Info Immenstaad findet ihr eine eigene Kinder-seite mit Spielen, Mal-vorlagen und einem Ortsplan mit Dorfrallye zum Herunterladen.

's Sporträdle, Meersburger Straße 27, Immen-staad. ℅ 07545/1444. www.sportraedle.de. März – Okt Mo – Fr 9.30 – 12, 14.30 – 18, Sa 9.30 – 13 Uhr, Nov – Feb Mo, Di, Do, Fr 9.30 – 12, 14.30 – 18, Mi 9.30 – 12, Sa 9.30 – 12 Uhr. Pedelecs 1 Tag 28 €, 3 Tage 81 €, Tou-renräder 1 Tag 14 €, 3 Tage 39 €, Mountain-Bikes 1 Tag 16 €, 3 Tage 45 € (Beispiel-preise), mit Gästekarte günstiger, Sicherheits-schlösser und Fahrrad-körbe für jede Kleingrup-pe inkl.; auch Repara-tur.

Okt Mo – Fr 9 – 12 und 14 – 17 Uhr, Nov – 21. März Mo – Fr 9 – 12, Di auch 14 – 17 Uhr.

▶ Der Ort wurde von der Tourismus-Marketing GmbH und dem Hotel- und Gaststättenverband Dehoga mit dem Gütesiegel *Familien Ferien* ausgezeichnet. Ent-sprechend ist die touristische Infrastruktur auf Fami-lien mit Kindern ausgelegt. Immenstaad verfügt mit dem ↗ Ferienwohnpark auch über eine der schöns-ten Ferienanlagen am Bodensee.

Hagnau

Tourist-Information Hagnau, Im Hof 1, 88709 Hagnau. ℅ 07532/4300-43, www.hagnau.de. **Bahn/Bus:** Ab Bhf ↗ Friedrichshafen Bus 7394 und 7395, von ↗ Überlin-gen 7395, Anlegestelle der Bodensee-Schifffahrt aus Richtung ↗ Konstanz bzw. ↗ Bregenz. **Auto:** An der B31 etwa auf halber Strecke zwischen Meersburg und Im-menstaad. **Rad:** Bodensee-Radweg. **Zeiten:** Mo – Mi 8 – 12, Do 8 – 12 und 14 – 18.30, Fr 8 – 12.30 Uhr.

▶ Das Winzer- und Fischerdorf am nördlichen Boden-seeufer ist umgeben von Weinbergen und Obstwie-sen. Familien fühlen sich in der grünen Umgebung sehr wohl, Kinder halten sich an schönen Tagen am liebsten am Naturbadestrand oder auf einem der ört-lichen Spielplätze auf.

Meersburg

Meersburg Tourismus Gästeinformation, Kirchstraße 4, 88709 Meersburg. ℅ 07532/440400, www.meers-burg.de. **Bahn/Bus:** Ab Bhf ↗ Uhldingen-Mühlhofen Bus 7395 und 7397 6 km nach ↗ Meersburg. Ab Friedrichs-hafen Bus 7395 und 7394, ab ↗ Überlingen Bus 7395 und 7397. Anlegestelle der Bodensee-Schifffahrt aus Richtung ↗ Bregenz, ↗ Konstanz, ↗ Rorschach bzw. ↗ Überlingen. **Auto:** Meersburg liegt an der B31 zwi-schen Überlingen und Friedrichshafen. Rund um Meers-burg gibt es mehrere gebührenpflichtige Großparkplät-ze. Ostern – Mitte Okt Pendelbus im 20-Min-Takt in die Altstadt, Fahrpreis 1 €, mit Gästekarte kostenlos. In der Altstadt herrscht Parkverbot. **Rad:** Bodensee-Rad-weg. **Zeiten:** Mitte Okt – April Mo – Fr 9 – 12, 14 – 16.30 Uhr, Mai – Mitte Okt Mo – Fr 9 – 12.30, 14 – 18, Sa 10 – 15, So 10 – 13 Uhr.

▶ Von Weinbergen umgeben, erstreckt sich das alte Städtchen vom Bodenseeufer einen steilen Hang hi-nauf, den man über Treppenstufen erklimmt. Oben hat man von der Burg aus eine fantastische Aussicht auf den See, unten am Ufer bieten sich zahlreiche Aktivitäten auf dem Wasser. Dazwischen kann man gemütlich durch die alten Gassen bummeln.

 Von Meersburg könnt ihr auf dem Bodensee-Radweg zum ↗ **Pfahlbau-museum** in Uhldingen radeln, hin und zurück 14 km, etwa 90 Min.

Friedrichshafen – Langenargen

Friedrichshafen

Tourist-Information Friedrichshafen, Bahnhofplatz 2, 88045 Friedrichshafen. © 07541/300-10, www.fried-richshafen.info. **Bahn/Bus:** Anlegestelle der Bodensee-Schifffahrt Friedrichshafen – Romanshorn etwa stünd-lich bzw. Konstanz – Friedrichshafen – Lindau – Bregenz Mitte April – Mitte Mai und Okt – Mitte Okt etwa 6 x pro Tag; Mitte Mai – Sep etwa stündlich. Anlegestelle der Bodensee-Schifffahrt Konstanz – Friedrichshafen – Lin-dau – Bregenz Mitte April – Mitte Mai und Okt – Mitte Okt etwa 6 x täglich, Mitte Mai – Sep etwa stündlich, Fähre Friedrichshafen-Romanshorn täglich jede Std. **Auto:** Von Ulm A7 oder A8, dann B30 über Biberach bis Friedrichsha-fen, von München A96 Ausfahrt 5 Wangen-West und über Ravensburg oder Tettnang, von Lindau und Meersburg über B31. **Rad:** Am Bodensee-Rad-weg beim Stadtgarten. **Zeiten:** Mai – Sep Mo – Fr

Schwebt fast lautlos in der Luft: Zeppelin über dem Bodensee
© ZLT, Gerhad Plessing

flywithme

ZEPPELIN MUSEUM
Friedrichshafen

9 – 18, Sa 9 – 13 Uhr, April, Okt Mo – Do 9 – 17, Fr 9 –
12 Uhr, Nov – März Mo – Do 9 – 16, Fr 9 – 12 Uhr.

▶ Friedrichshafen ist **Zeppelinstadt,** das merkt der
Besucher vor allem beim Spaziergang an der Seepromenade auf Schritt und Tritt. Denkmäler, Brunnen
und das Zeppelin Museum zeugen vom Geist des
Grafen Zeppelin, der hier während der ersten Hälfte
des 20. Jahrhunderts die nach ihm benannten Luftschiffe baute. Seit 2001 bewegt sich der 75 m lange
Zeppelin NT, das größte fliegende Luftschiff der Welt,
mit neuer Technologie beinahe schwerelos durch die
Lüfte. Auch vom Zeppelin abgesehen bildet die zweit-
größte Stadt am Bodensee einen wichtigen Verkehrs-
knotenpunkt.

Langenargen

Tourist-Information Langenargen, Obere Seestraße
2/1, 88085 Langenargen. © 07543/933092,
www.langenargen-tourismus.de. **Lage:** An der Schiffs-
landestelle. **Bahn/Bus:** RE, RB ↗ Radolfzell, ↗ Lindau.
Anlegestelle der Bodensee-Schifffahrt aus Richtung
↗ Bregenz, ↗ Konstanz, ↗ Meersburg, bzw. ↗ Rorschach. **Auto:** Von Ulm über A7 bis Biberach und B30
nach Friedrichshafen, dort B31 Richtung Lindau; von
München A96 Ausfahrt 2 Lindau und B31. **Rad:** Am
Bodensee-Radweg. **Zeiten:** März – April und Okt Mo –
Fr 9 – 12 und Mo – Do 14 – 16 Uhr, Mai – Sep Mo – Fr
9 – 12.30 und 13.30 – 18, Sa, So und Fei 9 – 12 Uhr,
Nov – Feb Mo – Fr 9 – 12 Uhr.

▶ Wahrzeichen von Langenargen ist das **Schloss
Montfort,** das sich privilegiert auf einer kleinen Land-
zunge präsentiert und vor allem in der Abenddämme-
rung eine anziehend romantische Ausstrahlung hat.
Direkt am Schloss beginnt die einladende **Seepromenade,** an der Familien viele interessante Freizeit-
einrichtungen und Cafés vorfinden. Sehenswert ist
auch der schmucke **Marktplatz,** um den sich Pfarr-
kirche, Spital, Pfarrhaus, Rathaus und Münzhof als
barocke Einheit gruppieren.

Kressbronn — Lindau

Kressbronn

Tourist-Information Kressbronn, Im Bahnhof, 88079 Kressbronn. ✆ 07543/96650, www.kressbronn.de. **Bahn/Bus:** RE, RB Radolfzell – Friedrichshafen – Kressbronn – Lindau etwa stündlich. Anlegestelle der Bodensee-Schifffahrt Konstanz – Friedrichshafen – Kressbronn – Lindau – Bregenz Mitte April – Mitte Mai und Okt – Mitte Okt etwa 6 x pro Tag; Mitte Mai – Sep etwa stündlich. **Auto:** Von Ulm B30 über Ravensburg und B467 Richtung Lindau, Stuttgart A81 und A98 Ausfahrt 13 Stockach-Ost sowie B31 Richtung Lindau, München A96 Ausfahrt 3 Sigmarszell und auf der B31. **Rad:** Am Bodensee-Radweg. **Zeiten:** Mai – Sep Mo – Fr 8 – 18, Sa und So 10 – 12 Uhr, Okt – April Mo – Fr 8 – 12 und 14 – 17 Uhr.

▶ Am fotogensten zeigt sich Kressbronn bei klarem Frühlingswetter von der oberen Schleife des Bauernpfads im Ortsteil **Berg:** Im Vordergrund stehen Kirsch- und Apfelbäume in herrlicher Blüte, dahinter hebt sich der weiße Zwiebelkirchturm Kressbronns vom tiefblauen Bodenseewasser ab und am Schweizer Seeufer leuchtet der schneebedeckte *Säntis,* der das hügelige Appenzell klar dominiert. Kressbronn ist offiziell ein familienfreundlicher Ort, vor allem südlich der Bahnlinie können sich Kinder abseits des Verkehrs frei bewegen. Hauptattraktion ist das naturnah angelegte Strandbad. Hier findet Ende Juli das Familienfest *Platsch* statt.

 Zweirad Deusch GbR, Bodanstraße 30 – 34, Kressbronn. ✆ 07543/6785. www.zweirad-deusch.de. Mo – Fr 9 – 12.30 und 14 – 18.30, Sa 9 – 13 Uhr, Winterzeit Mi geschlossen. Rad 10 € pro Tag, eBike 20 €, Tandem 16 €, Kinderrad 6 €, Radanhänger 5 €.

Lindau

Lindau Tourismus und Kongress GmbH, Alfred-Nobel-Platz 1, 88131 Lindau. ✆ 08382/2600-30, www.lindau-tourismus.de. **Bahn/Bus:** RE, RB Radolfzell – Friedrichshafen – Lindau etwa stündlich; IRE Basel – Friedrichshafen – Lindau/Ulm etwa 6 x pro Tag bzw. RE Nürnberg – Augsburg – Immenstadt – Lindau/Ulm etwa 6 x pro Tag. Anlegestelle der Bodensee-Schifffahrt

Konstanz – Lindau – Bregenz Mitte April – Mitte Mai und Okt – Mitte Okt etwa 6 x pro Tag; Mitte Mai – Sep etwa stündlich bzw. Lindau – Rorschach Mai bis Mitte Okt etwa 7 x pro Tag. **Auto:** A96 Ausfahrt 2 Lindau bzw. B31 von Friedrichshafen, Beschilderung Richtung Zentrum, auf der Insel große Parkplätze an Thiersch- und Zwanzigerstraße. **Rad:** Am Bodensee-Radweg. **Zeiten:** Jan – Ende März und Okt – 31. Dez Mo – Fr 10 – 17 Uhr, April – Sep Mo – Sa 10 – 18, So 10 – 13 Uhr.

Berühmt: Lindaus Hafeneinfahrt mit dem Leuchtturm

© DZT

▶ Aus der Vogelperspektive wird erst so richtig deutlich, wie schön und privilegiert Lindau auf seiner 70 ha großen Insel liegt. Ein Bahndamm und eine Autobrücke sind die Nabelschnüre zum Festland. Seit die Autos am Stadtrand parken, kann die schöne Altstadt mit den engen Gassen, malerischen Plätzen und den jahrhundertealten, teils barocken Häusern vollkommen unbeschwert erkundet werden. Zudem führen bequeme Fußwege mit fast durchgängigem Blick zum Wasser um die Insel herum. Der belebteste Ort ist die **Hafenpromenade,** die Hafeneinfahrt mit dem steinernen bayerischen Löwen und dem weißen Leuchtturm ist die schönste am Bodensee.

Im Stadtmuseum, dem *Cavazzen* am Marktplatz, finden hochkarätige wechselnde Kunstausstellungen statt, das Stadttheater beheimatet u.a. das ↗ Marionettentheater und schließlich gibt es wunderbare Feste und Märkte; ↗ Festkalender.

Bregenz & Ostufer

Feldkirch

Stadtmarketing und Tourismus Feldkirch GmbH, Montfortplatz 1, 6800 Feldkirch. ✆ 0043/5522/73467, www.feldkirch.travel. **Bahn/Bus:** IC, REX, R Lindau – Bregenz – Feldkirch – Bludenz/Buchs etwa stündlich. **Auto:** Von Bregenz auf A14 bis Ausfahrt 41 Feldkirch-Frastanz, aus der Schweiz bis Grenzübergang Schaanwald/Feldkirch-Tisis und weiter auf der Bundesstraße. **Zeiten:** Mo – Fr 9 – 18 Uhr, Sa 9 – 12 Uhr.

 Feldkirch ist neben Bregenz die wichtigste Stadt im Tourismusgebiet Bodensee-Alpenrhein und bietet vielfältige Freizeitmöglichkeiten für die ganze Familie. Sowohl in Richtung Bodensee als auch in den Bregenzer Wald sind die Wege kurz. Wandern, Rad fahren und schwimmen kann man in der reizvollen Umgebung fast grenzenlos.

Dornbirn

Dornbirn Tourismus & Stadtmarketing GmbH, Rathausplatz 1a, 6850 Dornbirn. ✆ 0043/5572/22188, www.dornbirn.info. **Bahn/Bus:** IC, REX, R Lindau – Bregenz – Dornbirn – Bludenz/Buchs etwa stündlich. **Auto:** Von Bregenz A14 nach Dornbirn, alternativ auf der Bundesstraße. Aus der Schweiz N1 bis Grenzübergang Lustenau und der Beschilderung folgen. **Zeiten:** Mo – Fr 9 – 18, Sa 9 – 12 Uhr.

 Dornbirn wurde 2014 von den Einheimischen als »lebenswerteste und intelligenteste Stadt Österreichs« ausgezeichnet – hört, hört! Vorarlbergs größte Stadt ist aber auch wirklich sehr vielfältig mit seinen Geschäften, (Kunst-)Museen, Cafés und Restaurants und einem großen Marktplatz. Ausflugsziele gibt es zur Genüge, Bregenzer Wald und Bodensee sind ganz nah: Sehr lohnend etwa sind die Fahrt mit der Seilbahn zum aussichtsreichen *Karren,* ein Wanderausflug in die Rappenlochschlucht oder ein Besuch in der Erlebnisnaturschau *inatura.*

 Wochenmarkt in Dornbirn, Mi und Sa 8 – 12.30 Uhr.

Rolls-Royce-Museum, Gütle 11a, ✆ 0043/5572/52652. www.rolls-royce-museum.at. Feb – Nov Di – So 10 – 18 Uhr, Juli, Aug täglich. Das glitzert und funkelt: Die auf Hochglanz polierten Edelkarossen sind in einer alten Tuchfabrik ausgestellt, inklusive Werkstatt, Motorengeräusch und stilechtem Tea Room. Erw 9 €, Kinder 4,50 €, Fotoerlaubnis 10 €.

Bregenz

Bregenz Tourismus & Stadtmarketing GmbH, Rathausstraße 35a, 6900 Bregenz. ✆ 0043/5574/4959-0, www.bregenz.travel. **Lage:** 10 Gehminuten vom Hbf entfernt nahe Kornmarktplatz. **Bahn/Bus:** IC, REX, R Lindau – Bregenz – Dornbirn – Bludenz etwa stündlich. Anlegestelle der Bodensee-Schifffahrt Konstanz – Lindau – Bregenz Mitte April – Mitte Mai und Okt – Mitte Okt etwa 6 x pro Tag; Mitte Mai – Sep etwa stündlich. **Auto:** Von München A96 über Lindau, Ausfahrt 1 vor oder Ausfahrt 9 hinter dem Pfändertunnel. Aus Stuttgart bzw. Ulm Anfahrt über Ravensburg und Friedrichshafen und auf der Uferstraße B31; Parkgarage am Hafen. **Rad:** 5 Min vom Bodensee-Radweg. **Zeiten:** Mo – Fr 10 – 18, Sa 9 – 12 Uhr, verlängerte Öffnungszeiten während der Bregenzer Festspiele.

▶ Die lebendige Landeshauptstadt im Dreiländereck liegt eingebettet zwischen Bodensee und Pfänder und bietet neben Kultur jede Menge Sport- und Freizeitmöglichkeiten. Obwohl sich das meiste Leben am See und im Stadtzentrum abspielt, lohnt auch ein Besuch der mittelalterlichen **Oberstadt** mit ihren hübschen Fachwerkhäusern. Auch das Wahrzeichen von Bregenz, der *Martinsturm,* steht hier.

Zur **Festspielzeit** im Hochsommer ist die Stadt allerdings überfüllt und überteuert. Baden ist in der milden Bregenzer Bucht übrigens bereits im Mai und auch im späten September noch möglich. Empfehlenswert sind die interessanten Lehrpfade am *Gebhardsberg* und *Pfänder.*

Schweizer Ufer & Kreuzlingen

Kreuzlingen

Kreuzlingen Tourismus, Hauptstraße 39, 8280 Kreuzlingen. ✆ 0041/71/6723840, www.kreuzlingen-tourismus.ch. **Bahn/Bus:** S Rorschach – Romanshorn – Kreuzlingen, IR, RE, R, S Konstanz – Kreuzlingen – Weinfelden, S Schaffhausen – Kreuzlingen etwa halbstündlich. Anlegestelle der Bodensee-Schifffahrt Schaffhausen – Konstanz – Kreuzlingen 10. April – Mitte Okt 4 x pro Tag bzw. Rorschach – Kreuzlingen – Meersburg April – Mitte Mai, 21. Mai – 18. Sep und 24. Sep – Mitte Okt 3 x pro Tag. **Auto:** N7 aus Zürich und St. Gallen, aus Deutschland B33 über Konstanz. Kreuzlingen liegt an der N13, die am südlichen Bodenseeufer verläuft. **Rad:** Bodensee-Radweg und Velolandroute 2 Rhein. **Zeiten:** Mai – Aug Mo – Fr 9.30 – 12.30, 13.30 – 18 Uhr, Sa 9.30 – 14 Uhr, Sep – April Mo – Fr 9.30 – 12.30, 13.30 – 17 Uhr.

▶ Die Stadt auf der Schweizer Seite grenzt im Norden direkt an Konstanz an. Es gibt mehrere Grenzübergänge. Der am Bodenseeufer gelegene **Seeburgpark** bietet interessante Attraktionen wie Bootsverleih und Tierpark sowie die Möglichkeit zum Spazierengehen und Entspannen. Empfehlenswert ist der Besuch des ↗ **Seemuseums.** Von Kreuzlingen fahren auch die Züge zum südlichen Ufer des Bodensees und des Untersees ab.

Romanshorn
Tourist-Information Romanshorn, Im Bahnhof, 8590 Romanshorn. ✆ 0041/71/4633232, www.romanshorn.ch. **Bahn/Bus:** IR, S St. Gallen – Romanshorn, S Kreuzlingen – Romanshorn – Rorschach bzw. IC, S Winterthur – Romanshorn etwa stündlich. Anlegestelle der Bodensee-Schifffahrt Friedrichshafen – Romanshorn etwa stündlich bzw. Rorschach – Romanshorn – Meersburg April – Mitte Mai, 21. Mai – 18. Sep und 24. Sep – Mitte Okt etwa 5 x pro Tag. **Auto:** N1 Ausfahrt 3 Rorschach, Landstraße über Arbon; Autofähre von Friedrichshafen oder Meersburg nach Konstanz und Landstraße ab Kreuzlingen. **Rad:** Am Bodensee-Radweg. **Zeiten:** April – Sep täglich 8 – 18 Uhr, Okt – März Mo – Fr 8 – 17.30, Sa, So 9 – 11 und 14 – 17 Uhr.

▶ Romanshorn blickt auf eine bald 140-jährige Fährtradition zurück und besitzt den größten Hafen des

Ab Konstanz-Hbf bzw. Hafen könnt ihr in 15 – 20 Min auch zu Fuß nach Kreuzlingen spazieren.

Bootsvermietung Neuenschwander, Kreuzlingen. ✆ 0041/71/6726041. www.ms-delphin.ch. Mo – Sa 13.30 – 18, So, 13 – 18 Uhr, in der Hauptsaison täglich 10 – 22 Uhr. Tret-/Ruderboot bis 4 Pers 18 CHF pro Std, Elektroboot 40 CHF.

Frisst nicht aus der Hand, sondern aus der Tüte: Hamster im Walter Zoo
© Walter Zoo AG Gossau

Schweizer Bodenseeufers. In der Hochsaison pendeln die Kursschiffe der Bodenseeflotte stündlich zwischen Romanshorn und dem nur 14 km entfernten Friedrichshafen am deutschen Seeufer. An schönen Tagen kommt also mit den Schiffen reichlich Leben in die Stadt, viele reisen mit dem Auto oder Velo an. Die meisten Tagesausflügler haben jedoch wenig Muße für die Kleinstadtatmosphäre in Romanshorn und starten vom Hafen gleich durch in Richtung Natur.

St. Gallen

St. Gallen-Bodensee Tourismus, Bankgasse 9, 9001 St. Gallen. ℂ 0041/71/2273737, www.st.gallen-bodensee.ch. **Bahn/Bus:** S Romanshorn – St. Gallen bzw. EC, RE, S St. Margrethen – Rorschach – St. Gallen halbstündlich. Anlegestelle der Bodensee-Schifffahrt Friedrichshafen – Romanshorn etwa stündlich. **Auto:** A1/E60 St. Margrethen – Zürich, Ausfahrt 62 St. Gallen-St. Fiden, Steinachstraße folgen, Lämmlisbrunnenstraße und Zeughausgasse bis Bankgasse. **Zeiten:** ganzjährig Mo – Fr 9 – 18 Uhr sowie Nov – März Sa, So 10 – 14, April – Okt Sa 9 – 15, So 10 – 15 Uhr, Juli – Aug Sa 9 – 16, So 10 – 16 Uhr, geschlossen am 25., 26. Dez und 1. Jan.

▶ St. Gallen schmiegt sich zwischen Bodensee und Säntis in ein grünes Hochtal. In seinen schönen Altstadtgassen mit reichen Fassaden und vielen Erkern geht es erstaunlich weltstädtisch zu: In der um 720 gegründeten Tuch-Handelsstadt diskutieren auch heute noch Designer die neuesten Modetrends, vor den Metzgereien essen Studenten die bekannte St. Galler

Bratwurst und auf dem Klosterplatz sitzen die Touristen und bestaunen die barocke **Stiftskirche** mit der berühmten **Stiftsbibliothek,** in der rund 170.000 Bücher und 2000 Originalhandschriften von der Zeit um 700 bis heute lagern.

Die Kulturhauptstadt der Ostschweiz ist nicht umsonst von der UNESCO als Weltkulturerbe ausgezeichnet worden.

Öffentliche Altstadtführungen 14 CHF, Kinder 6 – 16 Jahre 12 CHF, Mai – Okt Di – Do, Sa 11.30 Uhr ab Bankgasse 9.

Arbon

Infocenter Arbon, Schmiedgasse 5, 9320 Arbon. ℗ 0041/71/4401380, www.arbontourismus.ch. **Bahn/Bus:** ↗ Thurbo Regionalbahn Kreuzlingen – Arbon – Rorschach alle 30 Min. Anlegestelle der Bodensee-Schifffahrt aus Richtung ↗ Rorschach bzw. ↗ Meersburg. Ab Bhf Seepromenade bis zum Hafen, am Schloss vorbei zur Stadtapotheke und rechts. **Auto:** N1 St. Margrethen – Zürich, Ausfahrt 3 Rorschach, am Bodenseeufer auf der Bahnhofstraße ins Zentrum. **Rad:** Bodensee-Radweg bis Hafen, dann Richtung Zentrum. **Zeiten:** Mo – Fr 9 – 11.30 und 14 – 18 Uhr, Mitte Juni – Ende Aug auch Sa 9 – 11.30 Uhr.

▶ Die Häuser der **Altstadt** bieten einen bunten Mix verschiedener Stilepochen, vom Mittelalter bis zur Moderne ist so gut wie alles vertreten. Mit dem Aufschwung der Textilindustrie in St. Gallen entstanden neue pompöse Gebäude wie der Posthof. Zahlreiche weitere liebevoll renovierte Häuser aus mehreren Jahrhunderten, lauschige Plätze und Gassen laden zum Schauen und Verweilen ein. Bei der Tourist-Info oder beim Hafenkiosk bekommt ihr einen Prospekt zum Stadtrundgang. Darin sind alle historischen Gebäude aufgeführt.

Mosterei Möhl AG, St. Gallener Straße 213, Arbon. ℗ 0041/71/4474074. www.moehl.ch. Museum Mo – Fr 8 – 12, 13.30 – 18.30, Sa 8 – 17 Uhr. Saft, Most, Schnäpse aus Bodenseeäpfeln direkt vom Erzeuger. Betriebsführungen ab 10 Pers möglich, **Saft- und Brennerei-Museum** (Eintritt frei).

Rorschach

Tourist-Information Rorschach, Hauptstraße 56/Hafenbahnhof, 9401 Rorschach. ℗ 0041/71/8417034, www.tourist-rorschach.ch. **Bahn/Bus:** S Kreuzlingen – Romanshorn – Rorschach etwa halbstündlich bzw. IC,

RE, S St. Margrethen – Rorschach – St. Gallen etwa stündlich. Anlegestelle der Bodensee-Schifffahrt Lindau – Rorschach Mai – Mitte Okt 4 x täglich, Rheineck – Rorschach Mai – Mitte Sep bzw. Meersburg – Mainau – Romanshorn – Rorschach etwa 3 x täglich. **Auto:** A1 St. Margrethen – St. Gallen Ausfahrt 3 Rorschach. **Rad:** Am Bodensee- und Rhein-Radweg. **Zeiten:** Jan – April, Okt – Dez Mo – Fr 8.45 – 11.45, 13.30 – 17.30 Uhr, Mai – Juni, Sep Mo – Fr 8.30 – 12, 13.30 – 18, Sa 9 – 14.45 Uhr, Juni auch So 9 – 14.45 Uhr, Juli, Aug Mo – Fr 8.30 – 18, Sa, So 9 – 14.45 Uhr.

▶ Rorschach blickt auf eine 1000-jährige Markttradition zurück, die im Wesentlichen aus der privilegierten Seelage unterhalb von St. Gallen resultiert. Einen Boom erlebte die Stadt insbesondere im 19. Jahrhundert, als die ersten, mit schwerer Güterfracht beladenen Dampfschiffe von Friedrichshafen den Rorschacher Hafen anliefen. Neben der fotogenen Stadtkulisse lebt Rorschach vor allem von seiner mediterranen Atmosphäre an der malerisch zwischen See und Anhöhe gelegenen Seepromenade.

Untersee & Gnadensee

Stein am Rhein

Tourismus Stein am Rhein, Oberstadt 3, 8260 Stein am Rhein. ✆ 0041/52/6324032, www.steinamrhein.ch. **Bahn/Bus:** S ↗ Schaffhausen, S ↗ Kreuzlingen. Anlegestelle der Bodensee-Schifffahrt aus Richtung ↗ Schaffhausen bzw. ↗ Kreuzlingen. **Auto:** N13 oder Landstraße von Radolfzell. **Rad:** Aus Richtung Radolfzell Radweg b1, am Nordufer des Untersees über Bodensee-Radweg, am Südufer über Veloandroute 2 Rhein. **Zeiten:** Mo 13.30 – 17, Di – Fr 9.30 – 12 und 13.30 – 17 Uhr, Juli, Aug auch Sa 9.30 – 12 und 13.30 – 16 Uhr. **Infos:** In der Tourist-Information bekommt ihr einen Stadtwanderplan, in dem eine Rundtour zu allen interessanten Häusern eingezeichnet ist.

Der handliche Führer *Entdecken und Erleben* gibt nützliche Informationen zu den Sehenswürdigkeiten und Ausflügen in der Region. Er ist kostenlos und erscheint jedes Jahr neu.

Öffentliche Stadtführungen: Mai – Okt Fr 11.30 Uhr, Juli – Aug auch Mi 17.30 Uhr. 14 CHF, mit Bodensee-Erlebniskarte gratis.

▶ In Stein am Rhein geht der Untersee wieder in den Rhein über, der an dieser Stelle den Bodensee endgültig verlässt. Er fließt direkt an der mittelalterlichen **Altstadt** vorbei, deren historische Gebäude noch sehr gut erhalten sind.

Steckborn

Tourist-Info Steckborn, Seestraße 98, 8266 Steckborn. ✆ 0041/52/7611055, www.steckborntourismus.ch. **Lage:** Im Merkur Stadtladen. **Bahn/Bus:** S ↗ Schaffhausen, S ↗ Kreuzlingen. Anlegestelle der Bodensee-Schifffahrt aus Richtung ↗ Schaffhausen bzw. ↗ Kreuzlingen. **Auto:** Auf halber Strecke zwischen Kreuzlingen und Stein am Rhein. **Rad:** An der Velolandroute 2 Rhein. **Zeiten:** 8 – 20 Uhr.

▶ Der kleine Ort am Untersee ist Ausgangspunkt schöner Wanderungen und Radtouren. Auch ein Strandbad gibt es.

Radolfzell

Tourist-Information Radolfzell, Bahnhofplatz 2, 78315 Radolfzell. ✆ 07732/81500, www.radolfzell-tourismus.de. **Lage:** Im Bahnhof. **Bahn/Bus:** IRE, RE, SBB Offenburg – Singen – Konstanz; RB Lindau – Friedrichshafen – Radolfzell; RB, Hzl Stockach – Radolfzell bzw. IRE Basel – Radolfzell – Ulm/Lindau etwa stündlich. Anlegestelle der Bodensee-Schifffahrt Reichenau – Radolfzell April – Mitte Okt etwa stündlich. **Auto:** Radolfzell liegt am Schnittpunkt der B33 und 34. **Rad:** Der Bodensee-Radweg führt direkt durch Radolfzell. **Zeiten:** Mai – Sep Mo – Fr 9 – 18, Sa, So, Fei 10 – 13 Uhr, Okt – April Mo – Fr 9 – 13, 14 – 17, Sa 10 – 13 Uhr.

▶ In dem Kurort kann man in der **Altstadt** sowie an der **Strandpromenade** gemütlich bummeln. Zum Baden gibt es zwei schöne Strandbäder. Rund um die Stadt liegen ausgedehnte Natur- und Landschaftsschutzgebiete. Überall im Stadtgebiet findet ihr Spielplätze. Seit 2015 gibt es außerdem einen tollen Wasserspielplatz an der Promenade.

Mit der VHB-Gästekarte ist die Fahrt mit Bus und Bahn im VHB-Gebiet kostenlos!

 Kinderstadtführungen, Mit der Magd *Marie* durch Radolfzell. Für Kinder ab 6 Jahre in Begleitung der Eltern. Anmeldung über Tourist-Info, kostenfrei.

Gaienhofen war von 1904 bis 1912 Wohnort des Schriftstellers Hermann Hesse. Der Maler Otto Dix lebte von 1936 bis zu seinem Tod 1969 in Hemmenhofen. Beide Wohnhäuser sind heute Museen.

Museum Haus Dix, Otto-Dix-Weg 6, Gaienhofen-Hemmenhofen. ✆ 07735/937160. www.gaienhofen.de/kultur/museum-haus-dix. Di – So 11 – 18 Uhr. Das ehemalige Wohnhaus der Familie Otto Dix zeigt den Lebensmittelpunkt eines der bedeutendsten Künstler des 20. Jahrhunderts. Erw 5 €, Kinder 2 – 15 Jahre 2 €, Schüler, Studenten, Behinderte 4 €.

Jeden 2. Mi führen Einheimische Gäste durch ihr Allensbach, mit Gästekarte gratis. Info bei der Tourist-Info.

Gaienhofen

Kultur- und Gästebüro Gaienhofen, Im Kohlgarten 1, 78343 Gaienhofen. ✆ 07735/81823, www.gaienhofen.de. **Bahn/Bus:** Vom Bhf ↗ Radolfzell stündlich Bus in alle Ortsteile. Anlegestelle der Bodensee-Schifffahrt aus Richtung ↗ Kreuzlingen bzw. ↗ Schaffhausen. **Auto:** B33 bis Radolfzell und 7 km nach Süden auf der Landstraße. **Rad:** Der Radweg von Radolfzell führt fast die gesamte Strecke parallel zur Landstraße am Seeufer entlang. **Zeiten:** April – Juni, Aug Mo – Do 8 – 12, 13 – 16, Fr 8 – 12 Uhr, Juli, Sep Mo – Fr 8 – 12, 13 – 16, Sa 9 – 13 Uhr, Okt – März Mo – Do 8 – 12, 14 – 16, Fr 8 – 12 Uhr, Mitte Dez – Anfang Jan geschlossen.

▶ Die rund um Gaienhofen gelegene **Halbinsel Höri** zählt zu den landschaftlich schönsten Gegenden am Bodensee. Kein Wunder, dass sich hier sowohl Maler als auch Schriftsteller wohlgefühlt haben; ↗ **Hesse Museum.**

Allensbach

Kultur- und Verkehrsbüro Allensbach, Konstanzer Straße 12, 78476 Allensbach. ✆ 07533/801-34, www.allensbach.de. **Lage:** Im Bahnhof. **Bahn/Bus:** RE, SBB Offenburg – Allensbach – Konstanz. **Auto:** Auf der B33 zwischen Konstanz und Radolfzell. **Rad:** Am Bodensee-Radweg. **Zeiten:** Mo – Fr 9 – 12 und 14 – 17 Uhr, Juni – Sep Mo – Fr 9 – 18, Sa 10 – 13 Uhr.

▶ In der Umgebung von Allensbach liegt das schöne **Naturschutzgebiet Wollmatinger Ried.** Darüber hinaus kann man von dem Ort aus Ausflüge auf den Bodanrück oder die Insel Mainau starten.

Reichenau

Tourist-Information Insel Reichenau, Pirminstraße 145, 78479 Reichenau. ✆ 07534/92070, www.reichenau-tourismus.de. **Bahn/Bus:** IRE, RE, SBB Offenburg – Singen – Reichenau – Konstanz etwa stündlich. Mit Bus 7372 auf Insel mit Halt in allen Ortsteilen. Anlegestelle der Bodensee-Schifffahrt Schaffhausen – Reichenau –

Kreuzlingen April – Mitte Okt 4 x pro Tag bzw. Radolfzell – Reichenau April – Mitte Okt etwa stündlich. **Auto:** Von der B33 Radolfzell – Konstanz geht es nach dem Ortsteil Reichenau-Waldsiedlung über einen schmalen Damm auf die Insel. Parkmöglichkeit am Bhf Reichenau, Bus auf die Insel. **Rad:** Von Konstanz auf dem Radweg entlang der Bahnlinie. **Zeiten:** Mai – Sep Mo – Fr 9 – 18, Sa 10 – 14 Uhr, April und Okt Mo – Fr 9 – 12.30 und 13.30 – 17 Uhr, Nov – März Mo – Fr 9 – 12.30 und 13.30 – 16 Uhr.

▶ Begünstigt durch das angenehme Klima wird auf der Insel Reichenau umfangreicher Gemüseanbau betrieben. Die drei romanischen Kirchen und das Klostergebäude sind Zeugnisse einer uralten klösterlichen Tradition. Deshalb gehört die Reichenau auch zum UNESCO-Weltkulturerbe.

Tarife bei Bus & Bahn

Erlebnisbus ◎
DB Zugbus Regionalverkehr Alb-Bodensee GmbH (RAB), 88045 Friedrichshafen. ✆ 07541/3013-0, www.erlebnisbus.de. **Zeiten:** Erlebnisbus 1 Ende April – Ende Okt, Erlebnisbus 2 Mitte April – Okt, jeweils 10 – 17 Uhr stündlich. **Preise:** 2,50 €; bis 4 Kinder bis 6 Jahre pro 1 Erw frei, Kinder 6 – 14 Jahre etwa 40 % ermäßigt; mit Bodensee-Erlebniskarte frei (nicht im Stadtverkehr Meersburg).

▶ Mit dem Erlebnisbus könnt ihr stündlich zwischen **Salem, Uhldingen-Mühlhofen** und **Meersburg** von einer Attraktion zur nächsten fahren. Es gibt 2 Linien: Erlebnisbus 1 (Linie 7399): Bhf Salem – Schloss Salem – Affenberg Salem – Bhf Uhldingen-Mühlhofen – Oberuhldingen Marktplatz – Hafen Unteruhldingen (Pfahlbauten) – Reptilienhaus Unteruhldingen. Erlebnisbus 2 (Pendelbus Meersburg, Linie 7383): **Hafen Unteruhldingen – Traktormuseum Gebahrdsweiler – Daisendorf – Hafen Meersburg.**

Schifffahrt Baumann, Allensbach. ✆ 07533/98848. www.schifffahrt-baumann.de. April – Juni, Sep – Mitte Okt mehrere Fahrten täglich, Juli, Aug fast stündlich. Mit der Fähre von Allensbach erreicht ihr am schnellsten die Insel Reichenau. 3 €, hin & zurück 4,50 €; Kinder unter 10 Jahre frei, dann wie Erw. Rad 2 €.

PER BUS, BAHN & RAD

 Die Euregio Bodensee Tageskarte gilt länderübergreifend in allen Zügen, auf deutschen Strecken in IRE, RE und RB. Beliebig viele Fahrten am Tag 18 €, Kinder 6 – 15 Jahre 9 € für Zone 1, Zone 2 24 €/12 €, beide 31 €/15,50 €, Kleingruppen 36/45/58 € für beide Zonen. Gilt auch für Katamaran Konstanz – Friedrichshafen, andere Linien geben 25 % Rabatt. www.euregiokarte.com.

Die genauen Fahrpläne mit allen Haltestellen findet ihr auf der Internetseite. Im Erlebnisbus gelten die Angebote des Bodensee-Oberschwaben Verkehrsverbundes (bodo). Für Touren rund um den See gilt die *Euregio Bodensee Tageskarte*. Fahrscheine bekommt ihr direkt beim Fahrer.

VVV Verkehrsverbund Vorarlberg, Servicebüro, Bahnhof, Dornbirn. ✆ 05572/32300. www.abfahrtszeiten.at. Mo – Fr 7 – 19, Sa 8 – 12 Uhr.

*Zu den schönsten Linien des **Thurbo** gehört die Seelinie von Romanshorn über Stein am Rhein nach Schaffhausen.*

ÖBB Österreichische Bundesbahnen, www.oebb.at.

▶ **Einfach-Raus-Ticket,** für alle Nah- und Regionalverkehrszüge der ÖBB und der Raaberbahn (R, REX, S), Tagestickets gültig Mo – Fr ab 9 – 3 Uhr des Folgetages, Sa, So, Fei ganztägig bis 3 Uhr des Folgetages 2 – 5 Pers 35 €.

Mit Thurbo auf Tour

Regionalbahn Thurbo, Bahnhofstraße 31, 8280 Kreuzlingen. ✆ 0041/512/ 234900, www.thurbo.ch. **Preise:** Tageskarte Euroregio 1 Zone 26 CHF, 2 Zonen 35, alle Zonen 45 CHF, Ostwind-Tageskarte 2. Klasse je nach Zone 6,20 – 59,60 CHF; Euroregio Kinder 6 – 15 Jahre 1 Zone 13, 2 Zonen 17,50, alle Zonen 22 CHF, Ostwind Kinder 6 – 16 Jahre 5 – 29,80 CHF.

▶ Zwischen den Städten Kreuzlingen, Romanshorn und St. Gallen verkehren jeden Tag rund 50 *Zügli*. Auf den meisten Linien fahren sie im Halbstundentakt. Es gibt also keine langen Wartezeiten. Auch Richtung Sargans im Rheintal, Stein am Rhein, Schaffhausen und Winterthur ist das Thurbo-Streckennetz gut ausgebaut. Auf Schweizer Seite werden insgesamt 187 Bahnhöfe angesteuert, auch kleine Orte sind dabei. Für Ausflüge in der Ostschweiz und nach Deutschland empfiehlt sich der Kauf einer flexiblen **Tageskarte,** mit der ihr beliebig im Zielgebiet umherfahren könnt und die Strecke nicht im Voraus bestimmen müsst. Für die Bodenseeregion kommen die **Ostwind-** (www.ostwind.ch) und **Euregio-Tageskarte** (www.euregiokarte.com) in Frage. Die Euregio Tageskarte gilt grenzüberschreitend, das Gebiet reicht von Schaffhausen über den Bodensee bis nach Vorarlberg. Die Tarifgebiete sind jeweils in zwei Zonen unterteilt.

Unterwegs mit der Bodensee-Erlebniskarte

Internationale Bodensee Tourismus GmbH, Hafenstraße 6, 78462 Konstanz. ✆ 0753/909490, www.bodensee.eu. **Zeiten:** Sommerkarte 25. März – Mitte Okt, Winter-Karte Mitte Okt – Mitte März. **Preise:** Landratten 3 Tage 40 €, 7 Tage 52 €, 14 Tage 62 €, Seebären 3 Tage 72 €, 7 Tage 95 €, 14 Tage 133 €, Sparfüchse 3 Tage 57 €, 7 Tage 80 €, 14 Tage 123 €; Kinder 6 – 15 Jahre Landratten 3 Tage 20 €, 7 Tage 26 €, 14 Tage 31 €, Seebären 3 Tage 36 €, 7 Tage 47 €, 14 Tage 67 €, Sparfüchse 3 Tage 28 €, 7 Tage 40 €, 14 Tage 56 €. Kinder unter 6 Jahre erhalten beim Kauf einer Erwachsenenkarte eine Mini-BodenseeErlebniskarte. **Infos:** Im Internet gibt es eine Liste mit allen kostenfreien Ausflugszielen.

▶ Damit all die vielen schönen Freizeitangebote rund um den See euch kein Loch in den Familien-Geldbeutel reißen, empfiehlt sich die Anschaffung der **Bodensee-Erlebniskarte Sommer.** Die Karte gibt es in drei Versionen – für **Landratten, Seebären** und **Sparfüchse** – und für jeweils 3, 7 oder 14 aufeinander folgende Tage. Landratten und Seebären genießen freien Eintritt in über 160 Attraktionen. Darunter die Bodensee-Klassiker *Zeppelin Museum, Schloss* und *Affenberg Salem, Pfahlbaumuseum Unteruhldingen, Sea Life Konstanz* und die *Alte Burg Meersburg* sowie die Fahrt mit vielen Bergbahnen, z.B. die bekannte *Säntis-Schwebebahn* und die *Pfänderbahn.* Die Insel Mainau ist ausgenommen. Für die Seebären gehören zusätzlich die Bodensee-Schifffahrten ins Repertoire. Die Sparfüchse sind mit ihrer Karte ebenfalls auf See mobil und erhalten ansonsten immerhin 30 % Rabatt bei den großen Sehenswürdigkeiten, so auch bei der *Insel Mainau.* In der Regel macht sich die Karte ab dem dritten Tagesausflug bezahlt. Wer sich

Adressen, die mit der Bodensee-Erlebniskarte freien Eintritt gewähren, sind in diesem Freizeitführer mit der orangen pmv-Sonne gekennzeichnet!

ORTE, INFO & VERKEHR

zum Beispiel eine 3-Tages-Karte kauft, kann in dieser Zeit die kostspieligsten Attraktionen besuchen und spart auf diese Weise eine Menge Geld. Für die 26 Bäder rund um den See, die ebenfalls kostenlos besucht werden können, lohnt sich die Karte aufgrund des relativ geringen Eintritts nur bei einer Gültigkeitsdauer von 7 oder 14 Tagen. Gleiches gilt für die meisten Museen, für die vor allem Kinder im Normalfall kaum etwas berappen müssen.

Neu ist die **Bodensee-Erlebniskarte Winter.** Sie bietet an 3 flexibel wählbaren Tagen freien Eintritt zu 60 Museen, Bädern, Führungen und Bergbahnen. Einzelne Schiffsverbindungen können mit ihr zu reduzierten Fahrpreisen genutzt werden.

Erhältlich ist die Bodensee-Erlebniskarte bei allen Tourist-Informationen rund um den Bodensee. Sie gilt grenzüberschreitend für Deutschland, Österreich, Schweiz und sogar noch Liechtenstein.

Tarife bei Bahn & Bus

DB Deutsche Bahn, 63739 Aschaffenburg. ✆ 01805/ 996633, 151415 (Info zu Fahrradmitnahme). www.bahn.de. **Infos:** www.3-loewen-takt.de.

▶ **Baden-Württemberg-** bzw. **Bayern-Ticket** für alle Züge der DB Regio (RE, RB, S) sowie in den Regio-Bus-Linien in Baden-Württemberg und Bayern. Tagestickets gültig Mo – Fr 9 – 3 Uhr des Folgetages, Sa, So, Fei ganztägig. 1 Person 23 €, bis zu 4 Mitreisende zahlen je 5 €.

Schönes-Wochenende-Ticket, für alle Nahverkehrszüge in D, Tagesticket Sa oder So. 1 Person 40 €, bis zu 4 Mitreisende je 4 €.

Quer-durchs-Land-Ticket für alle Regionalzüge und S-Bahnen der DB in D. Tickets gültig Mo – Fr ab 9 – 3 Uhr des Folgetages, Sa, So ganztägig. 1 Person 44 €, jede weitere (bis zu 4) je 8 €. In vielen Fällen fahren eigene Kinder/Enkel bis 14 Jahre kostenlos mit.

Die Fahrradmitnahme im Fernverkehr ist auf innerdeutschen Strecken in vielen IC, EC, NZ, EN, D und

@ bodo Bodensee-Oberschwaben Verkehrsverbund, KundenCenter Ravensburg, Bahnhofsplatz 5, 88214 Ravensburg ✆ 0751/3614-141, Fax -151. www.bodo.de.

Kinder unter 5 Jahre reisen generell kostenlos, bei den Spezialtickets dürfen beliebig viele eigene Kinder oder Enkel unter 15 Jahre mitfahren.

CNL-Zügen möglich; mit BahnCard für 6 €, ohne BahnCard 9 €, internationale Fahrradkarte 10 €. Im Nahverkehr kostet die Fahrradmitnahme 5 €. Die Fahrradtageskarte gilt auch in Verbindung mit dem Schönes-Wochenende- und den Länder-Tickets. In Bayern gilt die Fahrradkarte ganztags.

Der Bodensee gehört im Nordwesten zum **Verkehrsverbund Hegau-Bodensee.** Dort ist die Fahrradmitnahme möglich in allen IRE, RE, RB, bei der SBB und HzL und einigen Regionalbuslinien Mo – Fr ab 9 Uhr, Sa, So, und Fei ganztägig.

Die VHB-Fahrradkarte kostet 3,50 € und gilt in Zügen der DB-Schwarzwaldbahn, im SBB-seehas Engen – Konstanz, dem HzL-Seehäsle Radolfzell – Stockach und in Regionalbussen (vierstellige Liniennummer).

Der Westen gehört zum Tarifgebiet des **Bodensee-Oberschwaben Verkehrsverbunds, bodo.** Hier ist die Fahrradmitnahme täglich ganztägig möglich in allen Nahverkehrszügen, nicht in allen Bussen. Einzelkarte 3 €, Fahrradtageskarte 4,95 €.

 Hegau-Bodensee Verbund GmbH
(VHB) koordiniert seit 1996 den öffentlichen Personennahverkehr im Landkreis Konstanz. Eisenbahnstraße 3, 78315 Radolfzell, ✆ 07732/82399-0, Fax -29, www.vhb-info.de.

Auf dem Bodensee-Radweg den See umrunden

78467 Konstanz. www.bodensee-radweg.com. **Länge:** 268 km, reine Fahrzeit 7 Tage, mit Pausen und Besichtigungen 2 – 3 Wochen.

▶ Der **Bodensee-Radweg** führt durch gleich 3 Länder und ist wegen seines Flairs einer der beliebtesten Radwege in Europa. Im Sommer ist die 268 km lange Umrunden daher vielerorts überfüllt, speziell rund um Lindau, Friedrichshafen, Romanshorn und Konstanz. Zur Hauptsaison kann es mit radler-

Für Familientouren prima geeignet: Der Bodensee-Radweg
© Tourist-Information Friedrichshafen

Die Bodensee-umrundung lässt sich mit Etappen zwischen 30 und 55 km auch von Kindern in 7 Tagen bewältigen. Aufgrund der vielen Attraktionen und Sehenswürdigkeiten empfiehlt es sich jedoch, mindestens die doppelte Zeit einzuplanen.

Tipp: Wer auf die Umfahrung des Untersees verzichtet, spart je nach Route bis zu 100 km.

freundlichen Unterkünften zudem eng werden, reservieren ist hier Pflicht.

Durch das extrem flache Streckenprofil kommen auch Familien mit kleineren Kindern bestens zurecht. Die Orientierung stellt keine Herausforderung dar, da der Bodensee-Radweg durchgehend markiert ist. Per Schiff kürzen viele die Tour ab, indem sie entweder von Meersburg nach Konstanz oder von Überlingen nach Wallhausen übersetzen. Auf diese Weise spart man sich den Ausläufer des Überlinger Sees, auch wenn gerade dieser Abschnitt besonders schön ist.

Infos zu den Orten

Kreuzlingen – Romanshorn: Strecke verläuft mehr entlang der Bahnlinie als am Seeufer und ist zuweilen monoton. **Arbon – Rorschach:** reizvolle See- und Stadteindrücke.

Rheintal: Hier führt die Route kurzweilig kreuz und quer durch das Mündungsdelta des Rheins.

Lindau – Friedrichshafen: Der Radweg führt zum Teil entlang von Verkehrsstraßen. Landschaftliche Höhepunkte sind die Querung der *Argenmündung* bei Langenargen sowie die Fahrt durch das *Naturschutzgebiet Eriskircher Ried.*

Meersburg – Überlingen: Wer den Anstieg nicht scheut, kann auf oberhalb verlaufende Wege durch Weinberge wechseln, um die Aussicht zu genießen.

Bodman – Konstanz: Für rund 15 km werden Radler ins Hinterland verwiesen, da der unbefestigte Uferweg den Fußgängern vorbehalten ist.

Konstanz – Radolfzell: Hier sind das Naturschutzgebiet *Wollmatinger Ried,* die *Insel Reichenau* und die *Halbinsel Mettnau* landschaftliche bzw. kulturelle Sehenswürdigkeiten ersten Ranges.

Radolfzell – Stein am Rhein: Ruhe findet man erst auf der *Halbinsel Höri.* Nach deren Umrundung ist man bereits in *Stein am Rhein,* bis zum Rheinfall sind noch 22 km. Für die Rückfahrt am Schweizer Ufer bis **Kreuzlingen/Konstanz** benötigt man etwa einen Tag.

FERIENADRESSEN & KARTEN

Aus der Vielzahl von Unterkünften, die sich für erlebnisreiche Wochenenden und Ferienaufenthalte eignen, wurde eine Auswahl zusammengestellt, bei der die Bedürfnisse von Kindern, Jugendlichen und Familien im Vordergrund stehen.

Die Unterkünfte werden nach Art gegliedert und regional sortiert mit Adresse und Preisen vorgestellt. Ihr findet hier familienfreundliche Hotels, Urlaub auf dem Bauernhof, Jugendherbergen, Naturfreundehäuser und andere Gruppenunterkünfte sowie Jugendzelt- und Campingplätze.

Hotels und Pensionen

▶ Preislich liegen Hotels und Pensionen höher als die anderen hier aufgeführten Unterkünfte. Dafür bieten sie mehr Komfort und Service. Bei der Auswahl wurde besonders Wert auf eine familienfreundliche Unterbringung gelegt. Spielmöglichkeiten für die Kinder, Familienzimmer oder eine Kleinkinderausstattung spielten bei der Auswahl eine Rolle.

Hotel Storchen Familienhotel Bodensee, Christian und Marion Wagner, Aachstraße 17, 88690 Uhldingen-Mühlhofen-Oberuhldingen. ✆ 07556/6591, www.storchen-uhldingen.de. **Bahn/Bus:** ↗ Uhldingen-Mühlhofen. **Preise:** DZ Ü HP ab 100 für 2 Pers, MBZ ab 110 €, Familienzimmer ab 126 €, Apartment ab 150 €; Kinder bis 2 Jahre MBZ oder Familienzimmer 12 €, 3 – 6 Jahre 22, 7 – 10 Jahre 30, 11 – 15 Jahre 40 €; günstige Arrangements zu bestimmten Terminen z.B. Urlaub mit Oma & Opa 4 Ü ab 240 €, Teenie-Tage 7 Ü ab 380 €.
▶ Familienhotel mit 8 DZ (12 – 17 qm), 5 3-Bett-Zimmern (16 – 18 qm), 5 Familienzimmern (20 – 24 qm) und 8 Apartments (2 – 4 Zimmer). Tolle Freizeitmöglichkeiten für Kinder: Kinderbetreuung und Familienanimation, Abenteuerspielplatz mit Streichelzoo und Kletterparcours, Barfußpfad, Kinderkino, Fußball- und Beachvolleyballfeld, Liegewiese, Radverleih.

Abkürzungen bei Unterkünften:

EZ: Einzelzimmer
DZ: Doppelzimmer
MBZ: Mehrbettzimmer
FH: Ferienhaus
FeWo: Ferienwohnung
HP: Halbpension
VP: Vollpension
ÜF: Übernachtung mit Frühstück
Ü: Übernachtung
JH: Jugendherberge
JGH: Jugendgästehaus
NFH: Naturfreundehaus
CP: Campingplatz

Macht nicht nur Jungs Spaß: Traktor fahren
© pmv, Annette Sievers

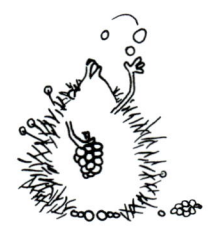

Pension Zimmermann, Poststraße 18, Uhldingen-Mühlhofen. ✆ 07556/6741. www.pension-zimmermann.de. Verleih von neuen 7-Gang-Rädern 12 € pro Tag, 10 € ab 3 Tagen, für Hausgäste 6 €, Kinderräder auf Anfrage; Rückgabe bis 19 Uhr. Ansonsten Zimmer und FeWo.

Hotel Landgasthof Eischen, Kaustraße 123, 9050 Appenzell. ✆ 0041/71/7875030, www.eischen.ch. **Bahn/Bus:** Von St. Margarethen S3, 4 bis Herisau, dann S 23 bis Appenzell. **Auto:** E60 Ausfahrt 81 Sankt Gallen-Kreuzbleiche, dann Beschilderung Richtung Süden folgen. **Zeiten:** Mai – Okt durchgehend, Nov – April Di, Mi Ruhetag. **Preise:** ÜF ab 98 CHF, Lager ÜF 50 CHF, Camping 6 CHF, Zelt 11 CHF; Zusatzbett im Zimmer 50 CHF, Lager ÜF Kinder 6 – 16 Jahre 20 CHF, Camping 3,50 CHF.

▶ Schöner Landgasthof mitten im Appenzellerland. Die kleinen Gäste vergnügen sich auf dem großen Spielplatz mit Rutschbahn, Sandkasten, Traktoren, Karussell, Fußballkasten und weiteren Spielgeräten. Einzelzimmer und ein Touristenlager, Übernachtungsmöglichkeit auch auf dem Campingplatz.

Ferienwohnungen und -häuser

▶ Ferienwohnungen (FeWo) oder Ferienhäuser (FHs) sind in der Regel geräumig, besitzen neben Wohn- und Schlafräumen eine voll ausgestattete Küche, sodass sich die Gäste selbst verpflegen können. Bei den ausgewählten Ferienwohnungen und -häusern ist im Allgemeinen ein Hof, ein Garten oder eine Wiese und häufig auch ein Spielplatz dabei.

Gästehaus Lamprecht, Stefan Lamprecht, Seefelder Straße 34, 88690 Uhldingen-Mühlhofen-Unteruhldingen. ✆ 07738/5499, www.fewo-lamprecht.de. **Bahn/Bus:** ↗ Uhldingen-Mühlhofen. **Preise:** ab 54 € pro Nacht, Fahrrad 6 €/Tag, 36 €/Woche; Kinderrad 5 €/Tag, 30 €/Woche.

▶ 11 FeWo für 2 – 5 Personen, Terrasse oder Balkon, kleiner Spielplatz, Gartengrill, Fahrradgarage, 50 m zum See.

Apfelhof Langenstein, Hubert Langenstein, Fritz-Kopp-Straße 14, 88090 Immenstaad. ✆ 07545/9499140, www.apfelhof-langenstein.de. **Bahn/Bus:** ↗ Immenstaad. **Preise:** FeWo ab 35 € für 2 Pers, jede weitere Person ab 6 €; Haus für 2 Pers ab 100 €.

▶ 4 FeWo für 2 – 6 Personen oder FH für 8 Personen, jeweils mit großem Balkon, See- und Bergsicht, etwa 10 Gehminuten zum See und Ortskern. Spielplatz, Liegewiese sowie Hofladen mit frischem Obst der Saison. Ausgezeichnet mit dem Gütesiegel *Familien-Ferien*.

Ferienhaus Arndt-Kielkopf, Gabriela Arndt-Kielkopf, Hardtstraße 14, 88090 Immenstaad. ✆ 07545/1201, www.wirwohnen.net. **Bahn/Bus:** ↗ Immenstaad. **Preise:** ab 85 €.

▶ 3 FeWo in ruhiger Lage, 200 m zum See, Seesicht, komplett eingerichtete Einbauküche, Spülmaschine, Kabel-TV, Spielplatz, Grill. Kindereinrichtung vom Kinderbett über Hochstuhl bis zum Kinderbesteck. Ausgezeichnet mit dem Gütesiegel *Familien-Ferien*.

Ferienwohnpark Immenstaad, Gehrenbergstraße 50, 88090 Immenstaad. ✆ 07545/9410-0, www.ferienwohnpark-immenstaad.de. **Lage:** zu Fuß 15 Min zum See. **Bahn/Bus:** ↗ Immenstadt. **Auto:** nördlich der B31. **Preise:** je nach Größe und Saison pro Tag 47 – 88 € für ein Apartment, ab 77 – 110 € für ein komplettes FH inkl. Endreinigung und Kinderbett (bis 3 Jahre) und einem Hochstuhl. 100 € Kaution pro Wohneinheit. **Infos:** Haustiere nach Absprache möglich.

▶ Weitläufiges, parkähnliches Gelände nordöstlich des Ortes mit 140 FeWo für 2 – 5 Personen mit Terrasse oder Balkon und 168 einzeln stehenden, familienfreundlich ausgestatteten Ferienhäusern für 4 – 5 Personen mit kleinem Garten. Waschmaschinen und Trockner sind vorhanden, Kinderzubehör auf Anfrage. Auf dem Gelände und in unmittelbarer Nähe befinden sich Spielplätze, Tischtennis, Basketball, Hochseilgarten, Fahrradverleih, Bäckerwagen, Lebensmittelgeschäft, Bistro und Restaurant.

Saftig und knackig: Äpfel aus der Region
© pmv, Annette Sievers

Ferienwohnungen, Daniela Dikreuter, Seestraße West 23a, 88090 Immenstaad. ✆ 07545/1240, www.gaestehaus-am-bodensee.com. **Bahn/Bus:** ↗ Immenstaad. **Preise:** je nach Größe 80 – 140 € pro Tag.

▶ 4 FeWo und 3 Apartments für 2 – 5 Personen direkt am Ufer des Bodensees mit Sat-TV, Radio, eigenem Strand, Liegewiese, Badesteg, Ruderboot, Tischtennis und Grill.

Gäschte-Nescht Ferienwohnungen, Familie Faßbinder, Siedlung 5a, 88090 Immenstaad. ✆ 07545/9499290, www.gaeschte-nescht.de. **Bahn/Bus:** ↗ Immenstaad. **Preise:** je nach Größe 50 – 95 € pro Tag.

▶ 5 FeWo mit mittlerem Komfort, ruhige Lage in Waldnähe, Parkplatz am Haus.

Obsthof Ragg, Irmgard und Bernhard Ragg, Kirchberger Straße 7, 88090 Immenstaad. ✆ 07545/512, www.ferienhof-bodensee.de. **Bahn/Bus:** ↗ Immenstaad. **Preise:** Ü 2 Pers ab 45 €, weitere Person 16 €; Kinder bis 2 Jahre frei, 3 – 11 Jahre 8 €.

▶ 9 FeWo auf typisch badischem Obsthof, großzügiger Garten zum Grillen, Schwätzen, Spielen und Ausruhen, 1 km zum Bodenseeufer. Eine Wohnung ist behindertengerecht. Ausgezeichnet mit dem Gütesiegel *Familien-Ferien.*

Ravensburger Spieleland Feriendorf, Am Hangenwald 1, 88074 Meckenbeuren. ✆ 07542/4000, www.spieleland-feriendorf.de. **Bahn/Bus:** ↗ Ravensburger Spieleland. **Zeiten:** Juli – 11. Sep. **Preise:** FH 1 Nacht ab 102, 2 Nächte ab 142 €, Forscher-Zelt 1 Nacht ab 74,50, 2 Nächte ab 104,50 €, Miet-Caravan 1 Nacht ab 89,50, 2 Nächte ab 124,50 €, Stellplatz WoWa/WoMo ab 61,50 €, HP 24 € pro Tag; Kinder HP 9 €.

Übernachtet ihr im Forscherzelt, könnt ihr mit dem im Preis inbegriffenen Forscher-Kit die Natur entdecken und spannenden Fragen auf den Grund gehen.

▶ Ab Juli 2016 könnt ihr direkt im Ravensburger Spieleland mit Maus und Käp'tn Blaubär übernachten. Denn dann eröffnet dort das **Feriendorf.** Euch stehen verschiedene Übernachtungsmöglichkeiten zur Verfügung. Es gibt 60 **Holzhäuser,** die jeweils Platz für bis zu 6 Personen bieten. Alle sind mit Bad und Klimaanlage ausgestattet. Wer lieber zeltet, hat die Wahl zwischen 16 **Forscher-Zelten** mit je 6 Betten, Holzboden, Tür, Heizung und Stromanschluss. Ein Sanitärbereich befindet sich in direkter Nähe. Außerdem stehen 10 **Miet-Caravans** für je 4 Personen mit DU/WC, Vorzelt und Heizung zur Verfügung. Zusätzlich gibt es 40 Stellplätze für die Anreise mit eigenem WoWa oder WoMo. Im Preis für eure jeweilige Unterkunft sind für die Dauer des Aufenthalts Frühstücksbuffet, Parkeintritt, Bollerwagen und Parkplatz enthalten. Halbpension im Feriendorf-Restaurant ist optional buchbar.

Ferienwohnung Lake House, Heike Gintenreiter und Isabel Dos Santos, Radolfzeller Straße 105, 78476 Allensbach. ✆ 07533/8030923, Handy 0173/ 9926047. www.lakehouse-bodensee.de. **Bahn/Bus:** ↗ Allensbach. **Zeiten:** ganzjährig. **Preise:** Jan – März und Okt – Dez 100 € pro Nacht, April – Sep 125 €. **Infos:** Buchbar ab 5 Übernachtungen.
▶ 3-Zimmer FeWo (75 qm) am Ortsrand von Allensbach. 2 Schlafzimmer und 2 Bäder. Mit Terrasse, Garten, Grillmöglichkeit, Tischkicker. Brettspiele und Kinderbücher sind auch vorhanden.

Ferien auf dem Bauernhof

▶ Auf einem richtigen Bauernhof mit Tieren und Äckern zu wohnen, ist für viele Kinder ein aufregendes Erlebnis. Mit Tieren spielen, beim Füttern zuschauen oder sogar ein wenig bei der Feldarbeit helfen, bringt zusätzlichen Spaß. Oft gehören zu den Gehöften große Innenhöfe und Wiesen, wo Kinder viel Platz zum Spielen haben. Die Höfe bieten entweder Übernachtungen in Gästezimmern mit Frühstück oder Ferienwohnungen.

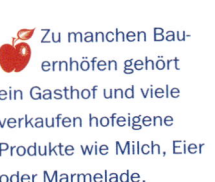

🍎 Zu manchen Bauernhöfen gehört ein Gasthof und viele verkaufen hofeigene Produkte wie Milch, Eier oder Marmelade.

Lochmühle Eigeltingen, Anton Bihler, Hinterdorfstraße 44, 78253 Eigeltingen. ✆ 07774/93930, www.lochmuehle-eigeltingen.de. **Bahn/Bus:** Ab Bhf ↗ Singen nach Anmeldung Abholservice für max. 8 Pers 40 €. **Auto:** A81 Stuttgart – Singen, Ausfahrt 39 Engen, über Aach nach Eigeltingen, ausgeschildert, Parkplätze vorhanden. **Rad:** Vom Überlinger See bzw. Bodman-Ludwigshafen über Stockach etwa 15 km. **Preise:** Scheunenlager (für Gruppen) ÜF ab 25 € pro Pers, Hotel DZ ÜF ab 45 € pro Pers; Hotel Kinder bis 6 Jahre frei.

▶ In der Lochmühle könnt ihr wahlweise ganz bequem im Hotel oder, wenn ihr eine Gruppe seid, auch in der Scheune übernachten. Als Übernachtungsgast dürft ihr viele Attraktionen des ↗ *Erlebnishof*s wie Ponyreiten oder Mini-Traktor fahren kostenfrei nutzen. Auch Fahrräder mit Kindersitz werden verliehen.

Obst- und Ferienhof Gomeringer, Martin Gomeringer, Altenbergstraße 16a, 88090 Immenstaad-Kippenhausen. ✆ 07545/6391, www.ferienhof-gomeringer.de. **Bahn/Bus:** ↗ Immenstaad. **Preise:** ab 65 € für 2 Pers; Kinder bis 10 Jahre 6 €, bis 17 Jahre 8 € pro Nacht.

▶ 10 FeWo in Haus am Ortsrand, 1 km zum See, Grillplatz, Liegewiese, Hofprodukte, Streichelzoo, Schaukel, Rutsche, Sandkasten. Ausgezeichnet mit dem Gütesiegel *Familien-Ferien*.

Ferienhof Gehrenberg, Hubert Roth, Im Gehrenberg 1, 88677 Markdorf-Hepbach. ✆ 07544/3813, www.hofgehrenberg.de. **Auto:** Von Markdorf auf B33 nach Osten, in Hepbach links auf Bergstraße. **Preise:** ab 56 €.

▶ 5 FeWo mit Küche auf einem Bauernhof mit vielen Tieren inmitten einer schönen Landschaft.

Ferienhof Hermannshöhe, Martina Praster, Lehenstraße 3, 88693 Deggenhausertal. ✆ 07555/1026, www.hermannshoehe.info. **Auto:** B33 Richtung Markdorf, in Hefigkofen Landstraße Richtung Deggenhausen. **Preise:** ab 44 € für 2 Pers, jede weitere 5 €.

▶ 6 FeWo für 4 – 6 Pers mit Küche auf einem artenreichen Bauernhof in schöner Lage.

Gerbehof, Familie U. Wagner, Gerbehof 4, 88048 Friedrichshafen-Ailingen. ✆ 07541/50020, www.gerbehof.de. **Bahn/Bus:** ↗ Friedrichshafen. **Preise:** DZ ab 55 €, FeWo ab 80 €; Kinder nach Vereinbarung.
▶ Frühstückspension mit DZ, MBZ und FeWo, dazu ein neu erbautes Apartmenthaus. Landwirtschaft mit vielen Tieren, Streichelzoo, Wildgehege und Ponyreiten. Außerdem Spielplatz, Kutschfahrten, Grillabende und Baby- und Kinderservice.

Claudis Radl Stadl, Claudia Günthör, Kirchstraße 9/1, 88079 Kressbronn. ✆ 07543/6153, www.radlstadl-bodensee.de. **Bahn/Bus:** ↗ Kressbronn. **Zeiten:** ganzjährig. **Preise:** MBZ 28 €, DZ ab 33,50 €, FeWo 85 € jeweils mit reichhaltigem Frühstücksbuffet; ÜF Kinder 4 – 6 Jahre 17 €, 7 – 10 Jahre 22 €, ab 11 Jahre 25 €. **Infos:** Bauernhofladen mit hofeigenen Produkten.
▶ Mitten in Kressbronn liegt dieser Bauernhof, auf dem ihr eure Ferien verbringen könnt. Hier gibt es schöne Obstplantagen und jede Menge Tiere, die ihr streicheln dürft. Auf dem Spielplatz könnt ihr euch so richtig austoben.

Hofgut Schleinsee, Verena Gührer, Schleinsee 3, 88079 Kressbronn-Schleinsee. ✆ 07543/6467, www.schleinsee.de. **Bahn/Bus:** ↗ Kressbronn. **Preise:** FeWo je nach Kategorie und Saison 70 – 105 € pro Ü für 2 Pers, DZ ÜF ab 40 € pro Person, Bootshaus ab 135 € pro Nacht, Frühstücksbuffet 10,50 €; Kinder 2 – 8 Jahre 5 €. **Infos:** Der Hofladen mit frischer Milch, eigenem Käse und Bauernhofeis ist täglich geöffnet.
▶ Bauernhof aus dem Jahr 1904 am eigenen See mit Ferienwohnungen, einem Ferienhaus und Doppelzimmern. Für Kinder viele Spielmöglichkeiten. Ausgezeichnet mit dem Gütesiegel *Familien-Ferien.*

Kleiner Entdecker: Auf dem Bauernhof gibt's viel zu erkunden
© pmv, Annette Sievers

Hunger & Durst
Hofcafé, Frühstücksbuffet April – Okt Mo – Sa 8 – 10, So 8 – 11 Uhr, Brunch Okt – April So 9 – 11.30 Uhr (jeweils nach Anmeldung), Do – Sa 14 – 18, So, Fei 12 – 18 Uhr Kuchen und Vesper, **Dinnete** (Do 17 – 20 Uhr).

🦉 ***Dinnete** ist eine dem Flammkuchen ähnliche schwäbische Spezialität aus Hefeteig.*

Feierlenhof, Rita und Reinhard Barth, 8595 Altnau. ℰ 0041/71/6952372, www.feierlenhof.ch. **Bahn/Bus:** Alle 30 Min S8 von Kreuzlingen nach Altnau. **Auto:** N13 von Kreuzlingen 8 km bis Romanshorn. **Rad:** Am Bodensee-Radweg. **Preise:** FeWo 90 – 180 CHF pro Tag, Zimmer ÜF 50 CHF; Kinder 3 – 12 Jahre ÜF 10 CHF.

▶ Bauernhof mit Seeblick und Bademöglichkeit im Bodensee. Diverse Streicheltiere und Pferde sind hier heimisch, ein großer, vielseitiger Spielplatz bietet Platz zum Toben. FeWo und Zimmer mit Frühstück.

Schlafen im Stroh, Ueli und Uschi Senn, Zum Frohsinn, 8264 Eschenz. ℰ 0041/52/7412678, www.strohhotel-senn.ch. **Auto:** N13 zwischen Steckborn und Stein am Rhein. **Rad:** Bodensee-Radweg. **Preise:** ÜF 26 CHF; Kinder 3 – 12 Jahre ÜF 17 CHF.

▶ Hoftiere, viele Spielmöglichkeiten, Verkauf von hofeigenen Produkten.

Wohnwagen Rollirain, Schlafen im Heu, Marco Küng, 8265 Mammern. ℰ 0041/52/7415766, Handy 079/7466134. www.rollirain.ch. **Auto:** N13 zwischen Steckborn und Stein am Rhein. **Zeiten:** . **Preise:** WoWa 4 Pers 50 CHF pro Tag, 250 CHF pro Woche, Endreinigung 20 CHF, Schlafen im Heu oder Zelten 10 CHF pro Tag.

▶ Auf dem Hof könnt ihr entweder im Heu, im Wohnwagen (max. 4 Pers, mit Kochgelegenheit) oder im Zelt schlafen. Am Untersee, Biologisch-dynamischer Landbau.

Ferienwohnung Kreis, Heuhotel/Matratzenlager, Walter Kreis, Zelglihof, 8272 Ermatingen. ℰ 0041/71/6642563, Handy 079/3247725. www.zelglihof.com. **Bahn/Bus:** S ↗ Schaffhausen, S ↗ Kreuzlingen. Anlegestelle der Bodensee-Schifffahrt ↗ Schaffhausen bzw. ↗ Kreuzlingen. **Auto:** N13 auf halber Strecke zwischen Kreuzlingen und Stein am Rhein. **Rad:** Velolandroute 2 Rhein. **Zeiten:** Mai – Sep. **Preise:** FeWo ab 165 CHF pro Tag, Schlafen im Stroh 25 CHF pro Person mit Frühstück, Schlafsäcke vorhanden.

▶ 2 FeWo mit 2 bzw. 4 Zimmern, 20 Liegeplätze im Stroh, auch Camping möglich (WoMo 30 CHF pro Nacht, mit Strom 35 CHF, Zelt 10 CHF pro Person). Frühstück, Grillplatz, Spielplatz, Verkauf von hofeigenen Produkten, schöne Lage oberhalb von Ermatingen. Räumlichkeiten für Feiern, Kurse etc. vorhanden.

Bio-Bauernhof Kaltbrunn, Familie Müller, Müllerhof, 78476 Allensbach-Kaltbrunn. ℘ 07533/5729, www.biohof-mueller.de. **Bahn/Bus:** ↗ Allensbach. **Preise:** ab 45 € pro Tag.

▶ 4 FeWo für 2 – 5 Personen, Kinderbett und Hochstuhl vorhanden. Spielplatz, Schlafen im Heu möglich, Schlafsäcke mitbringen. Hofladen Mi 9 – 12 und 16 – 18, Fr 9 – 18.30 Uhr.

Reiterhof
Island Ponyhof, Familie Isenburg, Rotachstraße 10, 88048 Friedrichshafen-Ailingen. ℘ 07541/52369, www.islandponyhof-isenburg.de. **Bahn/Bus:** ↗ Friedrichshafen. **Preise:** DZ ÜF 55 – 70 € pro Pers, FeWo 2 – 4 Pers 48 – 95 € pro Tag; Kinder nach Vereinbarung.

▶ 8 FeWo in 3 Fachwerkhäusern, dazu DZ und MBZ. Der Reiter- und Freizeithof liegt inmitten von Obstgärten. Große Liegewiese, Grill und Spielplatz. Reitschule für Kinder ab 10 Jahre.

@ Unter www.pferd-aktuell.de informiert die Deutsche Reiterliche Vereinigung e.V./FN über alles rund um Reitsportvereine.

Jugendherbergen (JH)
Deutsches Jugendherbergswerk, www.jugendherberge.de. **Preise:** Um in JH übernachten zu können, muss man Mitglied im DJH sein, wofür ein Jahresbeitrag von 7 € für Junioren bis 26 Jahre oder 22,50 € für Familien und Pers ab 27 Jahre fällig ist.

▶ Viele Jugendherbergen sind auf Familien eingerichtet. Sie bieten Familienzimmer mit DU/WC an, verfü-

@ Mitgliedsausweise bekommt ihr online oder direkt in der JH.

Hoch hinaus: Fast alle Jugendherbergen haben eine tollen Spielplatz mit Schaukeln

© pmv, Annette Sievers

🍎 **Die Eule,** Hussenstraße 60, Konstanz. ✆ 07531/ 27760. 9.30 – 18.30, Sa 9.30 – 16 Uhr. Kinderbücher und Spielwaren aus Naturmaterial am Schnetztor.

gen über Spielecken für Kinder und stellen ihr Speiseangebot auf die kleinen Gäste ein. Oft besitzen sie ein großes Außengelände mit vielen Spielmöglichkeiten und einem großen Freizeitangebot. JH, die als besonders familienfreundlich zertifiziert sind, verfügen über Hochstühle, Fläschchenwärmer, Wickelauflagen und Kindersicherungen in den Zimmern.

Jugendherberge im Otto-Moericke-Turm, Ilka und Norbert Brendel, Zur Allmannshöhe 16, 78464 Konstanz. ✆ 07531/ 32260, www.jugendherberge-kons-tanz.de. **Lage:** An der Autofähre. **Bahn/ Bus:** Ab Bhf ↗ Konstanz Bus 4 bis Jugendherberge oder 1 bis Allmannsdorf Post, von dort 10 Min Fußweg. **Auto:** Von Konstanz auf der Landstraße etwa 3 km Richtung Allmannsdorf (Autofähre von Meersburg). **Zeiten:** ganzjährig 8 – 22 Uhr. **Preise:** Junior bis 26 Jahre ÜF ab 23,20 €, HP 28,40 €, VP bis 3 Ü 32,50, ab 4 Ü 29,40 €, ab 27 Jahre ÜF 29,20 €, HP 34,40, VP bis 3 Ü 38,50, VP ab 4 Ü 35,40 €; Kinder 3 – 5 Jahre 50 % Ermäßigung.

▶ 177 Betten in 44 Zimmern, überwiegend 4-Bett-Zimmer, alle mit Dusche/WC, ein Zimmer barrierefrei, 10 Betreuerzimmer. Die neu renovierte Jugendherberge ist in einem ehemaligen Wasserturm untergebracht. Es gibt 7 Gemeinschaftsräume, 3 Freizeit- und Spielräume, abschließbare Fahrradbox, Gästewaschmaschine und Trockner. Für Familien stehen Kinderbetten und Hochstühle bereit. Im Außenbereich u.a. Fußballtor, Volleyball, Schach, Liegewiese.

Graf-Zeppelin-Jugendherberge, Lindauer Straße 3, 88046 Friedrichshafen. ✆ 07541/72404, www.jugend-herberge-friedrichshafen.de. **Bahn/Bus:** Stadtbahnhof ↗ Friedrichshafen Bus 7 bis Eberhardstraße. **Auto:** Vom

Zentrum über Eckener Straße. **Rad:** Am Bodensee-Radweg. **Zeiten:** ganzjährig, außer an Weihnachten. **Preise:** ÜF ab 27 Jahre 29,20 €; Kinder ÜF 3 – 5 Jahre 50 % Nachlass, Erwachsenenpreis 6 – 26 Jahre 23,20 €.

▶ 70 Schlafräume mit über 230 Betten, überwiegend in 2-, 4- und 6-Bett-Zimmern. Tischtennis und Fußballkicker sowie große Wiese mit Fußballplatz und Volleyball.

Jugendherberge Lindau, Herbergsweg 11, 88131 Lindau. ℰ 08382/96710, www.lindau.jugendherberge.de. **Bahn/Bus:** ↗ Lindau, vom ZUP Anheggerstraße mit Bus 3 und 4. **Auto:** Der Herbergsweg zweigt 300 m westlich des Berliner Platzes von der Bregenzer Straße ab, ausgeschildert. **Zeiten:** ganzjährig außer 11. – 24. Dez und Jan – Anfang Feb. **Preise:** ÜF ab 20,90 €, HP zzgl. 5,50 €; Kinder 3 – 5 Jahre frei, Kinder ab 6 Jahre ÜF 23,40 €, HP zzgl. 5,50 €; Familien (2 Erw, eigene Kinder) ÜF ab 23,40 pro Person, HP ab 27,90 €, Kinder bis 6 Jahre frei.

▶ Eine der größten und komfortabelsten Jugendherbergen in Bayern. Insgesamt 252 Betten in EZ, DZ, 4- oder 6-Betträumen. Ganzjährig Freizeitprogramme wie Segel- und Surfkurse sowie im Winter Ski- und Snowboardkurse, Oster- und Silvesterfreizeit. Leseräume und Spielzimmer, Kinderspielecke und -spielplatz, insgesamt sehr familienfreundlich. Kostenloses W-LAN.

Jufa Bregenz, Susann Littleton, Mehrerauerstraße 5, 6900 Bregenz. ℰ 0043/5/7083540, www.jufa.at/bregenz. **Bahn/Bus:** ↗ Bregenz, vom Bhf zu Fuß ca. 6 Min. **Auto:** Von Bahnhofstraße rechts in die Mehrerauerstraße. **Preise:** MBZ, Familienzimmer ab 35,40 €; Kinder ab 5 Jahre im Familienzimmer ab 22 €. **Infos:** nur 2 Min vom Festspielhaus mit Seebühne und 5 Min vom Stadtzentrum entfernt.

▶ Zentral, nur 5 Gehminuten vom Strandbad entfernt gelegene Jugendherberge mit zahlreichen Auszeichnungen, darunter das österreichische Umweltzeichen. 200 Betten.

Herberge See Rorschach, Churer Straße 4, 9400 Rorschach. ℘ 0041/71/8449712, www.jugendherberge-rorschach.ch. **Lage:** Im Strandbad. **Bahn/Bus:** ↗ Rorschach. Von der Seepromenade 3 Min zu Fuß. **Rad:** Am Bodensee-Radweg. **Preise:** ÜF im DZ ab 39,50 CHF, im 4-Bett- und 6-Bett-Zimmer ab 34,50 CHF; Kinder 2 – 6 Jahre ab 21,50 CHF.
▶ 18 Zimmer mit 1, 2, 4 oder 6 Betten, die meisten mit Seeblick. Direkter Zugang zum Strandbad, viele Sport- und Freizeitmöglichkeiten.

Naturfreundehaus
Radolfzeller Straße 1, 78315 Radolfzell. ℘ 07732/82377-0, www.naturfreundehaus-bodensee.de.
Bahn/Bus: ↗ Radolfzell. **Zeiten:** ganzjährig geöffnet, Nov – Feb teilweise geschlossen wegen Betriebsferien. **Preise:** ÜF und 3-Gang-Abendessen April – Mitte Okt Pers ab 27 Jahre 62 €, Mitte Okt – März 52 €, Kinder ab 6 – 14 Jahre April – Mitte Okt 42 €, 15 – 26 Jahre 52 €, Mitte Okt – März 32 bzw. 42 €, Mitglieder und Familien erhalten 15 % Rabatt auf den Gesamtübernachtungspreis in Form eines Gutscheins (kombinierbar).
▶ 144 Betten, 10 Studios mit Dusche und WC, 16 MBZ, teilweise barrierefrei. Fast alle Zimmer mit Balkon. Direkter Zugang zum Bodensee, Liegewiese mit Tischtennisplatten und Volleyballfeld, großer Spielplatz. Kinderferienprogramm mit tollen Aktionen wie Floßbau (kostenlos für Gäste). Kanuverleih (3 Std 12, Tag 20 € pro Person, Kinder 6 – 14 Jahre zahlen die Hälfte, Übernachtungsgäste des NFH 2 € bzw. Kinder 1 € Rabatt).

Hunger & Durst
Gaststätte im NFH,
Radolfzeller Straße 1, Radolfzell. ℘ 07732/82377-0. www.naturfreundehaus-bodensee.de. April – Mitte Okt 8 – 23 Uhr, warme Küche 11 – 22 Uhr, Mitte Okt – März 8 – 21, warme Küche 12 – 21 Uhr. Frühstück, gutbürgerliche, regionale Küche, Wild, Fisch, Kuchen, Kinderkarte, mit Terrasse und Blick auf den Bodensee.

Zerbrechliche Schönheit: Libelle

Campingplätze

▶ Die Übernachtungspreise variieren genauso wie die Ausstattung. Manche Plätze bieten außer einfachen sanitären Anlagen gar nichts. Auf Komfortplätzen dagegen existieren nicht nur hervorragende sanitäre Einrichtungen, sondern sogar Schwimmbäder, Restaurants, Lebensmittelläden, Kinderspielplätze etc. Auf einigen Plätzen besteht außerdem die Möglichkeit, ein Mobilheim oder einen Wohnwagen zu mieten.

Campingplatz Schachenhorn, Richard Schieß, Radolfzeller Straße 23, 78351 Bodman-Ludwigshafen. ℰ 07773/9376851, www.camping-schachenhorn.de. **Bahn/Bus:** ↗ Bodman-Ludwigshafen. **Rad:** Am Bodenseeradweg. **Zeiten:** Mitte März – Mitte Okt. **Preise:** ab 15 Jahre 5,80 €, WoWa 7,50 – 8,50 €, Zelte 6 – 7,50 €, WoMo 8,50 – 10,50 €, Pkw 3,50 €, Motorrad 2 €, Dusche 1 €, Block- und Radlerhütten ab 27 €; Kinder 6 – 14 Jahre 2,80 €. **Infos:** Nur Barzahlung.
▶ Campingplatz direkt am See mit 450 m flachem Uferbereich, Strand und Liegewiese. Zeltwiese mit Seezugang. Blockhütten für 2 – 9 Personen und Radlerhütten für max. 4 Personen. Kiosk, sanitäre Anlagen mit Kinderbad.

Campingplatz Klausenhorn, Hornwiesenstraße 40/42, 78465 Konstanz-Dingelsdorf. ℰ 07533/6372, www.camping-klausenhorn.de. **Bahn/Bus:** Stadtbus 4 zur Innenstadt von ↗ Konstanz. **Auto:** Von Konstanz etwa 8 km auf der Landstraße über Wollmatingen. **Zeiten:** April – Anfang Okt. **Preise:** Ü ab 26 € inkl. Stellplatz für 1 Reisemobil, 1 WoWa oder 1 Familienzelt, 1 Pkw, 2 Pers über 16 Jahre sowie Strompauschale (Ökostrom). Zzgl. 2 € Kurtaxe pro Person ab 16 Jahre; Kinder unter 6 Jahre frei.
▶ Komfortabel ausgestatteter Campingplatz direkt am See, Ferienprogramm für Kinder, Strandbad, Spielplatz und Verleih von E-Bikes.

Hunger & Durst

CAP Rotach, Lindauer Straße 2, Friedrichshafen. ✆ 07541/700777-55. Ostern – Okt 7.30 – 22 Uhr, Nov – Ostern Mi – Mo 11 – 21 Uhr. Mi – Sa Mittagstisch 6,50 €, Kindergerichte.

 *Der Platz ist Eco-camping-zertifiziert.*

@ Mit der kostenfreien Camping App des Camping Parks Gohren bekommt ihr individuelle Freizeittipps und taggenaue Veranstaltungstipps in der Umgebung.

Reiten am Gitz, Campingpark Gitzenweiler Hof, Lindau-Gitzenweiler. ✆ 0170/9379137. www.gitzenweiler-hof.de. Ponyverleih 30 Min 10 €, Longe 30 Min 17 €, Reitstunde für 1 – 2 Pers 30 Min pro Reiter 17 €, Ausritt 25 €.

CAP Rotach, Integrations-gGmbH, Lindauer Straße 2, 88046 Friedrichshafen. ✆ 07541/700777-77, www.cap-rotach.de. **Bahn/Bus:** ↗ Friedrichshafen. **Zeiten:** Camping Ostern – Okt, Hotel und Pension ganzjährig. **Preise:** 7 €, Kleinzelt 4,50 €, Hauszelt 8 €, WoWa, WoMo 9 €, Miethütte 2 Pers 18 €, 4 Pers 30 € pro Tag zzgl. Platzgebühr, Pension ÜF DZ ab 68 €, Hotel ab 102 €; Kinder 5 – 15 Jahre 4,50 €. **Infos:** Alle Anlagen außer die Miethütten sind barrierefrei.

▶ Kleine Anlage mit direktem Seeuferzugang an der Rotachmündung. Zelt- und Campingplatz, Miethütten für 2 und 4 Personen, 14 Pensions- und 10 Hotelzimmer. Bootsverleih für Paddelboote und Kajaks.

Camping Park Gohren, Zum Seglerhafen, 88079 Kressbronn-Gohren. ✆ 07543/60590, www.campingparkgohren.de. **Bahn/Bus:** ↗ Kressbronn. **Zeiten:** April – Mitte Okt. **Preise:** 9 €, Stellgebühr je nach Stellgebiet 9 – 15,50 €; Kinder 2 – 13 Jahre 5 €; in der NS (Frühjahr, Herbst) 20 % Rabatt, verschiedene Rabatte mit der Gästekarte.

▶ Campinganlage direkt am Bodensee mit eigenem weitläufigen Naturstrand. Großer SB-Markt, vielfältiges Kinderprogramm, Beachvolleyball, Minigolf, Grillplatz, Restaurant mit Terrasse. Außerdem sind verschiedene Mietobjekte buchbar.

Campingpark Gitzenweiler Hof, 88131 Lindau-Gitzenweiler. ✆ 08382/94940, www.gitzenweiler-hof.de. **Bahn/Bus:** ↗ Lindau. **Zeiten:** ganzjährig. **Preise:** 9 €, Zeltplatz mit Auto 9,50 €; Kinder 3 – 14 Jahre 5 €.

▶ Idyllische Lage in einem hügeligen Wiesengelände mit drei Weihern, schönen Bäumen und Hecken inmitten der Natur. Eine der kinderfreundlichsten Campinganlagen Deutschlands mit Animation und Jugend-Disco in den Ferien. Dazu Tischtennis, Bolzplatz sowie Natur- und Abenteuerspielplatz. Außerdem Tiere zum Anfassen und Füttern. Vor allem außerhalb der Ferien ein Naturparadies.

Seecamping Bregenz, Günter Geisselmann, Hechtweg 1, 6900 Bregenz. ✆ 0043/5574/71895, 71896. www.seecamping.at. **Bahn/Bus:** ↗ Bregenz. **Zeiten:** 15. Mai – 15. Sep. **Preise:** 8 €, Zelt 8 €; Kinder 6 – 14 Jahre 4 €.

▶ Großzügige Anlage mit großem Sport- und Freizeitangebot, u.a. können auch Fahrräder ausgeliehen werden. Für Kinder stehen ein Spielplatz, Tischtennisplatten, moderne Sanitäreinrichtungen sowie ein Babywickelraum zur Verfügung. Beliebt bei Groß und Klein sind die Grillabende.

Camping Mexico, Familie Heiler, Hechtweg 4, 6900 Bregenz-Mehrerau. ✆ 0043/5574/73260, www.camping-mexico.at. **Bahn/Bus:** ↗ Bregenz. **Auto:** Ausfahrt Citytunnel, nach der Tunnelausfahrt rechts Richtung Stadtzentrum, erste Ampel rechts abbiegen und Beschilderung Camping folgen. **Zeiten:** April – Sep. **Preise:** 8,50 €, WoMo ohne Vorzelt ab 8,50 €, kleines Zelt 6 €; Kinder 4 – 6 Jahre 2,30 €, 7 – 14 Jahre 4,50 €; Mai, Juni und Sep ab 5 Nächte 20 % Rabatt.

▶ Schöne Campinganlage am Bodensee unter schattigen Bäumen mit ausreichend Platz. Beim Imbiss gibt es Snacks und Getränke. Nur zwei Gehminuten vom frei zugänglichen Bodenseeufer entfernt! Gratis-Räder für Einkaufsfahrten, Tischtennis, Billard, kleiner Spielplatz mit Sandkasten und Schaukel.

Campingplatz Sandseele, Bradlengasse 24, 78479 Reichenau. ✆ 07534/7384, www.sandseele.de. **Bahn/Bus:** ↗ Reichenau. **Zeiten:** Ende März – Anfang Okt. **Preise:** 7,50 € zzgl. 4,50 – 6,50 € für ein Zelt sowie 1,80 € Kurtaxe pro Tag; Kinder 6 – 14 Jahre 3 €.

▶ An der Westseite der Insel direkt am Seeufer, Spielplatz, Ferienprogramm für Kinder, Restaurant.

Campingplatz Steckborn, Zeltplatz beim Strandbad und Herberge, 8266 Steckborn. ✆ 0041/58/34620-87, www.strandbad-steckborn.ch. **Bahn/Bus:** ↗ Steckborn. **Zeiten:** Über Pfingsten und Juli – Aug. **Preise:** 8 CHF pro Nacht und Zelt, Herberge 25 CHF pro Nacht, Frühstück 9 CHF; Kinder 6 – 16 Jahre 5 CHF pro Nacht.

▶ Kleiner Zeltplatz beim Strandbad mit kinderfreundlicher Atmosphäre und Aktivitäten für Kinder sowie eine Herberge für Familien und Einzelreisende.

Campingdorf Gaienhofen-Horn, Strandweg 3 – 18, 78343 Gaienhofen-Horn. ✆ 07735/685, www.campingplatz-horn.de. **Bahn/Bus:** ↗ Gaienhofen. **Zeiten:** Ende März – 3. Okt. **Preise:** 6 €, pro Zelt 6,50 – 8 €, WoMo 11 €, WoWa 10 €; Kinder 6 – 14 Jahre 4 €.

▶ Die Stellplätze sind in kreisförmigen Wagenburgen angelegt. Im Mittelpunkt des Platzes gibt es einen Dorfplatz mit Seerestaurant, Kiosk, Fahrradverleih, Wetterstation und großem Spielplatz. In den Ferien Kinderanimation.

Campingplatz Allensbach, Strandweg 30, 78476 Allensbach. ✆ 07533/9976565, www.campingamsee.com. **Bahn/Bus:** ↗ Allensbach. Halbstündlich Bahn auf der Strecke Konstanz-Radolfzell. **Rad:** Am Bodensee-Rundweg zwischen Radolfzell und Konstanz. **Zeiten:** Mitte März – Mitte Okt. **Preise:** ab 16 Jahre 5,80 €, WoWa 8 – 9 €, WoMo 11 €, Zelt 4 – 7,50 €, Strom einmalig 1 €, pro Nacht 2,50 €; Kinder 6 – 15 Jahre 2,80 €; 15. März – 15. Mai und 15. Sep – 15. Okt ab 3 Nächten 10 % Ermäßigung sowie die ganze Saison bei Anreise mit öffentlichen Verkehrsmitteln (Nachweis erforderlich).

▶ Direkt am Bodensee mit eigenem Badestrand, Gaststätte, Spielplatz, Boccia, Tischtennis, Beachvolleyball, Grillplatz, spezielle Radlerunterkünfte.

Den Rhein entlang und hoch hinauf

Das Alpenrheintal zwischen St. Gallen, Vorarlberg und Liechtenstein hat viel zu bieten: imposante Bergmassive, wunderschöne Aussichten, intakte Kulturlandschaften und eine lange gemeinsame Geschichte, auf deren Spuren sich heute noch wandern lässt.

NATUR PUNKT

Rotpunktverlag.ch

Andriu Maissen: **Im Alpenrheintal**

Auf Wanderschaft zwischen Bodensee, Alpstein und Sargans
Mit Farbfotos, Routenskizzen und Serviceteil, 304 Seiten, Klappenbroschur, 2016
ISBN 978-3-85869-683-0, Fr. 39.90 / €37,–

Zeichenerklärung

Aktivität:

Hallen-, Freibad	⛷🏊
Badestelle, Strandbad	🏖
Tauchen	🤿
Boot & Wassersport	🚣
Surfen, Segeln	🏄⛵
Wandern	🚶
Naturlehrpfad	🏞
Wild-, Vogelpark	🦅
Zoo	🐄
Reiten, Kutsche	🐎
Erlebnisbauernhof	🐓
Kletterpark	🧗
Erlebnispark, Spielplatz	🎡
Bühne, Leinwand, Aktion	🎭
Radeln	🚴

Einkehren:

Café	☕
Essen & Trinken	🍴

Schlafen & Ruhen:

Hotel	🏨
Apartment	🏠
Jugendherberge	🏫
Camping	⛺

Nützliches:

Information	ℹ
Einkaufen	🕐
Buchladen	📖

Sehenswertes:

Kirche, Kloster	⛪ ✝
Schloss, Burg	🏰
Museum	Ⓜ
Aussichtsturm	🗼

Leuchtturm	🗼
Betriebsbesichtigung	🏭
Museumsbahn	🚂
Sternwarte	🔭

Natur:

Natursehenswürdigkeit	✳
Gipfel mit Höhe in m	1000 ▲

Verkehr:

Richtung	↑
Autobahn, Ausfahrt	7 22
Autobahn CH, Ausfahrt	A1 ○
Bundesstraße	333
Bahnhof	○
Autofähre	🚢
Personenboot	🛥
Gondel-, Seilbahn	🚡

FERIENADRESSEN & KARTEN

ENTDECKE Unvergessliches

Ravensburger

SPIELELAND
Freizeitpark & Feriendorf

Abenteuer, Spiel und Action für die ganze Familie!

Entdeckt über 70 Attraktionen in acht Themen-welten und übernachtet im neuen Feriendorf!

NEU: Übernachten bei Maus & Co

www.spieleland.de

Ravensburger

FERIENADRESSEN & KARTEN

77 SCHÖNSTE ORTE HOLLAND

Schlösser, Parks und sehenswerte Orte. Mit Restaurant- und Hotelempfehlungen
von Monika Diepstraten

Holland ist überraschend anders. Dieses Buch zeigt, was es jenseits von Windmühlen, Grachten und Sanddünen zu entdecken lohnt. Übersichtlich und modern werden Orte und Sehenswürdigkeiten mit allen Reiseinfos und besonderen Einkehr- und Unterkunfttipps auf den Punkt gebracht.

»Zahllose Tipps zu Gastronomie, Unterkunft und Ausflugsziele.«
stadtmagazin.de

ISBN 978-3-89859-180-5
256 Seiten, 18 Euro [D]

LÜNEBURGER HEIDE MIT KINDERN

300 spannende Ausflüge in das Naturparadies zwischen Hamburg und Hannover
von Kirsten Wagner

Hier können Familien noch Natur pur erleben: Die Lüneburger Heide zwischen Hamburg, Bremen und Hannover lockt Tierfreunde in die Serengeti, in den Weltvogelpark oder einfach zwischen die wolligen Heidschnucken.

»Kirsten Wagner weiß, was die Lüneburger Heide so besonders macht.«
Westfälischer Anzeiger

ISBN 978-3-89859-451-6
256 Seiten, 16 Euro [D]

Besuchen Sie uns auf
 PeterMeyerVerlag

22 SCHÖNSTE RADELTAGE AN MAIN & TAUBER

861 km Radelvergnügen nach Plan: Main-Radweg, Liebliches Taubertal Der Klassiker & Der Sportive sowie Fränkischer Radachter
von Barbi & Thomas Lasar

Radeln und genießen auf den schönsten Radwegen an Main & Tauber und im Hinterland. Von Gemünden bis Rothenburg und von Aschaffenburg bis Würzburg geht die Flüsse-Tour. Großer Kartenatlas, Höhenprofile, Kilometer-Navigation, GPS-Tracks.

»Der Reiseführer ist mit viel Liebe zum Detail erstellt und verlockt zum direkten Aufbrechen.«
Rad im Pott

ISBN 978-3-89859-325-0
224 Seiten, 18 Euro [D]

☀ **pmv** PETER MEYER VERLAG